나눔의집 **사회복지사1급**

강의로 복습하는
기출회독

4영역

사회복지실천기술론

사회복지교육연구센터 편저

사회복지
전문출판 나눔의집

사회복지사1급, 이보다 완벽한 기출문제 분석은 없다!

1회 시험부터 함께해온 도서출판 나눔의집에서는 23회 시험까지의 기출문제를 모두 분석, 그동안 출제된 키워드를 정리하여 키워드별로 복습할 수 있도록 『기출회독』을 마련하였다.

최근 10년간 출제빈도를 중심으로 자주 출제된 키워드는 좀 더 집중력 있게 공부할 수 있도록 '**빈출**' 표시를 하였으며, 자주 출제되지는 않지만 언제든 출제될 가능성이 있는 키워드도 놓치지 않고 공부할 수 있도록 하였다.

10년간 출제되지 않았더라도 향후 출제가능성이 있다고 판단되거나 다른 키워드와 연계하여 봐둘 필요가 있다고 생각되는 경우에는 본 책에 포함하여 소개하였다.

기출문제를 풀어보는 것으로 그치는 것이 아니라 기출문제를 통해 24회 합격이 가능한 학습이 될 것이다.

키워드별 '3단계 복습'으로 효율적으로 공부하자!

『기출회독』은 키워드별 **3단계** 복습 과정을 제시하여 1회독만으로도 3회독의 효과를 누릴 수 있도록 구성하였다.

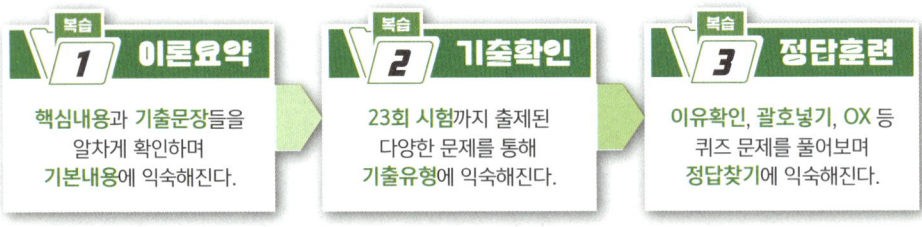

복습 1 이론요약
핵심내용과 기출문장들을 알차게 확인하며 **기본내용**에 익숙해진다.

복습 2 기출확인
23회 시험까지 출제된 다양한 문제를 통해 **기출유형**에 익숙해진다.

복습 3 정답훈련
이유확인, 괄호넣기, OX 등 퀴즈 문제를 풀어보며 **정답찾기**에 익숙해진다.

알림
- 이 책은 '나눔의집'에서 발간한 2026년 24회 대비 『기본개념』(2025년 3월 31일 펴냄)을 바탕으로 한다.
- 8회 이전 기출문제는 공개되지 않은 관계로 당시 응시생들의 기억을 바탕으로 검수 과정을 거쳐 기출문제를 복원하였다.
- <사회복지법제론>을 비롯해 법·제도의 변화와 관련된 기출문제의 경우 현재의 법·제도 내용이 반영될 수 있도록 수정하였다.
- 이 책에서 발생할 수 있는 오류 및 정정사항은 아임패스 내 '정오표' 게시판을 통해 확인할 수 있도록 게시할 예정이다.

강의로 복습하는 **기출회독** 사회복지실천기술론

10년간 데이터로 찾아낸 핵심키워드

여기에서 **96.4%** 출제

■ 빈출

장		키워드	출제문항수	23회 기출	3회독 체크
1장	095	사회복지실천기술에 대한 이해	12	🏆	✓ ✓ ✓
	096	사회복지실천의 전문적 기반	7	🏆	✓ ✓ ✓
2장	097	정신역동모델의 주요 특징	4		✓ ✓ ✓
	098	정신역동모델의 개입기법	4	🏆	✓ ✓ ✓
3장	099	심리사회모델의 개입기법	9	🏆	✓ ✓ ✓
	100	심리사회모델의 주요 특징	0		✓ ✓ ✓
4장	101	인지행동모델의 주요 특징	7		✓ ✓ ✓
	102	인지행동모델의 개입기법	12	🏆	✓ ✓ ✓
	103	행동주의이론, 행동수정모델	5		✓ ✓ ✓
5장	104	과제중심모델의 주요 특징 및 개념	7	🏆	✓ ✓ ✓
	105	과제중심모델의 개입과정	1		✓ ✓ ✓
6장	106	역량강화모델	6	🏆	✓ ✓ ✓
	107	위기개입모델	13	🏆	✓ ✓ ✓
7장	108	가족 관련 개념 및 특성	14	🏆	✓ ✓ ✓
8장	109	가족사정도구	9		✓ ✓ ✓
	110	가족사정의 요소들	7	🏆	✓ ✓ ✓
9장	111	다세대 가족치료	6	🏆	✓ ✓ ✓
	112	구조적 가족치료	11	🏆	✓ ✓ ✓
	113	경험적 가족치료	8	🏆	✓ ✓ ✓
	114	전략적 가족치료	8	🏆	✓ ✓ ✓
	115	해결중심 가족치료	14	🏆	✓ ✓ ✓
	116	이야기치료모델과 문제의 외현화	1		✓ ✓ ✓
10장	117	집단의 유형	9	🏆	✓ ✓ ✓
	118	집단역동성(집단역학)	8	🏆	✓ ✓ ✓
	119	집단의 치료적 효과	6	🏆	✓ ✓ ✓
	120	집단 지도자의 역할 및 기술	6		✓ ✓ ✓
11장	121	집단 준비단계(계획단계)	8		✓ ✓ ✓
	122	집단 사정단계	7	🏆	✓ ✓ ✓
	123	집단 초기단계	4		✓ ✓ ✓
	124	집단 중간단계	4		✓ ✓ ✓
	125	집단 종결단계	6	🏆	✓ ✓ ✓
12장	126	기록의 유형	4		✓ ✓ ✓
	127	기록의 특징, 목적 및 용도	6	🏆	✓ ✓ ✓
13장	128	단일사례설계	8	🏆	✓ ✓ ✓

들어가기 전에

이 장에서는
각 장마다 학습할 내용을 간략히 소개하였다.

10년간 출제분포도
이 책에서 키워드에 따라 분석한 기출문제 중 10년간 출제문항 수를 그래프로 구성하여 각 장의 출제비중이 얼마나 되는지, 어떻게 변화하고 있는지 등을 확인할 수 있다.

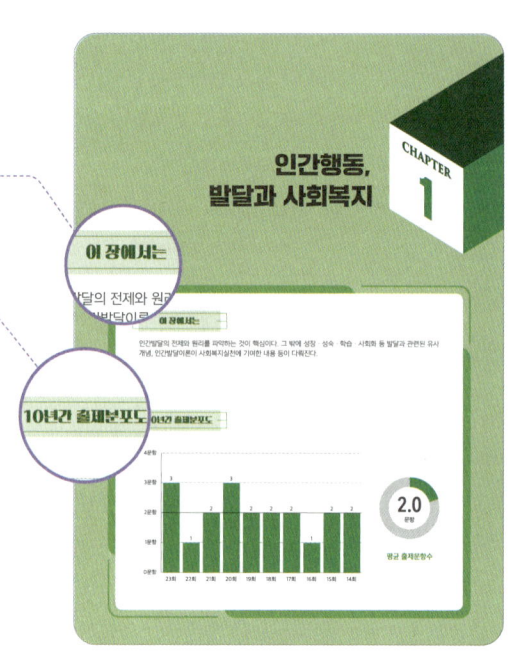

기출 키워드 확인

이 책은 기출 키워드에 따라 학습하도록 구성하였다. 특히 자주 출제된 키워드나 앞으로도 출제 가능성이 높은 키워드는 따로 '빈출' 표시를 하여 우선 배치하였다. 빈출 키워드는 전체 출제율과 최근 10개년간의 출제율을 중심으로 하되 내용 자체의 어려움, 다른 과목과의 연계성 등을 고려하여 선정하였다.

강의 QR코드
모바일을 통해 해당 키워드의 동영상 강의를 바로 볼 수 있다.

10년간 출제문항수
각 키워드에서 최근 10년간 출제된 문항수를 안내하여 출제빈도를 확인할 수 있도록 하였다.

5개년 기출회차
최근 5개년 기출회차를 표시하였다.

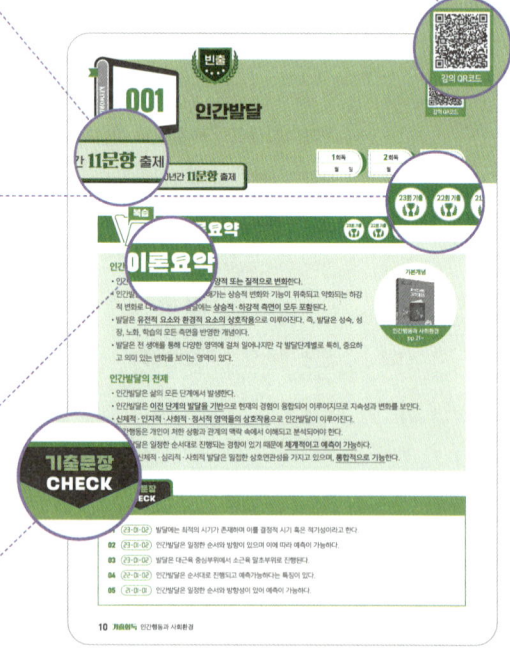

복습 1. 이론요약

요약 내용과 기출문장을 함께 담아 이론을 정답으로 연결하도록 구성하였다.

이론요약
주요 내용을 간략히 정리하였으며 부족한 내용을 보충할 수 있도록 기본개념서의 쪽수를 표시하였다.

기출문장 CHECK
그동안 출제되었던 기출문제의 문장들 중 꼭 알아두어야 할 문장들을 선별하여 제시하였다.

복습 2. 기출확인

바로 기출문제를 풀어보며 학습한 이론을 되짚어보도록 구성
하였다.

기출문제 풀기 ●
다양한 유형의 문제를 최대한 접해볼 수 있도록 선정하였다.

알짜확인 ●
해당 키워드에서 살펴봐야 할 내용들, 주의해야 할 시항들을
짚어주었다.

난이도 ●
정답률, 내용의 어려움, 출제빈도, 정답의 혼란 정도 등을 고려
하여 3단계로 구분하였다.

응시생들의 선택 ●
5개의 선택지에 대한 마킹률을 표시하여 응시생들이 어떤 선
택지들을 헷갈려했는지 등을 참고해볼 수 있도록 하였다.

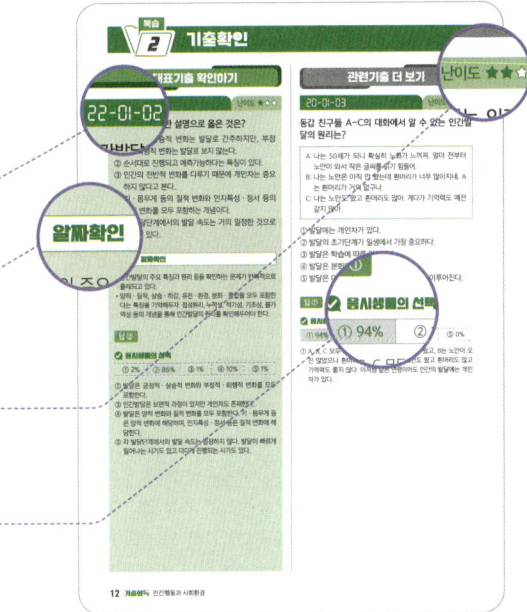

복습 3. 정답훈련

출제빈도와 난이도 등을 고려하여 정답찾기에
능숙해지도록 구성하였다.

이유확인 문제 ●
제시된 문장에서 잘못된 부분을 확인함으로써
헷갈릴 수 있는 부분들을 짚어준다.

괄호넣기 문제 ●
정답률이 낮게 나타나는 단답형 문제에 대비할
수 있다.

OX 문제 ●
제시된 문장이 옳은 내용인지, 틀린 내용인지를
빠르게 판단해보는 훈련이다.

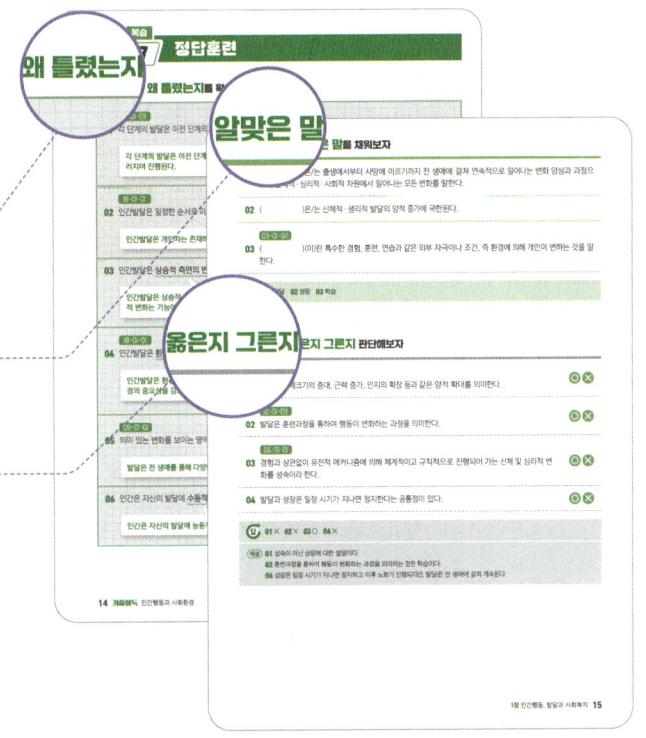

아임패스와 함께하는 **4단계 합격전략**

나눔의집은 '신심'을 다해 오직 사회복지사1급 시험만을 연구한다.
나눔의집의 온라인 강의 사이트인 아임패스를 통해 단계별로 전문적이고 체계적인 학습을 시작해 보자. 아임패스는 강의 제공뿐만 아니라 문제은행, 학습자료, 보충자료, 과목별 질문 등 사회복지사1급 시험에 관한 다양한 자료를 제공하고 있다.

1단계   기본개념 과정

강의로 쌓는 **기본개념**

다양한 유형의 문제에서 명확하게 답을 찾기 위해서는 기본개념이 탄탄하게 잡혀있어야 한다. 기본개념 학습은 말 그대로 1급 시험에 출제되는 총 8영역의 기본적인 개념들을 정리하는 학습이다. 즉, 1급 시험을 위해 가장 기초적이고 중요한 첫 단계로서 집을 짓기 위해 바닥을 단단하게 다지는 과정이다. 그만큼 학습해야 할 양도 많고 오랜 시간이 걸리는 과정이지만 바닥이 단단하지 않으면 그 위에 아무리 멋진 집을 쌓아도 무너질 수 있듯이 기본개념 학습은 반드시 탄탄하게 학습해야 한다.

핵심을 바로 체크하는 **개념노트**

개념노트 왼쪽 페이지에는 장별로 학습한 기본개념을 바로바로 확인할 수 있는 빈칸 넣기 퀴즈가 수록되어 있고, 오른쪽 페이지에는 학습한 내용을 정리할 수 있는 노트 형태로 구성되어 있다.
장별로 표시된 학습 중요도와 기출포인트를 통해 핵심요약집과 연계하여 학습할 수 있으며, QR코드를 통해 기출회독과도 연계하여 학습할 수 있다.

2단계   기출회독 과정

강의로 복습하는 **기출회독**

기출문제는 결국 또다시 기출문제가 된다. 따라서 기출문제를 분석하고 반복하여 풀어보는 것은 합격을 위한 가장 기본적이고 필수적인 과정이다. 기출회독은 1회 시험부터 가장 최근 시험까지 모든 기출문제를 분석하여 가장 출제가 많이 된 총 250개의 기출 키워드를 '1단계 이론요약 정리', '2단계 기출문제 풀이', '3단계 정답훈련 퀴즈 풀이'라는 3단계의 복습 시스템으로 학습한다. '데이터 기반 학습법'과 '3단계 복습 시스템'의 결합을 통해 기출 개념들을 힘들게 노력하여 외우지 않아도 저절로 이해할 수 있는 마법을 경험하게 된다.

기출문제 번호 보는 법

기출회차　영역　문제번호

'기출회차-영역-문제번호'의 순으로 기출문제의 번호 표기를 제시하여 어느 책에서든 쉽게 해당 문제를 찾아 볼 수 있도록 통일하였다.

3단계　핵심요약 과정

사회복지사1급 핵심요약집

반드시 출제되는 핵심내용을 '데이터 기반 학습전략'으로 공부한다.
최근 5개년 기출데이터 분석을 통해 8개 영역의 각 장을 목표 점수별로 구분(130점 목표 빨간색, 160점 목표 파란색, 200점 목표 초록색)하여 효율적이고 전략적으로 학습할 수 있다. QR코드를 통해 기출회독과 연계하여 학습할 수 있으며, 아임패스의 다양한 문제와 퀴즈도 풀 수 있다.

4단계　실전대비 과정

강의로 잡는 장별 기출문제집

최근 5개년 기출문제를 기본개념서에서 제시된 장별로 구성하였다. 기출문제를 장별 내용에 따라 구성하였기 때문에 문제를 풀다가 모르는 개념이 나오면 기본개념서에서 바로 해당 장의 내용을 찾아서 보다 쉽게 다시 정리할 수 있다. 또한 모든 문제에 해당 기출회독 키워드를 표시하였기에 기출회독과도 연계하여 학습할 수 있다.

강의로 풀이하는 합격예상문제집

최근 시험에서는 새로운 유형의 문제가 출제되는 비중이 점점 높아지고 있다. 따라서 기출문제를 기반으로 한 다양한 유형의 응용문제를 풀어보는 것이 매우 중요하다. 최신 기출문제의 내용과 유형을 분석하여 술세한 2,000개의 예상문제를 풀어봄으로써 어떠한 유형의 문제가 출제되어도 자신 있게 해결할 수 있는 훈련을 한다.

강의로 완성하는 FINAL 모의고사

길고 길었던 학습을 마무리하면서 자신의 실력을 최종 점검해 볼 수 있다. 모의고사는 총 3회분으로 구성되어 있는데, 난이도를 구분하여 1회가 가장 쉽고 3회가 가장 어렵다. 실제 시험지 구성과 동일하게 제작되었기 때문에 실전처럼 시간을 정해놓고 함께 들어 있는 답안카드에 직접 마킹을 해보면서 자신의 실력을 최종적으로 확인할 수 있다.

 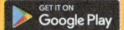 

23회 시험 결과

23회 필기시험의 합격률은 지난 22회 합격률 29.7%보다 10%가량 상승한 39.4%로 나타났다. 2교시 4영역 사회복지실천기술론의 난이도가 높게 출제되었으나, 많은 수험생들이 어려워하는 1교시 2영역 사회복지조사론과 3교시 8영역 사회복지법제론이 평이하게 출제되어 전반적인 점수가 상승하였고, 이로 인해 합격률이 높게 나타난 것으로 보인다.

23회 기출 분석 및 24회 합격 대책

23회   기출 분석

꾸준히 출제비중이 높았던 가족실천기법(가족치료모델), 집단실천과 집단발달, 다양한 사회복지실천 모델에서 역시나 높은 기출분포를 보였다. 특히, 가족치료모델이 나오는 9장 가족실천기법에서는 6문제나 출제되었다. 23회 시험은 예년의 시험에 비해 난이도가 높았는데, 이는 그동안 주로 선택지로 출제됐던 클라이언트중심모델과 동기강화모델이 단독문제로 출제된 점, 복합적 사고와 판단을 요구하는 조합형의 문제가 많이 출제된 점, 현장중심의 사례제시형 문제가 다수 출제된 점이 그 원인이라고 판단된다.

24회   합격 대책

사회복지실천기술론은 결코 가볍게 생각해서는 안 되는 영역이다. 6개 이상의 실천모델들과 다양한 가족치료모델, 그리고 집단의 유형분류 · 역동이해, 치료효과 · 발달단계 등 학습내용이 방대하며, 모델들 간의 비교 및 심화문제들이 증가하고 있다. 따라서 사회복지실천기술론은 단순 암기를 넘어 개념에 대한 충분한 이해력, 방대한 내용에 대한 변별력, 모델 간의 비교력을 요하기 때문에 잘 조직화된 학습을 위한 시간투자가 반드시 필요하다.

23회 출제 문항수 및 키워드

장	23회	키워드
1	2	사회복지실천 지식(실천지혜), 실천과정에서의 주요 과업(환류하기)
2	1	정신역동모델의 개입기술
3	1	심리사회모델의 개입기법
4	1	인지적 오류(임의적 추론)
5	1	과제중심모델의 특징
6	4	클라이언트중심모델의 주요 개념, 밀러와 롤닉의 동기강화모델의 원리, 임파워먼트모델의 실천기법, 골란의 위기발달단계
7	1	체계론적 관점에서 가족의 특징
8	1	가족의 구조와 기능
9	6	해결중심모델의 주요 원리, 가족치료모델의 개입 목표, 구조적 가족치료의 대표적 기법, 전략적 가족치료의 개입기법, 다세대 가족치료의 주요 개념과 기법, 경험적 가족치료의 특징
10	3	집단문화, 자조집단의 특징, 집단대상 실천의 치료적 효과
11	2	집단 사정도구별 활용 목적, 집단 종결단계에서의 과업
12	1	클라이언트 개인정보 보호를 위한 기록 방법
13	1	단일사례설계의 특징

사회복지사의 전문성

이 장에서는

사회복지실천의 지식기반, 실천과정, 실천기술 등 사회복지실천론을 통해 학습했던 내용들을 다시 한번 정리한다. 기술론이라는 특성상 사례와 연결되어 출제되는 문제가 더러 있어 실천론보다 다소 난이도가 높게 느껴질 수 있다.

10년간 출제분포도

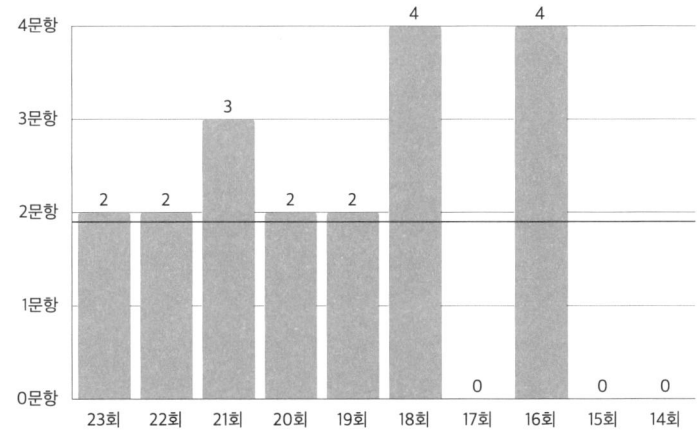

1.9
문항

평균 출제문항수

1회독	2회독	3회독
월 일	월 일	월 일

최근 10년간 **12문항** 출제

사회복지실천을 위한 가치

기본개념

- 기본적 권리에 대한 존중
- 개인적 자유에 대한 헌신: 사회적 통제의 최소화
- 자기결정의 원리
- 사회적 책임감

사회복지실천기술론
pp.26~

사회복지실천가로서 요구되는 역할

- 조력자: 클라이언트가 자기 스스로 문제를 해결할 수 있는 능력을 기르고 필요한 자원을 찾아낼 수 있도록 돕는 기술
- 중개자: 욕구가 있는 사람에게 적절한 서비스를 연결시켜주는 기술
- 옹호자: 클라이언트의 편에 서서 클라이언트를 대신하여 그의 입장을 직접 대변하는 기술
- 교사: 클라이언트에게 새로운 정보나 지식, 기술을 배울 수 있도록 도와주고 직접 가르치는 기술
- 행정가: 프로그램을 계획하고 수행하는 데 필요한 행동들을 실행하는 기술
- 지역사회계획가: 지역사회 집단들이 그 지역의 사회복지 욕구를 위하여 효과적으로 계획하도록 돕는 기술
- 행동가: 클라이언트의 인권을 보호하기 위한 활동에 참여하는 기술

주요 실천기술

- 경청: 단순한 듣기가 아닌, 클라이언트의 사고와 감정을 이해
- 관찰: 클라이언트의 언어적, 비언어적 표현을 살펴보면서 클라이언트의 감정과 표현의 차이를 파악
- 질문: 클라이언트로부터 필요한 정보를 얻기 위한 기술
  - 개방형 질문: 클라이언트의 생각, 감정 등을 자유롭게 표현할 수 있도록 하는 질문
  - 폐쇄형 질문: '예', '아니요' 대답만 요구하거나, 간단한 단답형 대답만 요구할 때
  - 폭탄형, 유도형, 왜? 질문 등은 피해야 함
- 명료화: 클라이언트가 자신의 처지에 대해 좀 더 분명하고 객관적인 인식을 갖도록 도움
- 해석: 클라이언트의 표현과 행동 상황 등을 토대로 사회복지사가 이를 분석하여 설명함
- 초점화: 클라이언트의 말이 두서가 없을 때 다시 본래 주제로 돌아오게 하는 기술

- 환기: 분노, 증오, 슬픔, 죄의식, 불안 등의 감정을 표출하도록 하여 감정의 강도를 약화시키거나 해소시키는 기법
- 재보증(안심): 사회복지사가 클라이언트의 능력에 대해 신뢰를 표현하며 불안을 제거하고 위안을 주는 것
- 재명명(재구성, 재정의): 문제를 다른 관점에서 보거나 다른 방법으로 이해하도록 돕는 기법
- 직면: 클라이언트의 말과 실제 행동의 불일치에 대해 주목할 수 있도록 하는 기법
- 환언: 클라이언트가 한 말을 사회복지사가 자신의 언어로 다시 표현하여 말해주는 것
- 자기노출: 사회복지사가 원조과정에서 적절하다고 생각되는 자신의 경험을 클라이언트와 함께 나눔
- 의뢰: 다른 기관의 서비스를 받을 수 있도록 연결
- 옹호: 클라이언트의 권리확보를 위해 클라이언트에게 불리한 절차, 정책 등이 수정 또는 개선될 수 있도록 대변하는 활동으로, 이때 클라이언트는 개인, 가족, 집단, 지역사회 등이 될 수 있음

사회복지실천 과정

접수 및 자료수집 → 사정 → 계획 → 개입 → 종결 및 평가 → 환류
- 접수 및 자료수집: 문제확인, 적격 여부 판단 및 의뢰, 관계형성, 동기화 및 참여 유도, 초기면접지 작성
- 사정: 문제발견, 정보수집, 문제형성(문제규정)
- 계획: 목표설정, 계약
- 개입: 구체적인 변화전략 수립, 변화 창출, 점검
- 종결 및 평가
- 환류하기: 클라이언트의 욕구를 재확인하여 서비스 계획이나 개입전략을 수정

01 (23-04-11) 실천과정에서 '환류하기'는 욕구를 재확인하여 서비스 계획이나 개입전략을 수정하는 과정이다.

02 (22-04-10) 비자발적 클라이언트와 공감하기 위해서는 원하지 않는 면담이 클라이언트에게 힘들다는 것을 이해한다.

03 (22-04-10) 비자발적 클라이언트와 공감하기 위해서는 클라이언트의 저항을 온화한 태도로 수용한다.

04 (22-04-10) 비자발적 클라이언트와 공감하기 위해서는 클라이언트의 어려움을 사회복지사가 도울 수 있다는 것을 알려준다.

05 (21-04-11) 요약하기는 클라이언트와의 면접 중에 주제를 전환하기 위한 목적으로 사용한다.

06 (20-04-14) 의뢰로 기관을 오게 된 비자발적 클라이언트의 경우, 초기 과정에서는 원치 않는 의뢰과정에서 생긴 억눌린 감정을 표현할 수 있는 기회를 제공하는 것이 필요하다.

07 (19-04-06) "선생님이 자녀에게 어떻게 하는지를 저에게 이야기할 수 있다는 사실은 자녀들과 더 좋은 관계를 가지고 싶다는 뜻이지요." – 재명명

08 (18-04-08) 초기면접 과정에서는 면접의 목적을 잠정적으로 설정해둔다.

09 (18-04-08) 초기면접에 앞서 슈퍼바이저나 동료에게 미리 조언을 구해둔다.

10 (18-04-08) 초기면접을 진행하기에 앞서 클라이언트의 특성을 고려하여 시설환경에 대해 준비한다.

11 (18-04-08) 초기면접에서는 의뢰서에 있는 클라이언트의 문제와 관련된 전문 지식을 보완한다.

12 (18-04-09) 사회복지사는 클라이언트의 표현을 촉진하기 위해 자기노출을 실시하기도 한다.

13 (16-04-02) 사회복지 전문직은 사회적 형평성의 원리, 개인의 복지에 대한 사회와 개인 공동의 책임, 개인의 존엄성과 독특성에 대한 존중, 자기결정의 원리 등을 가치 기반으로 한다.

14 (16-04-18) 가족상담에서 환언은 클라이언트가 한 말을 사회복지사가 자신의 언어로 다시 표현하여 말해주는 것이다.

15 (10-04-06) '해석'은 클라이언트의 통찰력 향상을 위해 사회복지사의 지식과 직관력에 근거하여 설명을 하는 것이다.

16 (10-04-27) "며느리에게 심하게 하셨다는데 구체적으로 어떻게 하셨다는 말씀인가요?" – 명료화

17 (10-04-27) "시어머니가 돌아가셔서 슬프다고 하셨지만 표정은 그렇게 보이지 않습니다." – 직면

18 (10-04-30) 사례관리자가 중도장애를 가진 클라이언트가 재활의 동기를 갖도록 면담을 지속한 것은 상담가로서의 역할에 해당하며, 생활기술훈련 프로그램에 참여하도록 지지한 것은 조력가로서의 역할, 사례회의를 통해 인근 직업재활기관과 일자리지원센터의 취업 관련 서비스를 받도록 협의하는 것은 조정자로서의 역할, 장애인 일자리를 확대하기 위한 지역사회인식개선 캠페인을 기획하는 것은 옹호자로서의 역할에 해당한다.

19 (04-04-26) 사회복지사는 사회정의를 지키고 유지하려는 목적으로 개인, 집단, 지역사회의 입장에서 직접적으로 대변·보호·개입·지지하는 옹호자로서의 역할을 수행한다.

20 (03-04-21) 사회복지사는 사례관리자로서 체계와 클라이언트를 연결한다.

21 (02-04-02) 사회복지실천기술은 상황에 맞게 선택적으로 다양한 이론과 기술을 활용한다.

22 (02-04-19) 사회복지실천기술은 학습될 수 있다.

23 (02-04-19) 사회복지실천기술은 클라이언트의 변화를 위해 개입하는 능력이다.

24 (01-04-02) 거동이 불편한 노인을 병원에 가게 하기 위해 자원봉사자를 연계하는 사회복지사의 역할은 중개자로서의 역할이다.

대표기출 확인하기

21-04-11 난이도 ★★☆

클라이언트와의 면접 중에 주제를 전환하기 위한 목적으로 사용하는 실천기술은?

① 반영
② 요약
③ 해석
④ 직면
⑤ 초점화

 알짜확인

- 사회복지 실천과정에서 사용되는 주요 기술을 알아보자.
- 사회복지실천가로서 요구되는 역할들에 대해 살펴본다.
- 사회복지실천을 위한 기본적인 가치들을 정리해두자.

답 ②

✓ **응시생들의 선택**

| ① 9% | ② 23% | ③ 5% | ④ 7% | ⑤ 56% |

② 요약은 클라이언트의 생각, 행동, 감정들을 사회복지사의 언어로 정리하는 것이다. 한 회기가 끝날 때 대화내용을 정리하거나 회기를 시작하기 전 지난 회기에서 나눴던 대화를 정리하기 위해 실시한다. 또한 면담 중 다른 주제로 넘어가기 전에 이전의 내용을 정리하기 위해 실시한다.

➕ **덧붙임**

21회 시험이 끝나고 초점화도 맞는 답이 아닌지에 대한 문의가 많았다. 그러나 초점화는 주제를 바꾸기 위해 쓰는 것이 아니라 원래 주제에서 벗어나지 않게 하려는 기술이다. 이렇듯 단답형 문제도 개념의 핵심을 제대로 알지 않으면 오히려 더 쉽게 헷갈릴 수 있다는 점에 주의하면서 학습하길 바란다.

관련기출 더 보기

23-04-11 난이도 ★★☆

실천과정에서 '환류하기'에 관한 설명으로 옳은 것은?

① 개입단계에서 그간의 문제해결 과정을 점검하는 활동이다.
② 사회복지사와 클라이언트 간 합의된 목표의 달성도를 측정하는 것이다.
③ 클라이언트의 문제해결에 필요한 자원을 적극적으로 끌어들이기 위한 전략이다.
④ 욕구를 재확인하여 서비스 계획이나 개입전략을 수정하는 과정이다.
⑤ 클라이언트의 주변체계에 문제의 심각성을 알리고 적극적으로 옹호하는 활동이다.

답 ④

✓ **응시생들의 선택**

| ① 10% | ② 12% | ③ 10% | ④ 62% | ⑤ 6% |

① 환류하기는 주로 종결단계에서 평가내용을 기반으로 되먹임 과정을 통해 욕구 재확인과 개입전략 수정을 위한 것이므로 개입단계 중에 이루어지는 점검과는 다르다.
② 사회복지사와 클라이언트 간 합의된 목표의 달성도를 측정하는 것은 평가의 개념을 설명하는 내용이다.
③ 클라이언트의 문제해결에 필요한 자원을 적극적으로 끌어들이기 위한 전략은 자원개발 및 네트워크를 형성하는 자원동원에 관한 내용이다.
⑤ 클라이언트의 주변체계에 문제의 심각성을 알리고 적극적으로 옹호하는 활동은 클라이언트를 대변하는 역할에 관한 설명이다.

다음 사례에서 사회복지사가 우선적으로 개입해야 하는 것은?

A씨는 25세로 알코올 중독진단을 받았으나 문제에 대한 본인의 의식은 부족한 상황이다. 현재 A씨는 부모와 함께 살고 있으나 몇 년 전부터 대화가 단절되어 있다. A씨가 술을 마실 때면 아버지로부터 학대도 발생하고 있는 상황이다.

① 경직된 가족경계를 재구조화한다.
② 단절된 의사소통의 문제를 해결한다.
③ 알코올 중독 문제에 관여한다.
④ 술 문제의 원인으로 보이는 부모를 대상으로 상담한다.
⑤ 부모 간 갈등으로부터 벗어나도록 자아분화를 촉진한다.

답 ③

✅ 응시생들의 선택

① 14%	② 12%	③ 52%	④ 15%	⑤ 7%

③ 사례에서 A씨는 '알코올 중독진단을 받았으나 문제에 대한 본인의 의식은 부족한 상황'이기 때문에 이미 진단을 받은 알코올 중독 상황에 대한 개인 차원의 개입이 우선시 되어야 하며, 이후 가족 차원의 개입 여부를 고려해볼 수 있다.

다음 예시에서 사회복지사가 활용한 실천기술은?

• 클라이언트: "저는 정말 나쁜 엄마예요. 저는 피곤하기도 하지만 성질이 나빠서 항상 아이들한테 소리를 지르고……."
• 사회복지사: "선생님이 자녀에게 어떻게 하는지를 저에게 이야기할 수 있다는 사실은 자녀들과 더 좋은 관계를 가지고 싶다는 뜻이지요."

① 명료화하기　　② 초점화하기
③ 재명명하기　　④ 재보증하기
⑤ 해석하기

답 ③

✅ 응시생들의 선택

① 6%	② 2%	③ 50%	④ 13%	⑤ 29%

③ 재명명(재구성, 재정의)은 문제를 다른 관점에서 보거나 다른 방법으로 이해하도록 돕는 기법이다. 문제에서 사회복지사는 클라이언트가 스스로를 '나쁜 엄마'라고 하는 것에 대해서 '자녀들과 좋은 관계를 갖고 싶어 하는 엄마'로 재명명한 것이다.

개인대상 사회복지실천기술에 관한 내용의 연결로 옳지 않은 것은?

① 재보증: 클라이언트의 불안감이나 불확실한 감정을 줄이고 편안한 감정을 가질 수 있도록 돕는 기법
② 명료화: 클라이언트가 말한 내용을 사회복지사가 잘 이해했는지 확인하는 기법
③ 환기: 클라이언트이 부정적 감정이 문제해결에 방해가 될 경우 감정의 강도를 약화시키는 기법
④ 인정: 클라이언트가 어떤 행동을 하거나 중단한 이후 이에 대해 긍정적으로 평가해주는 기법
⑤ 도전: 클라이언트가 부여하는 의미를 수정해서 클라이언트의 시각을 변화시키는 기법

답 ⑤

✅ 응시생들의 선택

① 5%	② 16%	③ 26%	④ 9%	⑤ 44%

⑤ 도전은 클라이언트의 불일치가 없어도 클라이언트가 부정하거나 받아들이기 힘들어 하는 문제에 대해 자신을 돌아봄으로써 상황에 대해 정확히 인식하고 받아들일 수 있도록 하는 방법을 말한다.

다음 사례에서 사례관리자가 수행한 역할로 옳지 않은 것은?

사례관리자는 중도장애를 가진 A가 재활의 동기를 갖도록 면담을 지속하면서 생활기술훈련 프로그램에 참여하도록 지지하였다. 또한 사례회의를 통해 인근 직업재활기관과 일자리지원센터의 취업 관련 서비스를 받도록 협의하고 장애인 일자리를 확대하기 위한 지역사회인식개선 캠페인을 기획하였다.

① 중재자　　　　② 상담가
③ 조력가　　　　④ 조정자
⑤ 옹호자

답 ①

✅ 응시생들의 선택

① 64%	② 1%	③ 11%	④ 14%	⑤ 10%

② 상담가 – 면담을 지속적으로 진행
③ 조력가 – 생활기술훈련 프로그램 참여 지지
④ 조정자 – 사례회의를 통해 취업 관련 서비스를 받도록 협의
⑤ 옹호자 – 지역사회인식개선 캠페인 기획

다음 내용이 왜 틀렸는지를 확인해보자

01 환기 기술은 클라이언트의 말과 행동이 일치되지 않을 때 클라이언트가 이를 인식하도록 돕기 위해 사용한다.

> 클라이언트의 말과 행동이 일치하지 않을 때 클라이언트가 이를 인식하도록 돕기 위한 기술은 직면 기술이다.

02 환언은 클라이언트의 이야기가 두서 없이 흐를 때 원래 주제로 되돌아올 수 있도록 사용하는 기술이다.

> 환언은 클라이언트의 이야기에 대해 사회복지사가 이해한 언어로 다시 표현해 말해주는 것이다.
> 원래 주제로 돌아올 수 있도록 사용하는 기술은 초점화이다.

03 경청 기술은 면접 과정에서 클라이언트의 집중력이 흐려질 때 사용하는 기술이다.

> 경청 기술은 면접 과정 중 어느 특수한 때에 이루어지는 것이 아니라 클라이언트의 이야기를 듣는 모든 순간에 요구되는 기본적인 기술이자 사회복지사가 갖춰야 할 자세이다.

04 사회복지실천 과정에서 사회복지사는 계약 내용을 기반으로 표적문제 및 개입목표를 설정해야 한다.

> 표적문제 및 개입목표가 정해진 이후에 계약을 진행하게 된다.

05 사회복지실천을 위한 기술은 행정적 차원의 기술을 포함하지 않는다.

> 사회복지사는 실천에 있어 행정가로서의 역할을 수행하기 때문에 사회복지실천에는 행정적 차원의 기술 역시 포함된다.

빈칸에 들어갈 알맞은 말을 채워보자

16-04-25

01 (　　　　　　) 기술은 클라이언트가 자신의 감정, 특히 억눌러왔던 부정적인 감정을 표출할 수 있도록 이끌어 감정의 강도를 약화시키기 위한 기술이다.

21-04-11

02 (　　　　　　) 기술은 클라이언트의 이야기를 정리하고 다음 주제로 전환하기 위해 실시한다.

03 (　　　　　　) 기술은 클라이언트의 이야기가 두서 없이 흐를 때 원래 주제로 되돌아오기 위해 사용하는 기술이다.

10-04-06

04 (　　　　　　) 기술은 클라이언트의 통찰력 향상을 위해 사회복지사의 지식과 직관력에 근거하여 설명하는 것이다.

04-04-26

05 사회복지사가 수행하는 (　　　　　　)로서의 역할은 개인이나 조직 등 양자 간의 논쟁에 개입하여 합의점을 도출해내는 역할이다.

06 사회복지사가 수행하는 (　　　　　　)로서의 역할은 클라이언트를 직접 대면하여 클라이언트의 문제와 관련된 지식을 제공하는 기능이 중심이 된다.

답 **01** 환기　**02** 요약　**03** 초점화　**04** 해석　**05** 중재자　**06** 교육자

다음 내용이 옳은지 그른지 판단해보자

01 옹호는 개인뿐만 아니라 가족, 집단, 지역사회 등 다양한 체계에 대해 진행될 수 있다. ◎ⓧ

02 직면 기술은 클라이언트가 문제에 대해 갖고 있는 부정적인 관점 대신 새로운 관점에서 바라볼 수 있도록 돕는 것이다. ◎ⓧ

03 사회복지실천기술은 사회복지 가치와 지식을 근거로 한다. ◎ⓧ

04 사회복지 전문직은 문제의 원인으로 작용하는 사회구조적 차원의 개선을 위한 노력에도 관심을 두어야 한다. ◎ⓧ

05 사회복지실천기술은 현장에서 활동하면서 습득하기 어렵기 때문에 보수교육이 더욱 강조된다. ◎ⓧ

06 사회복지사는 클라이언트가 가진 복합적인 문제들 중에서 어떤 문제에 우선순위를 두어야 한 것인지를 판단해야 한다. ◎ⓧ

07 사회복지사는 사회복지실천 과정에서 사회적 책임감을 가지고 임해야 한다. ◎ⓧ

08 초기 면접에서 의뢰를 진행할 때에는 충분한 설명을 바탕으로 클라이언트의 동의를 얻어야 한다. ◎ⓧ

답 01○ 02× 03○ 04○ 05× 06○ 07○ 08○

해설 02 직면 기술은 클라이언트가 보이는 말과 행동의 불일치를 인식하도록 이끄는 방법이다. 문제를 다른 관점에서 볼 수 있도록 돕는 기술은 재명명이다.

05 실천기술은 현장에서 활동하는 과정에서 스스로 경험함으로써 습득할 수도 있고, 보수교육과 같은 별도의 교육 프로그램이 아니더라도 실천현장에서 슈퍼비전이나 멘토링을 받으면서 습득해나갈 수도 있다.

사회복지실천의 전문적 기반

강의 QR코드

최근 10년간 **7문항** 출제

 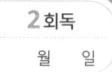
과학적 기반과 예술적 기반

과학성과 예술성은 상호보완적인 관계이다.

기본개념

사회복지실천기술론
pp.20~

▶ 과학적 기반(과학성)

- 과학성에 기반을 둔 사회복지실천은 편견이나 주관성으로 인한 판단상의 오류를 줄일 수 있음
- 인간행동, 사회환경 등에 대한 지식, 사회적 조건과 문제 등에 대한 지식, 사회복지실천 지식 및 기술, 관련 정책·제도에 관한 지식 등

▶ 예술적 기반(예술성)

- 클라이언트에 대한 공감, 이해, 관계의 형성 및 유지, 양가감정 및 저항감 등 다루기, 클라이언트의 적극적인 참여 유도 등을 위한 능력
- 전문적 관계형성, 동정심, 감정이입, 진실성, 융통성, 적절한 가치 기준, 건전한 판단력, 직관적 능력, 창의적 사고 등

사회복지 실천지식의 구성 수준

패러다임 > 관점(시각) > 이론 > 모델 > 실천지혜

- 패러다임: 가장 추상적인 개념적 틀로서 세계관과 현실에 대한 인식 방향을 결정하는 역할을 한다.
- 관점(시각): 패러다임보다 조금 더 구체적인 수준에서 사회복지실천에 영향을 주는 실천지식이다.
- 이론: 특정 현상을 설명하기 위한 가설이나 개념, 의미의 집합체이다.
- 모델: 일관된 실천활동의 원칙과 방식을 구조화시킨 것으로서 실천과정에 직접적으로 필요한 기술적 적용방법을 제시한다.
- 실천지혜: 실천현장에서 경험적, 귀납적으로 만들어진 지식을 말한다.

01 (23-04-01) 사회복지 실천지식의 구성 수준 중에서 실천지혜(practice wisdom)는 암묵적 지식과 같은 의미이며, 사회복지사의 직관에 영향을 받고, 개인의 가치체계와 경험으로부터 만들어지며, 현장에서 유용하지만 공인된 지식은 아니다.

02 (22-04-01) 사회복지사는 인간행동과 발달에 관한 지식, 인간관계와 상호작용에 관한 지식, 사회복지정책과 서비스에 관한 지식, 사회복지사 자신에 관한 지식 등을 갖춰야 한다.

03 (21-04-01) 패러다임은 역사와 사상의 흐름에 영향을 받는 추상적 개념 틀이다.

04 (21-04-01) 관점은 개인과 사회에 관한 주관적 인식의 차이를 보여주는 사고체계이다.

05 (21-04-01) 이론은 현상을 설명하기 위한 가설이나 개념의 집합체이다.

06 (21-04-01) 모델은 실천과정에 직접적으로 필요한 기술적 적용방법을 제시한 것이다.

07 (20-04-01) 사회복지실천은 과학성과 예술성을 통합적으로 활용한다.

08 (20-04-01) 사회복지실천은 사회복지의 관점과 이론을 토대로 한다.

09 (20-04-01) 사회복지실천은 클라이언트의 특성을 반영한다.

10 (20-04-01) 사회복지실천은 사회복지 가치와 윤리를 반영한다.

11 (19-04-02) 연구자료를 수집하고 분석하는 것은 과학적 기반에 해당된다.

12 (19-04-02) 사회복지 전문가로서 가지는 가치관은 예술적 기반에 해당된다.

13 (19-04-02) 사회복지사에게는 과학성과 예술성의 상호보완적이고 통합적인 실천역량이 요구된다.

14 (18-04-01) 가족치료모델을 이해하기 위해 해결중심가족치료 세미나에 참석함으로써 실천 지식과 기술을 습득한다.

15 (16-04-06) 실천지식의 구성수준은 '패러다임 > 관점 > 이론 > 모델 > 실천지혜'의 순서로 구체화된다.

16 (07-04-22) 클라이언트와의 전문적 관계형성은 사회복지실천에 있어 예술적 기반이 된다.

17 (05-04-14) 실천이론, 전문적 지식 등은 사회복지실천의 과학적 기반이 된다.

18 (01-04-01) 사회복지사의 창의성, 개인적 가치 등은 예술적 기반이 된다.

19 (01-04-01) 환경에 대한 과학적 지식, 인간행동이론을 바탕으로 한 기술 등은 과학적 기반이 된다.

대표기출 확인하기

21-04-01 　　　난이도 ★★☆

사회복지실천현장의 지식 유형에 관한 설명으로 옳지 않은 것은?

① 이론은 현상을 설명하기 위한 가설이나 개념의 집합체이다.
② 관점은 개인과 사회에 관한 주관적 인식의 차이를 보여주는 사고체계이다.
③ 실천지혜는 실천 활동의 원칙과 방식을 구조화한 것이다.
④ 패러다임은 역사와 사상의 흐름에 영향을 받는 추상적 개념 틀이다.
⑤ 모델은 실천과정에 직접적으로 필요한 기술적 적용방법을 제시한 것이다.

> ▶ 알짜확인
> • 사회복지실천지식의 기반이 되는 과학성과 예술성을 살펴본다.
> • 사회복지실천지식의 구성수준(패-관-이-모-지)을 살펴본다.

답 ③

✅ 응시생들의 선택

① 11%	② 18%	③ 42%	④ 15%	⑤ 14%

③ 실천지혜는 실천현장에서 경험적, 귀납적으로 만들어진 지식으로, 사회복지사의 직관에 따른 비구조화된 지식이다.

관련기출 더 보기

23-04-01 　　　난이도 ★★☆

실천지혜(practice wisdom)에 관한 설명으로 옳지 않은 것은?

① 암묵적 지식과 같은 의미이다.
② 사회복지사의 직관에 영향을 받는다.
③ 실천 활동을 조작화하고 구조화한 것이다.
④ 개인의 가치체계와 경험으로부터 만들어진다.
⑤ 현장에서 유용하나 공인된 지식은 아니다.

답 ③

✅ 응시생들의 선택

① 6%	② 12%	③ 60%	④ 3%	⑤ 19%

③ 실천지혜는 실천현장으로부터 얻은 경험적·귀납적 지식으로서 사회복지사의 직관에 따라 이루어진 비구조화된 지식, 암묵적 지식을 의미한다. ③에서 조작화란 일정한 기준과 절차를 설정하여 활동이 일관되도록 하는 것이며, 구조화란 활동이나 과정을 명확하게 체계화하여 목표달성의 효율을 높이고자 하는 것이므로 이 설명은 비구조화되고 암묵적인 실천지혜를 설명한 개념으로 볼 수 없다.

22-04-01 　　　난이도 ★☆☆

사회복지사가 가져야 할 지식의 내용으로 옳은 것을 모두 고른 것은?

> ㄱ. 인간행동과 발달
> ㄴ. 인간관계와 상호작용
> ㄷ. 사회복지정책과 서비스
> ㄹ. 사회복지사 자신에 관한 지식

① ㄱ
② ㄱ, ㄴ
③ ㄴ, ㄷ
④ ㄱ, ㄷ, ㄹ
⑤ ㄱ, ㄴ, ㄷ, ㄹ

답 ⑤

✅ 응시생들의 선택

① 1%	② 1%	③ 4%	④ 2%	⑤ 92%

사회복지사는 사회복지실천을 위한 기술적 지식 외에 인간에 대한 이해, 인간관계에 대한 이해를 비롯해 사회현상, 사회구조적 문제 등에 관한 이해를 갖춰야 하며 사회복지사의 자기인식도 중요하게 요구된다.

사회복지실천에 관한 설명으로 옳지 않은 것은?

① 과학성과 예술성을 통합적으로 활용한다.
② 사회복지의 관점과 이론을 토대로 한다.
③ 심리학, 사회학 등 타 학문과 배타적 관계에 있다.
④ 클라이언트의 특성을 반영한다.
⑤ 사회복지 가치와 윤리를 반영한다.

답 ③

✅ 응시생들의 선택

① 3%	② 2%	③ 93%	④ 2%	⑤ 0%

③ 사회복지학은 사회학, 심리학, 정신의학, 정치학, 문화인류학 등 다양한 학문을 바탕으로 출발하였으며, 다양한 학문과 연관성을 유지하면서도 사회복지의 독자적인 이론을 구축하며 발전하고 있다.

사회복지실천기술의 전문적 기반에 관한 설명으로 옳지 않은 것은?

① 이론과 실천의 준거틀을 적절하게 이용하는 것은 예술적 기반에 해당된다.
② 연구자료를 수집하고 분석하는 것은 과학적 기반에 해당된다.
③ 사회복지 전문가로서 가지는 가치관은 예술적 기반에 해당된다.
④ 감정이입적 의사소통, 진실성, 융통성은 예술적 기반에 해당된다.
⑤ 사회복지사에게는 과학성과 예술성의 상호보완적이고 통합적인 실천역량이 요구된다.

답 ①

✅ 응시생들의 선택

① 82%	② 1%	③ 15%	④ 1%	⑤ 1%

① 이론과 실천의 준거틀을 적절하게 이용하는 것은 과학적 기반에 해당된다.

사회복지실천의 지식과 기술을 습득하는 방법으로 옳은 것을 모두 고른 것은?

> ㄱ. 사례회의(case conference)를 개최하여 통합적 지원방법에 대해 논의한다.
> ㄴ. 가족치료모델을 이해하기 위해 해결중심가족치료 세미나에 참석한다.
> ㄷ. 윤리적 가치갈등의 문제에 대하여 직장동료한테 자문을 구한다.
> ㄹ. 초점집단면접(Focus Group Interview)을 실시하여 이용자 인식을 확인한다.

① ㄱ, ㄷ
② ㄴ, ㄹ
③ ㄱ, ㄴ, ㄷ
④ ㄴ, ㄷ, ㄹ
⑤ ㄱ, ㄴ, ㄷ, ㄹ

답 ⑤

✅ 응시생들의 선택

① 4%	② 4%	③ 33%	④ 1%	⑤ 58%

모두 옳은 설명이다. 이론적 지식을 꾸준히 학습하는 것뿐만 아니라 사회복지사의 경험 및 동료들과 경험을 나누는 것도 필요하며, 평가결과는 실무 역량을 키울 수 있는 자료가 된다.

실천지식의 구성수준을 추상성에서 구체성의 방향으로 순서대로 나열한 것은?

① 패러다임 – 관점 – 이론 – 모델 – 실천지혜
② 패러다임 – 이론 – 관점 – 모델 – 실천지혜
③ 관점 – 패러다임 – 이론 – 모델 – 실천지혜
④ 실천지혜 – 모델 – 이론 – 관점 – 패러다임
⑤ 실천지혜 – 이론 – 모델 – 관점 – 패러다임

답 ①

✅ 응시생들의 선택

① 60%	② 15%	③ 8%	④ 6%	⑤ 11%

① 사회복지실천지식의 구성 수준은 패러다임, 관점, 이론, 모델, 실천지혜가 있다.

다음 내용이 왜 틀렸는지를 확인해보자

07-04-22

01 클라이언트의 욕구사정, 만족도 조사, 지역사회 자원에 대한 정보제공 등은 **예술적 기반**에 해당한다.

> 과학적 기반에 해당한다.

16-04-06

02 실천지식의 구성수준은 **패러다임 > 이론 > 모델 > 관점 > 실천지혜**의 순서로 구체화된다.

> 패러다임 > 관점 > 이론 > 모델 > 실천지혜

03 사회복지실천에 있어서는 예술적 기반보다 **과학적 기반이 더 우선시**되어야 한다.

> 예술성과 과학성 중 어느 것이 우선시 된다기보다 이 두 요소가 조화를 이룰 수 있도록 해야 한다.

04 사회복지실천에 관한 **이론들은 다양한 실천모델을 바탕으로** 형성된다.

> 모델을 토대로 이론이 형성되는 것이 아니라 이론을 토대로 모델이 형성된다. 하나의 이론을 기반으로 하나의 모델이 도출되기도 하며, 다양한 이론들이 절충되어 하나의 모델이 만들어지기도 한다.

01-04-01

05 환경에 대한 과학적 지식, 창의성, 인간행동 이론을 바탕으로 한 기술, 사회복지사 개인의 가치 등은 사회복지실천에 있어 **예술적 기반**이 된다.

> 환경에 대한 과학적 지식, 인간행동 이론을 바탕으로 한 기술 등은 과학적 기반이 된다.

21-04-01

06 실천현장에서 사회복지사의 경험을 통해 만들어지는 실천지혜는 예술적 기반이 되지만 **실천지식으로서 인정되지는 않는다.**

> 실천지혜는 실천모델이 실천현장에 적용되면서 구체화되는 실천지식이다.

정신역동모델

정신역동모델은 심리결정론에 기초하여 과거 경험과 무의식이 현재 행동에 미치는 영향을 통찰하는 데 목표를 둔다는 점 기억해두고, 전이의 해석, 자유연상, 훈습, 꿈 분석, 직면 등의 기법을 살펴보자.

── 10년간 출제분포도 ──

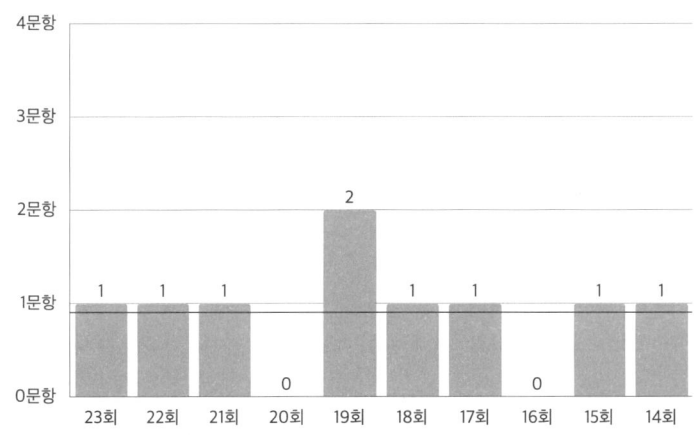

0.9
문항

평균 출제문항수

KEYWORD

097
정신역동모델의 주요 특징

최근 10년간 **4문항** 출제

1회독
월 일

2회독
월 일

3회독
월 일

강의 QR코드

복습 1 이론요약

19회 기출

주요 특징

기본개념

사회복지실천기술론
pp.36~

- **심리결정론(정신결정론)**: 인간의 모든 정신활동에는 목적이 있으며 이는 과거의 발달 과정에서 경험한 것에 의하여 결정된다고 보는 것
- **무의식을 가정**함, 무의식적 동기 중 본능적 에너지인 성적 욕구를 중요하게 고려함
- 생애 초기의 경험 중시
- **과거를 통해 현재를 통찰**: 클라이언트가 **과거의 경험에서 갖게 된 불안한 감정이나 무의식적 갈등을 의식화**하여 이러한 것들이 어떻게 현재 자신의 행동에 영향을 주고 있는지를 통찰하도록 도움
- 클라이언트가 자신을 좀 더 잘 이해하도록 하는 것, 즉 **통찰의 획득에 초점을 둠**

주요 개념

- 심리성적 발달단계: 구강기 → 항문기 → 남근기 → 잠재기 → 생식기(※정신역동이론에서는 성격이 심리성적 발달단계에 따라 형성된다고 봄)
- 고착: 어느 단계에서 더 이상 성숙하지 못하여 더 높은 단계로 진행되지 않고 특정 단계에 머물러 있는 것
- 퇴행: 이미 특정한 단계로 발달이 이루어진 뒤에 어떤 원인으로 이전 발달단계로 되돌아가는 현상. 고착은 퇴행하게 되는 단계를 결정짓는 요인이 됨
- 방어기제
  - 갈등, 불안, 좌절 등의 심리적 불균형에 대해 평형상태를 유지하고 자신을 보호하기 위해 나타나는 무의식적 노력
  - 방어기제가 항상 병리적인 것은 아님
  - 억압, 부정, 반동형성, 동일시, 투사, 합리화, 퇴행, 승화, 전치 등

정신역동모델의 개입과정

① 관계형성 단계: 사회복지사와 클라이언트가 신뢰관계를 형성하는 단계
② 동일시를 위한 자아구축 단계: 클라이언트가 사회복지사를 동일시하기 시작하여 사회복지사의 생각과 태도 등을 받아들이는 단계
③ 클라이언트가 독립된 자아정체감을 형성하도록 원조하는 단계: 클라이언트가 세상에 나아가기 전에 독립된 정체감을

확립할 수 있도록 원조하는 단계

④ 클라이언트의 자기이해를 원조하는 단계: 클라이언트가 자신의 행동과 그 행동에 관한 과거의 뿌리를 이해할 수 있도록 원조하는 단계

기출문장 CHECK

01 (22-04-09) 정신역동모델의 개입과정: 관계형성 단계 → 동일시를 위한 자아구축 단계 → 클라이언트가 독립된 자아정체감을 형성하도록 원조하는 단계 → 클라이언트의 자기이해를 원조하는 단계

02 (19-04-08) 정신역동모델은 장기적으로 진행된다.

03 (19-04-11) 정신역동모델은 무의식적 갈등이나 불안을 표현하도록 하여 클라이언트가 자신의 문제에 대해 이해하고 통찰할 수 있도록 한다.

04 (15-04-01) 정신역동모델은 심리결정론에 근거한다.

05 (15-04-01) 정신역동모델은 발달단계상의 고착과 퇴행을 고려한다.

06 (15-04-01) 정신역동모델은 성장의지가 높은 클라이언트에게 효과적이다.

07 (15-04-01) 원초아와 초자아 사이에 발생하는 불안과 긴장 해소를 위해 방어기제를 사용한다.

08 (14-04-03) 현재의 문제를 과거의 경험에서 찾는다.

09 (14-04-03) 정신역동모델은 자기분석이 가능한 클라이언트일수록 효과적이다.

10 (10-04-21) 클라이언트의 무의식적 충동을 강조한다.

11 (10-04-21) 자기분석이 가능한 클라이언트에게 적합하다.

12 (07-04-25) 프로이트의 정신분석모델은 진단주의 학파에 영향을 미쳤다.

13 (07-04-25) 정신분석모델은 의식의 수준을 의식, 전의식, 무의식으로 나누었고, 이 중 무의식은 인간행동의 동기가 된다.

14 (07-04-25) 정신분석모델에서는 인간의 성격이 심리성적 발달단계에 따라 형성된다고 보았다.

15 (06-04-20) 자기분석을 통한 성장욕구가 있는 사람에게는 정신역동모델의 적용이 용이하다.

대표기출 확인하기

정신역동모델에 관한 설명으로 옳은 것은?

① 통찰보다는 치료적 처방에 초점을 둔다.
② 무의식적 충동과 미래 의지를 강조한다.
③ 사회구성주의적 관점의 영향을 받았다.
④ 기능주의 학파의 이론적 기초가 되었다.
⑤ 자유연상, 훈습, 직면의 기술을 사용한다.

 알짜확인

- 정신역동이론의 내용을 바탕으로 정신역동모델의 주요 특징을 파악해두자.
- 심리결정론을 바탕으로 무의식 및 과거에 초점을 둔다는 점은 꼭 기억해두어야 한다.

답 ⑤

✔ **응시생들의 선택**

① 10%	② 10%	③ 3%	④ 3%	⑤ 74%

① 정신역동모델은 과거의 경험이 현재 행동에 어떻게 영향을 주고 있는지를 통찰하는 데에 목표를 둔다.
② 정신역동모델은 인간의 행동이 무의식적 동기에 의해 좌우된다고 보며 무의식에 관심을 두지만 미래에 관심을 두지는 않는다.
③ 사회구성주의적 관점의 영향을 받은 것은 해결중심모델이다.
④ 정신역동모델은 진단주의 학파의 이론적 기초가 되었다.

관련기출 더 보기

정신역동모델 개입과정을 순서대로 옳게 나열한 것은?

> ㄱ. 동일시를 위한 자아구축 단계
> ㄴ. 클라이언트의 자기이해를 원조하는 단계
> ㄷ. 관계형성 단계
> ㄹ. 클라이언트가 독립된 자아정체감을 형성하도록 원조하는 단계

① ㄱ → ㄷ → ㄹ → ㄴ
② ㄴ → ㄷ → ㄱ → ㄹ
③ ㄴ → ㄹ → ㄷ → ㄱ
④ ㄷ → ㄱ → ㄹ → ㄴ
⑤ ㄷ → ㄴ → ㄱ → ㄹ

답 ④

✔ **응시생들의 선택**

① 4%	② 7%	③ 3%	④ 16%	⑤ 70%

정신역동모델은 클라이언트가 자신을 통찰할 수 있도록 원조하는 것에 목표를 두기 때문에 개입과정도 이를 목표로 진행된다.
'(ㄷ) 관계형성 단계'에서 신뢰관계를 형성하여, 이를 바탕으로 '(ㄱ) 동일시를 위한 자아구축 단계'에서 클라이언트가 치료자를 통해 현실감각을 키울 수 있도록 원조하며, '(ㄹ) 클라이언트가 독립된 자아정체감을 형성하도록 원조하는 단계'에서 클라이언트가 세상에 독립적으로 나아갈 수 있도록 성장을 돕는다. 마지막으로 '(ㄴ) 클라이언트의 자기이해를 원조하는 단계'를 통해 클라이언트가 자기 스스로를 통찰할 수 있도록 원조한다.

정신역동모델에 관한 설명으로 옳지 않은 것은?

① 심리적 결정론에 근거한다.
② 발달단계상의 고착과 퇴행을 고려한다.
③ 성장의지가 높은 클라이언트에게 효과적이다.
④ 통찰보다는 치료적 처방제공에 초점을 둔다.
⑤ 원초아와 초자아 사이에 발생하는 불안과 긴장 해소를 위해 방어기제를 사용한다.

답 ④

✅ 응시생들의 선택

① 7%	② 4%	③ 36%	④ 36%	⑤ 17%

④ 과거, 무의식 분석을 통해 현재를 통찰하는 데에 초점을 둔다.

정신역동모델을 적용하기에 적절한 사례가 아닌 것은?

① 통찰 능력이 있는 사람
② 자기분석에 관심이 많은 사람
③ 자기분석을 통한 성장 욕구가 있는 사람
④ 내면 갈등을 이해하여 부모와의 관계회복을 꾀하려는 사람
⑤ 개인과 환경 간 복합적이고 만성화된 문제에 대한 해결의지가 높은 사례

답 ⑤

✅ 응시생들의 선택

① 21%	② 17%	③ 11%	④ 15%	⑤ 36%

⑤ 개인과 환경에 의한 문제에 초점을 두는 것은 심리사회모델이다. 정신역동모델은 인간의 무의식에서 일어나는 다양한 힘들의 역동적인 상호작용을 강조하고, 인간의 행동은 무의식적 동기에 의해 좌우된다고 본다. 따라서 개인의 통찰력과 자기분석 및 내면갈등에 초점을 두며, 환경을 고려하지는 않는다.

정신역동모델에 관한 설명으로 옳은 것은?

① 초자아는 내부세계와 외부세계의 기능이 잘 집행되도록 중재하는 역할을 한다.
② 항문보유적 성격은 의타심이 많고 타인을 지배하려는 성향이 있다.
③ 기능주의 학파의 이론적 기초가 되었다.
④ 클라이언트의 꿈, 자유연상의 의미를 해석하는 목적은 통찰력을 제고하기 위한 것이다.
⑤ 사회복지사가 클라이언트에게 갖는 전이를 치료기법으로 활용한다.

답 ④

✅ 응시생들의 선택

① 18%	② 26%	③ 13%	④ 38%	⑤ 4%

① 초자아가 아닌 자아에 대한 설명이다.
② 항문보유적 성격은 절약, 질서정연, 깔끔, 완고함 등이 특징이다.
③ 진단주의 학파의 이론적 기초가 되었다.
⑤ 클라이언트가 사회복지사에게 느끼는 전이를 치료에 활용한다.

다음 내용이 왜 틀렸는지를 확인해보자

09-04-24

01 정신역동모델, 해결중심모델 등은 대표적인 **단기개입모델**이다.

> 정신역동모델은 단기적으로 진행되기는 어렵다.

18-04-24

02 인간의 행동에 영향을 미치는 **무의식적 동기에 큰 의미를 두지 않는다.**

> 정신역동모델은 인간의 행동은 무의식적 동기에 의해 크게 좌우된다고 가정한다.

03 정신역동모델은 심리결정론에 근거한 모델로 클라이언트가 호소하는 문제와 관련된 **현재의 심리상태에 주목한다.**

> 심리결정론은 인간의 모든 정신활동에는 목적이 있으며 이는 과거의 발달과정에서 경험한 것에 의해 결정된다고 보는 것이다. 이러한 심리결정론을 기반으로 한 정신역동모델은 현재보다 과거에 대한 이해를 강조한다.

14-04-03

04 정신역동모델은 자기분석이 가능한 클라이언트에게는 **적절하지 않은 방법**이다.

> 정신역동모델은 자기분석이 가능한 클라이언트일수록 더 효과적이다.

05 정신역동모델은 인간의 행동을 이해하기 위해서 **꼭 과거를 살펴볼 필요는 없다고 가정**한다.

> 정신역동모델은 어린 시절의 경험을 중요시한다. 과거 경험을 이해해야 인간의 행동을 이해할 수 있다고 가정한다.

06 정신역동모델은 클라이언트의 문제와 관련하여 **개인과 환경 간 상호작용을 분석**한다.

> 정신역동모델은 인간의 무의식적 동기에 초점을 두며, 환경에 대해 고려하지 않는다.

10-04-21

07 정신역동모델은 **사회구성주의적 관점**에 근거한다.

> 정신역동모델은 정신분석이론에 근거한다.

다음 내용이 옳은지 그른지 판단해보자

01 정신역동모델은 클라이언트가 현재 겪고 있는 심리 내적 갈등의 원인을 과거의 경험과 연관지어 탐색한다.

14-04-03
02 정신역동모델은 현재의 문제를 과거의 경험에서 찾는다.

14-04-03
03 정신역동모델은 클라이언트의 무의식적 충동과 미래의 의지를 강조한다.

04 정신역동모델은 클라이언트의 통찰력 획득에 초점을 둔다.

05 정신역동모델에서는 인간이 사용하는 모든 유형의 방어기제를 병리적으로 본다.

06 정신역동모델에서는 심리성적 발달단계를 제시하면서 특정 단계에서 만족이 지나치면 고착이 일어날 수 있다고 보았다.

07 정신역동모델의 개입목표는 치료적 처방에 있다.

 답 **01** ○ **02** ○ **03** ✕ **04** ○ **05** ✕ **06** ○ **07** ✕

해설 **03** 정신역동모델은 미래의 의지를 강조하지는 않는다.
05 모든 방어기제를 다 병리적으로 보지는 않는다. 인간은 누구나 불안을 느낄 수 있으며 불안으로부터 벗어나고 자신을 보호하기 위해 방어기제를 사용한다고 보면서 긍정적이고 유용한 측면도 있다고 본다.
07 정신역동모델은 클라이언트가 스스로를 통찰하여 자신의 무의식 내용을 알고 이해하고 수용할 수 있어야 문제가 해결될 수 있다고 보기 때문에 클라이언트가 통찰력을 가질 수 있도록 하는 데에 목표를 둔다. 치료적 처방 그 자체가 목표는 아니다.

KEYWORD

098 정신역동모델의 개입기법

강의 QR코드

| 1회독 | 2회독 | 3회독 |
| 월 일 | 월 일 | 월 일 |

최근 10년간 **4문항** 출제

복습 1 **이론요약**

23회 기출 21회 기출 19회 기출

개입기술

▶ 전이의 해석

- 클라이언트가 보이는 전이 행동과 정서적 반응을 분석하여 **새로운 반응 형태를 학습**할 수 있도록 한다.
- 치료자는 클라이언트가 자신의 반응형태를 통찰할 수 있도록 **의도적으로 전이를 유발하기도 한다**.
- 전이와 역전이
  - 전이: 클라이언트가 사회복지사를 자신의 과거 속 중요한 인물로 느끼는 것
  - 역전이: 전이와 반대로 사회복지사가 클라이언트에게서 느끼는 것

기본개념

사회복지실천기술론
pp.43~

▶ 자유연상

- 클라이언트로 하여금 자신의 **마음속에 떠오르는 것을 자유롭게 이야기**하게 하는 개입기술이다.
- 치료자는 클라이언트가 생각나는 대로 자기검열 없이 이야기해야 함을 설명해주어야 한다.
- 치료자는 클라이언트의 이야기가 중구난방으로 흐르더라도 **끼어들거나 중단하거나 비판하지 말아야** 한다.

▶ 훈습

- 클라이언트가 현실상황에서 경험하는 혹은 경험하게 될 **문제상황에 대한 해결능력 향상을 위해 치료장면에서 경험하도록 하는 것**이다.
- 저항이나 전이 현상, 생활상의 갈등, 과거문제의 갈등 등 내면을 통찰하고 문제를 통합적으로 살펴볼 수 있도록 한다.
- 사회복지사의 해석, 클라이언트의 통찰, 클라이언트의 동화 등이 **반복적으로 장기간에 걸쳐 진행**된다.

▶ 꿈의 분석

- 꿈속에 나타난 무의식적 소망, 욕구, 두려움 등을 해석한다.
- 치료자는 클라이언트가 언급하는 꿈 가운데 해결되지 못한 갈등, 의식화되지 않은 갈등 등을 분석한다.

▶ 직면

- 클라이언트의 말과 행위 사이의 불일치, 표현한 가치와 실행 사이의 모순, 회피 등을 클라이언트 자신이 주목할 수 있도록 하는 기법이다.
- 치료자는 클라이언트가 저항 행동을 보일 때에 직면을 활용할 수 있다.

01 (23-04-02) 훈습은 경험적 확신을 갖도록 전이와 저항에 대한 분석과 해석을 반복적으로 진행하는 것이다.

02 (19-04-11) 정신역동모델에서는 훈습을 통해 클라이언트의 불안은 최소화되고 적합한 방법으로 자신의 문제를 이해할 수 있는 능력을 기르게 된다.

03 (18-04-24) 정신역동모델은 자유연상, 훈습, 직면의 기술을 사용한다.

04 (17-04-01) 정신역동모델에서 해석의 목적은 통찰력 향상에 있다.

05 (17-04-01) 클라이언트가 보이는 전이는 반복적이며 퇴행하는 특징을 갖는다.

06 (14-04-03) 정신역동모델은 자유연상, 훈습, 직면의 기술을 사용한다.

07 (14-04-03) 정신역동모델에서는 전이의 분석을 통해 클라이언트의 통찰력을 증진시킨다.

08 (12-04-03) 훈습: 저항이나 전이에 대한 이해를 반복해서 심화, 확장하도록 한다.

09 (12-04-03) 자유연상: 의식에 떠오르는 것이면 모든 것을 이야기하도록 한다.

10 (12-04-03) 해석: 클라이언트의 통찰력 향상을 위해 상담자의 직관에 근거하여 설명하는 것이다.

11 (12-04-03) 꿈의 분석: 꿈을 통해 나타나는 무의식적인 소망과 욕구를 해석하여 통찰력을 갖도록 한다.

12 (09-04-20) 역전이의 예: 사례관리자들은 A사례관리팀장의 슈퍼비전에 불만이 많다. 다른 사례관리 대상자들에게는 허용되지 않는 행동이 B클라이언트에게만 항상 예외다. 서비스 이용 규칙이나 계약을 이행하지 않는 B의 불성실한 행동에 대해 "기회를 줘야 한다. 알코올중독자인 아버지에게 당한 학대의 후유증이다. 당해보지 않은 사람은 모른다."고 자신의 경험을 예로 들며 B를 감싸기만 한다.

13 (08-04-04) 훈습은 클라이언트가 문제에 대한 통찰수준을 높여 경험적 확신을 갖도록 클라이언트에게 반복적으로 설명하고 분석해주는 정신역동적 실천기법이다.

14 (06-04-24) 사회복지사는 과거의 경험이 자신에게 어떤 강점과 약점을 주는지에 대해 꾸준히 점검하면서 자신에게 일어날 수 있는 역전이 현상을 주의해야 한다.

15 (05-04-18) 훈습은 전이현상이나 생활문제의 갈등, 과거문제의 갈등 등에 대한 클라이언트의 이해 및 관점의 수준을 확장시켜 자신의 문제나 상황을 좀 더 통합적인 관점으로 이해하게 한다.

대표기출 확인하기

23-04-02 난이도 ★★☆

정신역동모델의 개입기술에 관한 설명으로 옳은 것은?

① 전이는 현재의 인물에게 느끼는 사랑이나 증오의 감정을 과거의 인물에게 전치하는 것을 말한다.

② 훈습은 경험적 확신을 갖도록 전이와 저항에 대한 분석과 해석을 반복적으로 진행하는 것이다.

③ 직면은 클라이언트의 말과 행동 사이의 불일치나 모순이 있을 때 우회적 방법으로 알리는 것이다.

④ 해석은 클라이언트의 공감능력을 키우는 효과가 있다.

⑤ 자유연상은 클라이언트가 수치스럽게 생각하거나 도움이 안 되는 내용을 선택할 수 있다.

▶ 알짜확인

- 정신역동모델의 다양한 개입기법을 살펴보도록 하자. 각각의 개입기법이 어떤 상황에서 어떻게 적용될 수 있는지를 생각하면서 살펴봐야 한다.
- 전이는 클라이언트가 사회복지사에게, 역전이는 사회복지사가 클라이언트에게 느끼는 감정이라는 점 구분해서 기억해두자.

답 ②

✔ 응시생들의 선택

① 9%	② 63%	③ 10%	④ 6%	⑤ 12%

① 전이는 과거의 인물에게 느끼는 감정을 현재의 인물에게 전치하는 것이다.

③ 직면은 클라이언트의 말과 행동 사이의 불일치나 모순이 있을 때 우회적인 방법으로 알리는 것이 아니라 신뢰를 바탕으로 클라이언트가 주목할 수 있도록 직접 전달하는 것이다.

④ 해석은 클라이언트의 표현과 행동 상황 등을 토대로 사회복지사가 이를 분석하여 설명하는 기법이다. 공감능력을 키우는 효과는 감정이입하기, 역할교환하기 등이 도움이 된다.

⑤ 자유연상은 클라이언트가 마음 속에 떠오르는 감정, 생각, 기억, 환상, 꿈 등을 자유롭게 말하도록 하는 기법이다. 판단을 중지함으로써 클라이언트가 억압이나 억제 없이 이야기하도록 하는 것이 중요하다.

관련기출 더 보기

21-04-10 난이도 ★☆☆

정신역동모델의 개입기법에 관한 설명으로 옳은 것을 모두 고른 것은?

ㄱ. 직면: 클라이언트의 이야기와 행동 간 불일치를 보일 때 자기모순을 직시하게 한다.

ㄴ. 해석: 치료적 관계에서 나타나는 클라이언트의 특정 생각이나 행동의 의미를 설명한다.

ㄷ. 전이분석: 클라이언트가 과거의 중요한 인물에 대해 느꼈던 감정을 치료사에게 재현하는 현상을 분석하여 과거 문제를 해석하고 통찰하도록 한다.

ㄹ. 명료화: 저항이나 전이에 대한 이해를 심화·확장하여 통합적으로 이해하도록 한다.

① ㄱ
② ㄴ, ㄹ
③ ㄷ, ㄹ
④ ㄱ, ㄴ, ㄷ
⑤ ㄱ, ㄴ, ㄷ, ㄹ

답 ④

✔ 응시생들의 선택

① 6%	② 3%	③ 3%	④ 72%	⑤ 16%

ㄹ. 명료화는 클라이언트의 말에 담긴 내용과 의미를 파악하여 함축된 의미를 구체화하고 분명하게 하는 것이다. 정신역동모델에서 명료화는 해석과정에서 클라이언트가 직면한 사실과 의미 등의 초점을 분명히 하기 위해 사용된다.

정신역동모델의 개념과 개입기법에 관한 설명으로 옳은 것을 모두 고른 것은?

> ㄱ. 전이는 정신역동 치료에 방해가 되므로 이를 이용해서는 안 된다.
> ㄴ. 무의식적 갈등이나 불안을 표현하도록 하여 자신의 문제에 대해 이해하고 통찰할 수 있도록 한다.
> ㄷ. 클라이언트와 라포가 형성되기 전에 해석을 제공하는 것이 관계형성에 도움이 된다.
> ㄹ. 훈습을 통해 클라이언트의 불안은 최소화되고 적합한 방법으로 자신의 문제를 이해할 수 있는 능력을 기르게 된다.

① ㄱ, ㄷ
② ㄴ, ㄹ
③ ㄱ, ㄴ, ㄷ
④ ㄴ, ㄷ, ㄹ
⑤ ㄱ, ㄴ, ㄷ, ㄹ

답 ②

✓ 응시생들의 선택

① 1%	② 92%	③ 1%	④ 4%	⑤ 2%

ㄱ. 클라이언트가 보이는 전이를 통해 사회복지사는 클라이언트가 사회복지사와의 관계가 아닌 다른 사람들과의 관계에서 어떤 태도를 보이는지, 어떻게 행동하는지, 어떤 감정을 느끼는지 등을 알 수 있다. 이런 측면에서 클라이언트의 전이를 의도적으로 유도하거나 자극하기도 한다.

ㄷ. 해석은 클라이언트에게서 얻은 정보를 바탕으로 사회복지사가 나름의 의미를 부여하는 것이기 때문에 클라이언트에 관한 정보가 부족한 경우 잘못된 해석이나 클라이언트가 받아들이기 힘든 해석을 내릴 수 있다. 따라서 라포가 형성되지 않은 초기단계에서는 해석을 무리하게 진행하지 않는 것이 좋다.

정신역동모델의 개념과 개입기술에 관한 설명으로 옳은 것을 모두 고른 것은?

> ㄱ. 해석의 목적은 통찰력 향상에 있다.
> ㄴ. 훈습은 모순이나 불일치를 직시하도록 원조하는 단회성 기법이다.
> ㄷ. 전이는 반복적이며 퇴행하는 특징을 갖는다.
> ㄹ. 자유연상을 시행하는 경우 주제와 관련 없는 내용은 억제시킨다.

① ㄱ, ㄴ
② ㄱ, ㄷ
③ ㄴ, ㄹ
④ ㄱ, ㄴ, ㄷ
⑤ ㄱ, ㄴ, ㄷ, ㄹ

답 ②

✓ 응시생들의 선택

① 23%	② 58%	③ 5%	④ 9%	⑤ 5%

ㄴ. 훈습은 자신의 내면적 문제나 갈등의 원인을 통찰하고, 스스로 문제를 해결할 수 있도록 반복적으로 경험해보는 과정을 말한다. 일회적으로 끝나는 것이 아니라 반복적으로 진행된다.

ㄹ. 자유연상에서는 떠오르는 모든 것을 있는 그대로 말하는 것이 중요하다.

정신역동모델의 개입기술에 관한 설명으로 옳지 않은 것은?

① 직면 – 핵심이 되는 문제에 초점을 맞춘다.
② 훈습 – 저항이나 전이에 대한 이해를 반복해서 심화, 확장하도록 한다.
③ 자유연상 – 의식에 떠오르는 것이면 모든 것을 이야기하도록 한다.
④ 해석 – 클라이언트의 통찰력 향상을 위해 상담자의 직관에 근거하여 설명하는 것이다.
⑤ 꿈의 분석 – 꿈을 통해 나타나는 무의식적인 소망과 욕구를 해석하여 통찰력을 갖도록 한다.

답 ①

✓ 응시생들의 선택

① 31%	② 16%	③ 7%	④ 44%	⑤ 1%

① 직면은 클라이언트의 말과 행위 사이의 불일치, 표현한 가치와 실행 사이의 모순, 회피 등에 주목할 수 있도록 하는 기법이다.

다음 내용이 왜 틀렸는지를 확인해보자

17-04-01

01 정신역동모델에서 훈습은 모순이나 불일치를 직시하도록 원조하는 **단회성** 기법이다.

> 훈습은 과거와 무의식에 대한 해석 및 통찰, 그리고 새로운 행동양식을 습득하는 일련의 과정이다. 단순한 하나의 기법이 아니라 치료과정이라고 불릴 만큼 장기간에 걸쳐 진행된다.

02 정신역동모델에서 진행되는 직면 기술은 클라이언트의 **미래와 강점에 초점**을 둔다.

> 정신역동모델은 기본적으로 미래와 강점에 초점을 두지 않으며, 과거 경험 및 무의식에 초점을 둔다. 정신역동모델에서 진행되는 직면 기술은 클라이언트로 하여금 자신의 부적응적 행동이나 모순적 행동 등을 마주할 수 있도록 하는 기법이다.

06-04-24

03 A 사회복지사는 알코올중독자인 아버지와의 정서적 관계를 회복하지 못한 채 알코올전문상담가로 활동하게 되었다. 이때 사회복지사는 자신이 느낄 수 있는 **전이 현상**에 유의해야 한다.

> 사회복지사가 자신의 경험을 클라이언트에게 대입하여 느끼게 되는 감정은 역전이 현상이다.

빈칸에 들어갈 알맞은 말을 채워보자

12-04-03

01 정신역동모델의 개입기법 중 (   ) 기법은 의식에 떠오르는 것이면 모든 것을 이야기하도록 하는 기법이다.

02 전이와 역전이 중 (①   )는 클라이언트가 사회복지사에게, (②   )는 사회복지사가 클라이언트에게 갖는 정서적 반응이다.

03 (   ) 기법은 역기능적인 행동을 야기하는 사고나 정서, 행동상의 불일치나 모순에 대해 클라이언트가 인식할 수 있도록 하는 기법이다.

답 **01** 자유연상 **02** ① 전이 ② 역전이 **03** 직면

심리사회모델

심리사회모델에서는 '지-직-탐-개-유-발' 6가지 직접적 개입방법을 꼼꼼히 살펴봐야 한다. 더불어 간접적 개입도 한다는 점 잊지 말자.

10년간 출제분포도

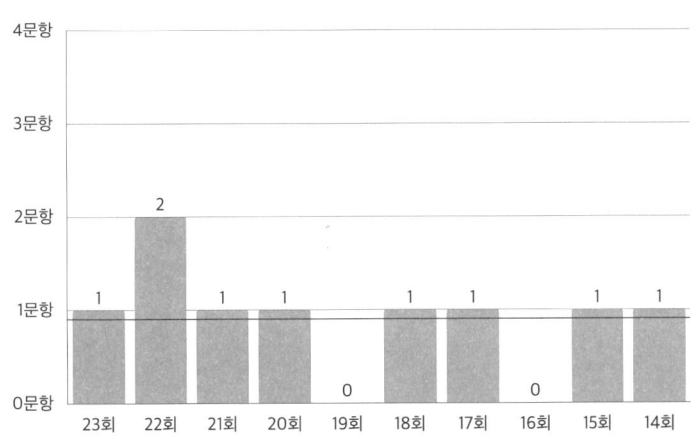

평균 출제문항수

심리사회모델의 개입기법

강의 QR코드

1회독	2회독	3회독
월 일	월 일	월 일

최근 10년간 **9문항** 출제

 복습 **1** 이론요약

 23회 기출 22회 기출 21회 기출 20회 기출

직접적 개입기법

▶ **지지하기**
- 클라이언트에 대한 신뢰나 존중, 문제해결 능력에 대한 확신 등을 표현
- 재보증(안심), 격려, 경청

▶ **직접적 영향 주기**
- 클라이언트의 행동을 조언, 제시
- 직접적 조언, 정보 제공, 현실적 제안

▶ **탐색 – 기술(묘사) – 환기**
- 탐색과 기술(묘사): 클라이언트가 자신의 상황과 자신과 주변 사회환경과의 상호작용에 대한 사실을 그대로 말할 수 있도록 도와주는 의사소통, 즉 단순히 자신이 보는 그대로의 사실을 제공하는 것
- 환기: 사실과 관련된 감정을 끌어내는 것, 클라이언트가 이러한 과정을 통해 자신의 감정을 표현하고, 환기를 경험하는 것 자체로도 문제가 해결되는 경우도 있음

▶ **개인–환경 간의 관계에 관한 (반성적) 고찰**
- 클라이언트를 상황 속의 인간이라는 관점에서 고려하기
- 클라이언트를 둘러싼 현재 혹은 최근 사건에 대해 고찰하는 것으로 심리사회요법의 핵심

▶ **유형–역동성 고찰**
- 클라이언트의 성격과 행동, 심리 내적 역동에 대해 고찰하기
- 특정 행동이나 사고방식을 이끄는 행동 경향 혹은 감정 유형 등을 살펴봄

▶ **발달적 고찰**
- 클라이언트의 사회적 기능 수행에 영향을 주는 과거와 현재의 경험을 고찰하기
- 과거에 초점을 두어 과거의 경험이 현재에 미치는 영향을 살펴봄

간접적 개입기법

- 클라이언트를 둘러싼 인적, 물적 환경에 관련된 문제를 해결하는 데에 초점
- 필요한 자원 제공, 다른 체계 사이의 중재, 옹호 활동 등

기본개념

사회복지실천기술론
pp.55~

01 (23-04-03) 유형-역동성 고찰의 예: 가까워지기 어려운 사람들과 친밀감을 높이기 위해 당신이 자주 사용하는 행동 패턴이 있다고 생각하십니까?

02 (22-04-06) 심리사회모델에서는 간접적 개입기법으로 환경조정을 사용한다.

03 (21-04-09) 직접적 영향주기의 예: 지금까지의 방법이 효과적이지 않다면 다른 방법을 시도해 보면 어떨까요? 제 생각에는 지금쯤 변화가 필요하니 가족상담에 참여해 보시면 어떨까 합니다.

04 (20-04-08) 심리사회모델의 개입기법은 직접적 개입과 간접적 개입으로 구분된다.

05 (20-04-08) 탐색 - 기술(묘사) - 환기는 자기 상황과 감정을 말로 표현하게 함으로써 감정전환을 도모하는 기법이다.

06 (20-04-08) 지지는 이해, 격려, 확신감을 표현하는 기법이다.

07 (20-04-08) 유형의 역동 성찰은 성격, 행동, 감정의 주요 경향에 관한 자기이해를 돕는다.

08 (18-04-17) 발달적 성찰: 현재 클라이언트 성격이나 기능에 영향을 미친 가족의 기원이나 초기 경험을 탐색한다.

09 (18-04-17) 탐색 - 기술 - 환기: 클라이언트의 상황에 관한 사실을 드러내고 감정의 표현을 통해 감정의 전환을 제공한다.

10 (18-04-17) 수용: 온정과 친절한 태도로 클라이언트의 감정이나 주관적인 상태에 감정이입을 하며 공감한다.

11 (18-04-17) 직접적 영향: 사회복지사와 클라이언트 간의 신뢰관계를 바탕으로 클라이언트에게 제안과 설득을 제공한다.

12 (15-04-17) 격려기술의 예: 계약기간 동안 업무를 잘 해내셨군요. 이번에도 잘 감당할 수 있을 것이라 믿어요.

13 (15-04-17) 재보증기술의 예: 염려하지 마세요. 상황은 좋아질 거예요.

14 (15-04-17) 환기기술의 예: 힘드셨을 것 같네요. 그때 기분이 어떠셨나요?

15 (15-04-17) 직면기술의 예: 잠시 무엇을 했는지 한 번 살펴봅시다. 지난 번 하겠다고 한 것과는 반대의 일을 하고 있네요.

16 (14-04-01) 직접적 영향: 문제해결을 위해 사회복지사의 의견을 강조한다.

17 (14-04-01) 발달적 고찰: 성인기 이전의 생애경험이 현재의 기능에 미치는 영향에 대해 고찰한다.

18 (14-04-01) 탐색 - 기술 - 환기: 클라이언트와 환경과의 상호작용에 대한 사실을 기술하고 감정을 표현하도록 한다.

19 (14-04-01) 인간-상황에 대한 고찰: 사건에 대한 클라이언트의 지각방식 및 행동에 대한 신념, 외적 영향력 등을 평가한다.

20 (12-04-06) 심리사회모델에서는 역설적 의도를 활용하지 않는다.

21 (11-04-04) 심리사회모델은 격려, 재보증, 탐색 - 묘사 - 환기, 제안, 충고, 반영적 고찰, 유형-역동성 고찰 등의 개입기술을 활용한다.

22 (08-04-05) 심리사회모델에서는 지지하기, 발달적 고찰 등을 개입기술로 활용한다.

23 (07-04-21) 제안, 충고 등은 클라이언트의 행동 변화 촉진을 위한 심리사회모델의 개입 기술인 직접 영향주기에 해당한다.

24 (06-04-04) 눈물을 흘리는 클라이언트에게 '눈물이 말하는 것은 무엇인가요?'라고 사회복지사가 질문했다면 이는 심리사회모델 중 탐색 - 묘사 - 환기 기법에 해당한다.

25 (05-04-04) "이 문제가 학창시절과 어떤 관련이 있다고 생각하십니까?"라는 질문은 발달적 고찰에 해당한다.

26 (04-04-10) 죄의식이나 불안에 대한 이해를 표현하여 안심시키기, 클라이언트가 하는 말을 잘 듣고 경청하기, 클라이언트의 능력에 대해 신뢰를 표현하기 등은 지지하기에 해당한다.

27 (04-04-18) 직접적 영향주기의 예: 클라이언트 A씨는 알코올 중독 남편의 상습적인 가정폭력에 노출되어 있었다. 사회복지사는 A씨에게 가정폭력 피해자 보호시설에 대한 정보를 제공하고 입소할 수 있도록 연계했다.

복습 2 기출확인

대표기출 확인하기

23-04-03 난이도 ★★☆

다음 사례에서 활용한 심리사회모델의 개입기법은?

> 가까워지기 어려운 사람들과 친밀감을 높이기 위해 당신이 자주 사용하는 행동 패턴이 있다고 생각하십니까?

① 직접적 영향 주기
② 탐색 – 기술(묘사) – 환기
③ 지지하기
④ 유형-역동성 고찰
⑤ 발달적 고찰

 알짜확인

- 심리사회모델의 다양한 개입기법을 살펴보도록 하자.
- 크게 직접적 개입기법과 간접적 개입기법으로 구분되는데, 주로 직접적 개입기법이 출제되고 있다.
- 지지하기, 직접 영향주기, 탐색 – 기술 – 환기, 개인–환경에 관한 고찰, 유형–역동성 고찰, 발달적 고찰 등은 모두 직접적 개입기법에 해당한다. 이 기법들이 심리사회모델에서 제시된 기법임을 기억해두는 것도 필요하며, 각각 어떤 기법인지를 파악해두는 것도 필수이다.

답 ④

✅ **응시생들의 선택**

① 6%	② 25%	③ 2%	④ 62%	⑤ 5%

④ 사례에 제시된 질문은 클라이언트가 자주 사용하는 행동 패턴을 묻고 있기 때문에 유형–역동성 고찰 기법에 해당한다. 유형–역동성 고찰은 클라이언트의 특정 행동이나 사고방식을 이끄는 행동경향 혹은 사고와 감정유형이 무엇인지를 밝혀내는 개입기법이다.

관련기출 더 보기

22-04-05 난이도 ★★☆

사회복지실천모델과 기법으로 옳지 않은 것은?

① 행동주의모델: 소거
② 해결중심모델: 대처질문
③ 과제중심모델: 유형–역동에 관한 고찰
④ 인지행동모델: 소크라테스식 문답법
⑤ 위기개입모델: 자살의 위험성 평가

답 ③

✅ **응시생들의 선택**

① 4%	② 6%	③ 64%	④ 18%	⑤ 8%

③ 유형–역동에 관한 고찰은 심리사회모델의 개입기법이다.

22-04-06 난이도 ★★☆

심리사회모델에 관한 설명으로 옳은 것을 모두 고른 것은?

> ㄱ. 심리사회모델을 체계화 하는데 홀리스(F. Hollis)가 공헌하였다.
> ㄴ. "직접적 영향주기"는 언제나 사용 가능한 기법이다.
> ㄷ. "환기"는 클라이언트의 긍정적 감정을 표출시킨다.
> ㄹ. 간접적 개입기법으로 "환경조정"을 사용한다.

① ㄱ, ㄹ
② ㄴ, ㄷ
③ ㄷ, ㄹ
④ ㄴ, ㄷ, ㄹ
⑤ ㄱ, ㄴ, ㄷ, ㄹ

답 ①

✅ **응시생들의 선택**

① 59%	② 4%	③ 22%	④ 8%	⑤ 7%

ㄴ. 직접적 영향주기: 클라이언트가 어떤 행동을 취할지에 대해 직접적으로 조언하고 제시하는 것을 말한다. 클라이언트와 신뢰관계가 구축되었을 때, 클라이언트에 대한 충분한 지식이 있다고 판단될 때 등에 사용된다.

ㄷ. 환기: 클라이언트가 억눌러온 부정적 감정을 표출시켜 감정의 정화를 경험할 수 있도록 원조한다. 심리사회모델에서는 탐색 – 기술 – 환기의 과정으로 연결하여 실시되며, 감정이 격해지기 쉬운 클라이언트에 대해서는 주의가 필요하다.

다음 사례에서 활용한 심리사회모델의 개입기법은?

"지금까지의 방법이 효과적이지 않다면 다른 방법을 시도해 보면 어떨까요? 제 생각에는 지금쯤 변화가 필요하니 가족상담에 참여해 보시면 어떨까 합니다."

① 지지하기
② 직접적 영향주기
③ 탐색 – 기술 – 환기
④ 인간–환경에 관한 고찰
⑤ 유형–역동성 고찰

답 ②

✔ 응시생들의 선택

① 2%	② 55%	③ 27%	④ 4%	⑤ 12%

② 직접적 영향주기는 사회복지사가 클라이언트에게 특정 행동에 대해 조언하거나 제안함으로써 행동의 변화가 일어날 수 있도록 하는 것이다.

심리사회모델의 기법에 관한 설명으로 옳지 않은 것은?

① 발달적 성찰: 현재 클라이언트 성격이나 기능에 영향을 미친 가족의 기원이나 초기 경험을 탐색한다.
② 지지하기: 클라이언트의 현재 또는 최근 사건을 고찰하게 하여 현실적인 해결방법을 찾는다.
③ 탐색 – 기술 – 환기: 클라이언트의 상황에 관한 사실을 드러내고 감정의 표현을 통해 감정의 전환을 제공한다.
④ 수용: 온정과 친절한 태도로 클라이언트의 감정이나 주관적인 상태에 감정이입을 하며 공감한다.
⑤ 직접적 영향: 사회복지사와 클라이언트 간의 신뢰관계를 바탕으로 클라이언트에게 제안과 설득을 제공한다.

답 ②

✔ 응시생들의 선택

① 3%	② 76%	③ 2%	④ 16%	⑤ 3%

② 클라이언트의 현재 또는 최근 사건을 고찰하게 하여 현실적인 해결방법을 찾는 것은 개인–환경에 관한 고찰에 해당한다.

음주문제와 가정불화로 직장에 적응하지 못해 의뢰된 클라이언트에게 심리사회모델을 적용할 때 그 개입기법으로 적절하지 않은 것은?

① 음주와 관련된 감정을 표출하도록 한다.
② 문제해결을 위해 직접 충고한다.
③ 클라이언트의 인지오류와 신념체계를 탐색한다.
④ 직장 상사와의 갈등이 현재에 미친 영향을 파악한다.
⑤ 유년기 문제와 현재 행동의 인과관계를 지각하도록 한다.

답 ③

✔ 응시생들의 선택

① 1%	② 50%	③ 34%	④ 5%	⑤ 10%

③은 인지행동모델에 따른 개입이라고 볼 수 있다.

① 탐색 – 묘사 – 환기에 해당한다.
② 직접 영향주기에 해당한다.
④ 개인–환경에 대한 고찰에 해당한다.
⑤ 발달적 고찰에 해당한다.

심리사회모델의 개입기법으로 옳지 않은 것은?

① 격려, 재보증
② 탐색 – 소거 – 환기
③ 강조, 제안, 충고, 독려
④ 발달과정의 반영적 고찰
⑤ 유형–역동의 반영적 고찰

답 ②

✔ 응시생들의 선택

① 8%	② 27%	③ 35%	④ 18%	⑤ 12%

② 탐색 – 소거 – 환기가 아니라 탐색 – 묘사(기술) – 환기이다.
클라이언트에게 사실 및 사실과 관련된 감정을 이해하도록 돕고 표출하게 하여 긴장을 완화시키는 기법이다.

다음 내용이 **왜 틀렸는지**를 확인해보자

01 탐색 – 묘사 – 환기 기술은 **클라이언트의 불안감이 극에 달했을 때에 적합한** 개입기술이다.

> 클라이언트의 불안감이 거셀 때에는 오히려 더 감정이 격해질 수 있기 때문에 주의해서 사용해야 한다.

02 개인–환경에 관한 고찰은 **유년기의 문제와 현재 행동의 인과관계를 살펴보기 위한** 기법이다.

> 개인–환경에 관한 고찰은 최근 사건에 대해 상황 속 인간의 관점에서 현실적으로 파악하게 돕는 기법이다.

05-04-04
03 사회복지사는 유형–역동성 고찰을 위해 **"이전에도 같은 문제를 경험한 적 있습니까?"**라고 질문할 수 있다.

> 유년기의 문제와 현재 행동의 인과관계를 살펴보는 발달적 고찰에 해당하는 질문이다.

04 직접적 영향주기 기술은 **'상황 속 인간' 관점을 토대로 한다.**

> '상황 속 인간' 관점을 토대로 한 기술은 개인–환경에 관한 고찰이다.

05 탐색 – 묘사 – 환기 기술은 **항상 병행되어야 하는 것은 아니다.**

> 탐색 – 묘사 – 환기는 각각 개별적으로 이루어지는 것이 아니라 연속적으로 실시된다.

07-04-21
06 문제해결을 위한 옹호 활동은 **직접적 영향주기에 해당한다.**

> 직접적 영향주기는 직접적 개입기술 중 하나이며, 옹호는 환경조성을 위한 간접적 개입기술에 해당한다.

04-04-10
07 **지지하기는** 클라이언트가 해야 할 행동을 구체적으로 지시하는 기법이다.

> 지지하기는 재보증, 격려 등 감정적 차원에서 접근하는 기법이다. 클라이언트가 취할 구체적인 행동을 조언하거나 지시하는 것은 직접적 영향주기에 해당한다.

빈칸에 들어갈 알맞은 말을 채워보자

※ 각각에 해당하는 심리사회모델의 기법은?

20-04-08

01 ( ): 사회복지사가 클라이언트에 대한 이해, 격려, 확신감을 표현하는 기법이다.

02 ( ): 사회복지사가 조언이나 지시 등을 함으로써 클라이언트의 행동을 향상시킨다.

03 탐색 – ( ) – 환기: 클라이언트에게 사실 및 사실과 관련된 감정을 이해하고 표출하게 하여 긴장을 완화시킨다.

04 ( ): 클라이언트를 둘러싼 현재의 최근 사건에 대해 환경과의 상호작용에 초점을 두어 자신의 상황을 더 잘 이해할 수 있도록 원조한다.

05 ( ): 변화의 동기를 촉진시키면서 클라이언트 자신의 성격유형, 특징, 행동유형, 방어기제, 자아기능 수행 등 심리 내적 역동에 대해 이해하도록 원조한다.

06 ( ): 유년기의 문제와 현재 행동의 인과관계를 클라이언트가 자각하게 한다.

04-04-18

07 ( ) 기술의 예: 사회복지사 A는 남편의 알코올 중독으로 가정폭력에 노출되어 있는 클라이언트에게 가정폭력피해자 쉼터에 입소할 수 있음을 안내하였다.

17-04-02

08 ( ) 기술의 예: 음주문제와 가정불화로 직장에 적응하지 못해 의뢰된 클라이언트에게 자신의 상황을 말하고 현재의 감정을 표출할 수 있게 하였다.

09 ( ) 기술의 예: 남편이 가장으로서 무책임하다고 호소하는 아내에게 지금 남편에게서 느끼는 감정이 어렸을 때 아버지에게서 느꼈던 감정과 관련이 있는지를 생각해보게 하였다.

답 **01** 지지하기 **02** 직접적 영향주기 **03** 기술(묘사) **04** 개인－환경에 관한 고찰 **05** 유형－역동성 고찰 **06** 발달적 고찰 **07** 직접적 영향주기 **08** 탐색－묘사－환기 **09** 발달적 고찰

강의 QR코드

1회독	**2**회독	**3**회독
월 일	월 일	월 일

최근 10년간 **0문항** 출제

복습 **1**

이론요약

이론적 기반

정신분석이론, 대상관계이론, 체계이론과 생태체계관점, 자아심리이론, 역할이론, 의사소통이론, 사회복지실천으로부터 획득된 이론 등

기본개념

사회복지실천기술론
pp.48~

주요 특징

- 클라이언트의 심리적인 측면과 사회적인 측면, 그리고 양자의 상호작용에 의한 결과도 동시에 고려함('상황 속 인간' 관점)
- 사회복지사와 클라이언트 간의 치료적 관계에 주목
- 현재 행동을 이해하기 위해 과거 경험에 대해 탐색하면서도 무의식이 행동을 결정짓는 요인은 아니라고 봄
- 실천원칙: 수용, 개별화, 자기결정, 클라이언트의 현재 상황에서 출발

개입과정

초기단계 → 사정단계 → 개입단계 → 종결단계

기출문장 CHECK

01 (20-04-16) 심리사회모델은 상황 속 인간을 고려하되 환경보다 개인의 내적변화를 중시한다.

02 (11-04-05) 역할이론, 자아심리이론, 대상관계이론, 의사소통이론, 정신분석이론 등은 심리사회모델의 이론적 기반이 되었다.

03 (11-04-06) 심리사회모델은 단기개입에 적합한 이론은 아니다.

04 (10-04-04) 심리사회모델은 클라이언트의 수용과 자기결정을 강조한다.

05 (05-04-03) 심리사회모델은 인간의 발달과정과 환경적 영향을 중시한다.

06 (05-04-03) 심리사회모델은 개인의 과거경험 탐색을 중요시하며, 개개인마다 경험은 모두 다 다르다는 전제를 갖는다.

07 (04-04-04) 사회복지사는 도벽 경험이 있는 청소년에 대해 개입하면서 어릴 적 부모의 이혼이 그 원인임을 밝혔다. 이때 적용한 이론은 심리사회이론이다.

대표기출 확인하기

10-04-04 　　난이도 ★★☆

심리사회모델에 관한 설명으로 옳은 것은?

① 정신분석이론, 자아심리학, 대상관계이론에 영향을 미쳤다.
② 클라이언트의 현재와 미래에 초점을 둔다.
③ 클라이언트의 수용과 자기결정을 강조한다.
④ 외현화 및 인지재구조화기술을 사용한다.
⑤ 인간의 내적 갈등보다는 환경을 강조한다는 비판을 받는다.

 알짜확인

• 심리사회모델은 정신분석이론의 영향을 받았지만 무의식이 결정적 요인이라고 보지는 않았다는 점에 유의해야 한다.
• 상황 속 인간, 자기결정, 수용, 개별화 등의 개념을 확인해두자.

답 ③

✅ **응시생들의 선택**

① 21%	② 13%	③ 44%	④ 6%	⑤ 16%

① 정신분석이론, 대상관계이론, 자아심리학 등의 영향을 받아 심리사회모델이 탄생하였다.
② 개인과 환경과의 상호작용에 초점을 두면서도, 인간의 현재 행동을 이해하기 위해 오랜 시간을 두고 과거의 경험을 살펴본다.
④ 인지재구조화기술은 인지행동모델의 기술이며, 외현화는 내담자가 가지고 있는 내면의 문제를 바깥으로 끄집어내는 것을 말하며 이야기치료모델의 주요 기법이다.
⑤ 개인을 둘러싼 환경뿐만 아니라 개인의 심리 내적 상태에도 초점을 둔다.

관련기출 더 보기

06-04-15 　　난이도 ★★★

심리사회모델에 대한 설명으로 옳은 것은?

① 인간의 무의식은 인간의 행동을 결정짓는 요인이다.
② 인간의 성장과 학습 및 적응에는 연령의 한계가 있다.
③ 인간의 성장과 발달을 위한 내면적인 성장에 초점을 둔다.
④ 공감적 이해를 통해 클라이언트의 긍정적 변화를 유도한다.
⑤ 인간의 현재 행동을 이해하기 위해서는 과거의 행동은 중요하지 않다.

답 ④

✅ **응시생들의 선택**

① 16%	② 14%	③ 28%	④ 31%	⑤ 11%

① 인간의 무의식이 현재의 행동을 결정짓는 것은 아니라고 보았다.
② 인간은 일생에 걸쳐 발달한다.
③ 문제해결능력의 향상에 초점을 둔다.
⑤ 과거 경험이 현재 기능에 미치는 영향을 고찰한다(발달적 고찰).

03-04-01 　　난이도 ★★☆

심리사회모델의 기본개념은?

① 비합리적인 신념을 밝히고 재구조화하는 것
② 인간과 환경의 상호작용에 대한 이해와 강조
③ 클라이언트의 삶에 대한 통제능력 인정
④ 클라이언트의 문제보다는 강점에 초점을 둠
⑤ 신속한 개입을 통한 증상 제거와 기능 회복

답 ②

✅ **응시생들의 선택**

① 9%	② 75%	③ 5%	④ 7%	⑤ 4%

① 인지행동모델에 해당한다.
③ 역량강화모델에 해당한다.
④ 강점관점에 해당한다.
⑤ 위기개입모델에 해당한다.

다음 내용이 **왜 틀렸는지**를 확인해보자

`10-04-04`

01 심리사회모델은 인간의 내적 갈등보다 **환경을 더 강조**한다.

> 심리사회모델에서는 심리 내적 문제와 환경의 문제, 그리고 이들의 상호작용에도 관심을 둔다.

---

02 심리사회모델은 클라이언트의 현재 행동은 **과거의 경험에서 비롯된 것**이라고 전제한다.

> 심리사회모델은 클라이언트의 문제나 상황을 이해하기 위해서 과거의 경험을 탐색하는 것이 필요하다고 본다.
> 하지만 과거의 경험이나 그로 인한 무의식이 현재 행동의 결정적 요인이라고 보지는 않는다.

`06-04-15`

03 심리사회모델은 정신분석이론을 바탕으로 하여 **무의식이 현재의 행동을 결정짓는다**고 본다.

> 심리사회모델은 무의식이 인간의 경험에 영향을 미치지만 행동을 결정짓는 요소는 아니라고 본다.

`11-04-06`

04 심리사회모델은 **단기개입에 적합한 이론**이다.

> 심리사회모델은 과거의 경험을 중요하게 살펴보기 때문에 단기적으로 진행되기는 어렵다.

---

05 심리사회모델에서는 **개별화, 자기결정, 수용 등의 가치를 고려하지 못했다**는 비판을 받는다.

> 개별화, 자기결정, 수용 등의 가치는 심리사회모델에서 매우 중요시되는 가치이다.

---

06 심리사회모델은 '**상황 속 인간**' 관점을 반영하지는 않는다.

> 심리사회모델은 '상황 속 인간' 관점을 토대로 하며, 이는 특히 개입기법 중 개인-환경에 관한 고찰에서 드러난다.

인지행동모델

CHAPTER

4

이 장에서는

인지행동모델의 이론적 기반이 되는 행동주의이론과 행동수정모델을 비롯해 인지행동모델의 주요 특징, 다양한 개입 기법들에 대해 살펴본다. 구조화된 접근, 단기개입 추구, 문제중심, 목표지향, 주관적 경험 강조, 능동적 접근이라는 특징들은 반드시 이해하고 기억해두어야 한다.

10년간 출제분포도

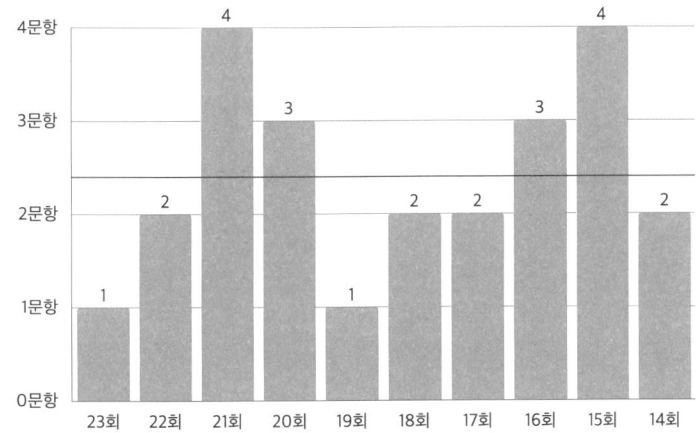

2.4
문항

평균 출제문항수

강의 QR코드

1회독	2회독	3회독
월 일	월 일	월 일

최근 10년간 **7문항** 출제

복습 **1** 이론요약

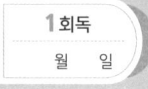

21회 기출 19회 기출

인지행동모델의 인간관

- 인간은 외부 자극에 수동적으로 반응하는 존재가 아니다.
- 심리 내적인 힘에 의해서 결정되는 존재도 아니다.
- 인간의 행동은 개인과 환경 간 상호작용의 결과이다.

기본개념

사회복지실천기술론
pp.73~

인지행동모델의 개입목표

- 문제의 원인이 되는 비합리적 신념이나 왜곡된 사고를 확인하여 수정할 수 있도록 원조하는 것
- 문제를 일으키는 잘못된 가정과 사고의 유형을 확인·점검하고, 재평가해서 수정하도록 격려

인지행동모델의 특징

- 클라이언트의 주관적 경험의 독특성 중시
- 구조화되고 방향적(직접적)인 접근
- 교육적 접근: 클라이언트가 인지행동치료의 개념을 이해하고 있을수록 더 효과적인 개입이 가능하다는 점에서 인지행동치료에 대한 설명과 교육 진행
- 과거의 경험이나 무의식 등을 탐색하기는 하지만 현재 문제를 중심으로 접근
- 시간제한적인 단기접근
- 인지·정서·행동적 개입
- 클라이언트의 능동적인 참여 강조
- 클라이언트와 사회복지사 간의 협조적 노력, 신뢰 관계 강조
- 문제중심적, 현재중심적, 목표지향적 접근
- 소크라테스식 문답법: 사회복지사는 클라이언트의 문제에 대해 논박을 통해 인지적 왜곡이나 오류가 있음을 밝히며 자기발견과 타당화 과정을 거쳐 사건이나 행동의 의미를 재발견하도록 함
- 인지재구조화, 경험적 학습, 체계적 둔감법, 모델링 등 인지적, 정서적, 행동적 차원의 다양한 개입기법 활용

01 (21-04-05) 인지행동모델은 개인의 주관적 경험의 독특성을 중시한다.

02 (21-04-05) 인지행동모델은 제한된 시간 내에 특정 문제에 초점을 두고 접근한다.

03 (21-04-05) 인지행동모델은 과제 활용과 교육적인 접근으로 자기 치료가 가능하도록 한다.

04 (21-04-05) 인지행동모델은 클라이언트의 적극적 참여와 협조적 태도를 중시한다.

05 (20-04-16) 인지행동모델은 왜곡된 사고에 의한 정서적 문제의 개입에 효과적이다.

06 (19-04-13) 인지행동모델은 구조화된 접근을 한다.

07 (19-04-13) 인지행동모델은 교육적 접근을 강조한다.

08 (19-04-13) 인지행동모델은 클라이언트의 주관적 경험, 문제 및 관련 상황에 대한 인식을 중시한다.

09 (19-04-13) 인지행동모델은 클라이언트와 사회복지사의 협조적인 노력을 중시하고, 클라이언트의 능동적인 참여를 권장한다.

10 (17-04-20) 인지행동모델은 주관적 경험과 인식을 중시한다.

11 (16-04-17) 인지행동모델은 클라이언트의 주관적 경험, 문제 및 관련 상황에 대해 느끼는 주관적인 의미를 중요시한다.

12 (16-04-17) 인지행동모델은 사건을 이해하는 신념체계가 감정에 어떤 영향을 주는지를 파악한다.

13 (16-04-17) 인지행동모델은 문제에 대한 통제력이 자신에게 있다고 전제한다.

14 (15-04-07) 인지행동모델은 구조화된 접근을 강조한다.

15 (15-04-07) 인지행동모델은 지적 능력을 가진 클라이언트에게 적용이 보다 용이하다.

16 (15-04-22) 인지행동모델은 클라이언트의 강점을 강조하지는 않았다.

17 (14-04-02) 인지행동모델은 행동적 과제의 부여를 중요시한다.

18 (14-04-02) 인지행동모델은 클라이언트의 주관적 경험과 인식을 강조한다.

19 (13-04-04) 인지행동모델은 비합리적인 신념체계의 변화를 강조한다.

20 (13-04-04) 인지행동모델은 대체 사고와 행동을 학습하는 교육적 접근을 강조한다.

21 (10-04-25) 인지행동모델은 생각이 바뀌면 역기능이 해소될 수 있다고 가정한다.

22 (10-04-25) 인지행동모델은 클라이언트의 주관적 경험과 책임을 강소한다.

23 (02-04-11) 인지행동모델은 개인에게 있는 비합리적인 신념체계를 끌어내어 합리적인 신념체계로 바꾸도록 돕는다.

대표기출 확인하기

21-04-05 난이도 ★★★

인지행동모델에 관한 설명으로 옳지 않은 것은?

① 개인의 주관적 경험의 독특성을 중시한다.
② 클라이언트의 강점과 자원이 문제해결의 주요 요소이다.
③ 제한된 시간 내에 특정 문제에 초점을 두고 접근한다.
④ 과제 활용과 교육적인 접근으로 자기 치료가 가능하도록 한다.
⑤ 클라이언트의 적극적 참여와 협조적 태도를 중시한다.

 알짜확인

• 클라이언트의 주관적 경험을 중요시하고, 시간제한적이고 구조화된 방식으로 진행된다는 점은 꼭 기억해두자.
• 인지행동모델은 문제의 원인이 되는 비합리적 신념, 왜곡된 사고, 인지적 오류 등을 수정할 수 있도록 하는 데에 목표를 두기 때문에 이러한 탐색이 어려울 정도의 지적 수준이 낮은 클라이언트에 적용하기는 어렵다.
• 인지행동모델의 치료 방식이 주로 심리적 차원에 있어 종종 헷갈려하는 수험생들이 있는데, 인지행동모델은 이론적으로 인간과 환경의 상호교류를 인식하고 설명한다.

답 ②

✅ **응시생들의 선택**

① 5%	② 44%	③ 35%	④ 15%	⑤ 1%

② 인지행동모델은 개인이 가지고 있는 비합리적 신념, 인지적 오류 등 인지를 변화시킴으로써 행동을 수정한다.

➕ **덧붙임**

이 문제의 답으로 ③을 선택한 응시생도 꽤 많았는데, ③은 옳은 설명이다. 인지행동모델은 클라이언트가 호소하는 문제 중심의 목표지향적 접근을 하며, 구조화된 방식으로 시간제한적 개입, 단기적 개입을 추구한다는 점 기억해두기 바란다.

관련기출 더 보기

19-04-13 난이도 ★★☆

인지행동모델에 관한 설명으로 옳지 않은 것은?

① 구조화된 접근을 한다.
② 클라이언트의 무의식적 행동에 관심을 둔다.
③ 교육적 접근을 강조한다.
④ 클라이언트의 주관적 경험, 문제 및 관련 상황에 대한 인식을 중시한다.
⑤ 클라이언트와 사회복지사의 협조적인 노력을 중시하고, 클라이언트의 능동적인 참여를 권장한다.

답 ②

✅ **응시생들의 선택**

① 5%	② 66%	③ 24%	④ 2%	⑤ 3%

② 인지행동모델에서는 클라이언트의 무의식적 행동에 관심을 두지는 않는다.

16-04-17 난이도 ★★☆

인지행동모델의 특성을 모두 고른 것은?

ㄱ. 객관적 경험의 일반화
ㄴ. 사건을 이해하는 신념체계가 감정에 어떤 영향을 주는지 파악
ㄷ. 문제에 대한 통제력이 자신에게 있다고 전제
ㄹ. 질문을 통해 자기발견과 타당화의 과정을 거침

① ㄱ, ㄹ
② ㄴ, ㄹ
③ ㄱ, ㄴ, ㄷ
④ ㄴ, ㄷ, ㄹ
⑤ ㄱ, ㄴ, ㄷ, ㄹ

답 ④

✅ **응시생들의 선택**

① 5%	② 11%	③ 11%	④ 58%	⑤ 15%

ㄱ. 인지행동모델은 클라이언트의 주관적 경험, 문제 및 관련 상황에 대해 느끼는 주관적인 의미를 중요시한다.

사회복지실천모델의 특성과 해당 모델의 연결이 옳지 않은 것은?

① 단기개입을 강조 – 위기개입모델
② 클라이언트의 자기결정권을 강조 – 과제중심모델
③ 환경에 대한 개입을 강조 – 생태체계모델
④ 클라이언트의 강점을 강조 – 인지행동모델
⑤ 클라이언트와의 협력적 관계를 강조 – 클라이언트 중심모델

답 ④

✅ **응시생들의 선택**

① 5%	② 37%	③ 4%	④ 43%	⑤ 11%

④ 인지행동모델이 강점관점을 기반으로 한 것은 아니다.

인지행동모델에 관한 설명으로 옳은 것을 모두 고른 것은?

ㄱ. 행동적 과제의 부여를 중요시한다.
ㄴ. 클라이언트의 주관적 경험과 인식을 강조한다.
ㄷ. 인지체계의 변화를 위해 구조화된 접근을 한다.
ㄹ. 불안감을 경험하는 상황에 노출시킨다.

① ㄱ, ㄴ, ㄷ　　　　② ㄱ, ㄷ
③ ㄴ, ㄹ　　　　　　④ ㄹ
⑤ ㄱ, ㄴ, ㄷ, ㄹ

답 ⑤

✅ **응시생들의 선택**

① 44%	② 11%	③ 9%	④ 1%	⑤ 35%

ㄱ. 인지행동모델은 행동주의이론의 영향을 받아 행동을 수정하기 위한 개입기법들을 활용한다.
ㄴ. 인지행동모델은 인간은 고유한 인지과정을 통해 자신의 주관적인 경험을 해석하고 행동한다고 보며, 클라이언트가 경험하고 해석하는 방식 등을 존중한다.
ㄷ. 인지행동모델은 일정한 방향성을 가지고 구조화된 절차를 거치면서 문제해결과정을 수행해나간다.
ㄹ. 체계적 둔감법처럼 일부러 불안 상황에 노출시키기도 한다. 그 상황에 둔감해져 불안을 경험하지 않게 된다는 원리이다.

인지행동모델의 한계점에 관한 설명으로 옳지 않은 것은?

① 지적 능력이 낮은 클라이언트에게는 효과성이 제한적이다.
② 즉각적인 위기개입을 해야 하는 클라이언트에게 적용하기 어렵다.
③ 사회복지사의 적극적 역할 수행이 어렵다.
④ 특정 개입기술 사용에서 윤리적 문제가 발생할 수 있다.
⑤ 새로운 시도에 대한 의지가 약한 클라이언트에게 적용이 어렵다.

답 ③

✅ **응시생들의 선택**

① 30%	② 15%	③ 36%	④ 9%	⑤ 9%

③ 인지행동모델에서 사회복지사는 적극적이며 직접적으로 개입함으로써 클라이언트의 문제해결을 원조한다.

① ⑤ 인지행동모델은 인지적, 행동적 차원의 변화를 이끄는 개입방법이기 때문에 지적 수준이 낮거나 새로운 시도에 대한 의지가 약한 클라이언트의 경우 적용이 어려운 측면이 있다.
② 구조화된 접근으로 기간이 단축될 수 있다고 보았지만 즉각적으로 실시될 수 있는 개입은 아니다. 위기에 놓인 클라이언트에게는 위기개입모델이 더 적합하다.
④ 일부러 어려운 과제를 주거나 겁이 많은 클라이언트를 지속적으로 공포상황에 노출시키는 등 논란이 될 수 있는 방법을 사용하기도 한다. 때문에 개입방법을 설명하고 동의를 구하여 실시한다.

인지행동모델에 관한 설명으로 옳지 않은 것은?

① 생각이 바뀌면 역기능이 해소될 수 있다고 가정한다.
② 합리정서행동치료(Rational Emotive Behavior Therapy)가 해당된다.
③ 특정 상황에서 떠오르는 생각을 점검하기 위해 행동기록일지를 작성하도록 한다.
④ 클라이언트의 주관적 경험과 책임을 강조한다.
⑤ 옹호활동을 통해 클라이언트의 자원 및 기회를 확대시킨다.

답 ⑤

✅ **응시생들의 선택**

① 4%	② 3%	③ 8%	④ 18%	⑤ 67%

⑤ 옹호활동을 통해 클라이언트의 자원 및 기회를 확대시키는 것은 역량강화(=임파워먼트)모델에 해당한다.

다음 내용이 왜 틀렸는지를 확인해보자

01 인지행동모델에서는 인간은 수동적인 존재이며 인간의 행동은 인간의 의지에 의해 달라질 수 없기 때문에 사회복지사가 주도적으로 개입해야 한다고 본다.

> 인지행동모델에서는 인간의 행동은 인간의 의지에 의해 달라질 수 있다고 보며, 클라이언트를 수동적인 존재가 아닌 적극적인 참여자로 간주한다.

`13-04-04`

02 인지행동모델은 인지체계의 변화를 위한 비구조화된 접근을 강조한다.

> 인지행동모델은 구조화된 절차를 통해 이루어진다.

03 인지행동모델은 과거의 경험 및 무의식을 탐색하는 데에 긴 시간을 들인다.

> 인지행동모델은 과거의 경험 및 무의식 탐색을 강조하지 않으며 현재가 중심이 된다.

`15-04-07`

04 인지행동모델은 지적 수준이 낮거나 현실감이 부족한 클라이언트, 변화의 의지가 약한 클라이언트에게 적합하다.

> 지적 수준이 낮거나 현실감이 부족한 클라이언트, 변화의 의지가 약한 클라이언트에게는 적용이 어렵다.

`04-04-02`

05 인지행동모델은 비합리적 신념, 왜곡된 사고, 개인-환경 간 고찰 등의 개념을 사용한다.

> 개인-환경 간 고찰은 심리사회모델의 개입기술이다.

`13-04-07`

06 인지행동모델은 즉각적인 위기개입이 필요한 클라이언트에게 유용한 개입방법이 된다.

> 인지행동모델은 구조화된 접근방식으로 개입의 단기화를 추구한다. 다만 클라이언트가 인지행동모델의 방식을 이해하면 효과를 올릴 수 있다고 보아 교육의 과정이 이루어지기 때문에 즉각적인 위기개입에 적합하다고 볼 수는 없다.

다음 내용이 옳은지 그른지 판단해보자

01 인지행동모델은 인지를 변화시킴으로써 행동 변화가 가능하다고 가정한다. ⊚⊗

`21-04-05`
02 인지행동모델은 개인의 주관적 경험의 독특성을 중시한다. ⊚⊗

`15-04-07`
03 인지행동모델에 따르면, 인간행동은 의지에 따라 결정되는 것은 아니다. ⊚⊗

04 인지행동모델은 비합리적 신념, 왜곡된 사고, 인지적 오류 등이 문제의 원인이 된다고 본다. ⊚⊗

`16-04-17`
05 인지행동모델은 객관적 경험을 일반화한다. ⊚⊗

06 인지행동모델은 정신분석모델을 바탕으로 통합적 방법을 모색한 것이다. ⊚⊗

`14-04-02`
07 인지행동모델은 인지체계의 변화를 위해 구조화된 접근을 한다. ⊚⊗

08 인지행동모델에서는 클라이언트를 자기결정권을 가진 인간으로 보면서 적극적인 참여자로 간주한다. ⊚⊗

`17-04-20`
09 인지행동모델은 클라이언트의 무의식적 언행에 초점을 맞춘다. ⊚⊗

답 **01** ○ **02** ○ **03** ✕ **04** ○ **05** ✕ **06** ✕ **07** ○ **08** ○ **09** ✕

해설 **03** 인지행동모델은 능동적인 인간관을 갖기 때문에 인간행동은 의지에 따라 결정된다고 본다.
05 주관적 경험의 독특성을 중요시한다.
06 정신분석모델식 치료에 대한 거부가 일어나고 통합적 방법의 필요성이 제기되면서 인지행동모델이 등장하게 되었다.
09 인지행동모델은 무의식이나 과거의 경험 등에 초점을 두지 않으며 현재를 중심으로 한다.

KEYWORD

102

인지행동모델의 개입기법

강의 QR코드

1회독
월 일

2회독
월 일

3회독
월 일

최근 10년간 **12문항** 출제

이론요약

 23회 기출 22회 기출 21회 기출 20회 기출

엘리스의 합리적 정서치료

- 정신분석이 과거의 경험을 토대로 문제를 해결하는 것에 반대하며 **현재의 상황에서 해결책을 발견**할 수 있다고 봄
- 클라이언트가 갖는 **비합리적 신념에 초점을 두어 인지를 재구조화**하고자 함
- 개입과정(ABCDE 모델)
  - A(Accident, 실재하는 사건): 인간의 정서를 유발하는 어떤 사건이나 현상 또는 행위
  - B(Belief, 신념체계): A에 대해서 가지고 있는 신념, 생각
  - C(Consequence, 정서적·행동적 결과): 개인의 믿음, 인식 등으로 인해 초래된 감정이나 행동
  - D(Dispute, 논의, 논박): 치료의 논박과정. 논리성, 현실성, 효용성 등의 차원에서 클라이언트가 가진 비합리적 신념에 대해 논박하는 질문을 제시
  - E(Effect, 효과): D를 통하여 합리적인 신념으로 재구조화된 이후에 갖게 되는 태도와 감정의 결과. 논박에 따른 인지적, 정서적, 행동적 효과

벡의 인지치료

- 인지적 측면의 왜곡을 수정함으로써 클라이언트가 가진 심리사회적 문제를 해결할 수 있다고 봄
- **클라이언트의 자동적 사고를 수정**하여 정서나 행동을 변화시키는 데에 역점을 둠
- 인지적 왜곡(오류)의 유형
  - **임의적 유추**: 충분하고 적절한 증거가 없는데도 결론에 도달하는 것
  - **선택적 요약**: 상황에 대한 현저한 특성을 무시하고 맥락에서 벗어난 세부내용에 초점을 두는 것
  - **과잉일반화**: 단일 사건에 기초하여 극단적인 신념을 가지고 그것들과 유사하지 않은 사건들이나 장면에 부적절하게 적용
  - **극대화와 극소화**: 사건의 의미나 크기를 왜곡하는 것
  - **개인화**: 관련된 적절한 원인없이 부정적 사건이나 상황을 개인에게 연결시키는 것
  - **이분법적 사고**: 실패나 성공 등 극단적인 흑과 백으로 구분하려는 경향

기본개념

사회복지실천기술론
pp.78~

즈릴라와 골드프라이드의 문제해결치료

- 일상생활에서 직면하는 문제상황에 대처해나갈 수 있도록 기술을 훈련시킴
- 문제를 도전으로 봄
- 자기통제훈련의 한 형태
- 문제해결 5단계
    - 1단계: 문제지향(문제인식)
    - 2단계: 문제정의(문제규정)와 형성
    - 3단계: 가능한 대안의 모색
    - 4단계: 의사결정
    - 5단계: 문제해결책의 실행과 검증

기타 인지행동 개입기법

인지재구조화	**역기능적 사고와 관념을 현실적 사고와 관념으로 대치**할 수 있도록 원조
경험적 학습	클라이언트에게 자기 자신의 인지적 오류에 부합하지 않는 특정한 행동을 하도록 함으로써 클라이언트가 자신의 인지적 오류를 발견하고 수정하도록 함
체계적 둔감화	**덜 위협적인 상황에서 가장 위협적인 상황으로 순서대로 제시**하면서 불안을 일으키는 자극들을 반복적으로 이완상태와 짝짓는 기법
모델링	**다른 사람의 행동을 관찰하여 학습**하는 것으로, 클라이언트는 시행착오를 겪지 않으면서 새로운 행동을 학습할 수 있음
이완훈련	근육의 수축·이완, 호흡법, 심상법 등을 통해 스트레스 상황에서 겪는 긴장감, 불안감, 우울, 분노 등의 감정에 대처할 수 있도록 함
시연	클라이언트가 어떤 행동을 현실 세계에서 실행하기에 앞서 **사회복지사 앞에서 미리 연습**
자기지시기술	클라이언트가 변화시키기 원하는 행동에 대한 실천지침을 작성하여 스스로 실행해보도록 함
내적 의사소통의 명료화	클라이언트가 **독백하는 과정**에 사회복지사가 그때그때 피드백을 함으로써 클라이언트는 자신이 가지고 있는 인지적 오류나 비합리적 신념을 이해하고 통찰하게 되어 인지적 변화가 일어날 수 있음
설명	클라이언트에게 감정이 어떻게 행동에 영향을 미치는지에 대해서 엘리스의 ABC모델을 적용하여 설명
기록과제	클라이언트에게 자신의 문제에 엘리스의 ABC모델을 적용하여 기록해볼 수 있도록 과제 부여
역설적 의도	**클라이언트가 염려하는 특정 행동을 더욱 강화하도록 지시**하여 그 행동에 관한 인지적 오류를 감소시키고 조절력을 증가시키는 전략
역동적·실존적 사고 반영	• 역동적 사고 반영: 문제 상황을 객관적, 경험적, 이론적 차원에서의 역동적 사고를 통해 해결 • 실존적 사고 반영: 개인의 삶의 의미와 잠재적 의미에 초점을 두어 인지구조를 재구조화
사회기술훈련	원만한 대인관계 및 사회적 관계를 맺기 어려운 사람들을 대상으로 함. **주로 집단활동**으로 실시. **다양한 행동주의적 기법을 활용**

01 (23-04-04) 임의적 추론의 예: 입사시험 면접을 잘 마쳤음에도 불구하고 K씨는 부모님께 시험에 떨어질 것이라고 말씀드렸다.

02 (22-04-07) 인지행동모델의 개입기법 중 내적 의사소통 명료화는 클라이언트 스스로 자신에 대해 독백하고 사고하는 과정이다.

03 (21-04-04) 임의적 추론의 예: 내가 뚱뚱해서 지나가는 사람들이 나만 쳐다봐.

04 (21-04-04) 개인화의 예: 그때 내가 전화만 받았다면 동생이 사고를 당하지 않았을 텐데. 나 때문이야.

05 (21-04-04) 이분법적 사고의 예: 이 일을 완벽하게 하지 못하면 실패한 것이야.

06 (21-04-04) 선택적 요약의 예: 지난번 과제에서 나쁜 점수를 받았어. 이건 내가 꼴찌라는 것을 의미해.

07 (21-04-06) 시연: 클라이언트가 힘들어하는 행동에 대해 실생활에서 실행 전에 반복적으로 연습하는 것

08 (21-04-06) 체계적 둔감법: 두려움이 적은 상황부터 큰 상황까지 단계적으로 노출시켜 문제를 극복하도록 하는 것

09 (21-04-06) 내적 의사소통의 명료화: 클라이언트가 자신의 생각을 말로 표현하고, 피드백을 통해 사고의 명료화를 돕는 것

10 (21-04-21) 사회기술훈련 단계: 1. 사회기술훈련의 필요성에 대한 이해 → 2. 문제가 발생하는 상황 확인 → 3. 사회기술의 구성요소 확인 → 4. 사회기술의 시연 → 5. 역할극을 통한 연습 → 6. 긍정적 강화 및 평가 → 7. 반복적인 연습 → 8. 실제 상황에 적용

11 (20-04-09) 내적 의사소통의 명료화, 모델링, 기록과제, 자기지시 등은 인지행동모델의 개입방법에 해당한다.

12 (20-04-13) '그 생각이 문제해결에 얼마나 도움이 될까요?'라는 질문은 실용성에 관한 논박기법을 사용한 것이다.

13 (20-04-15) 정적 강화, 역할 연습, 과제를 통한 연습 등은 사회기술훈련에서 사용되는 행동주의모델의 기법이다.

14 (18-04-05) 사회기술훈련에서는 코칭, 과제제시, 모델링, 자기옹호 등의 기법을 활용한다.

15 (18-04-19) 인지적 오류 중 선택적 사고는 상황에 대한 자신의 관점을 지지하기 위해 특정 자료들을 걸러 내거나 무시하는 것이다.

16 (17-04-07) 인지행동모델의 개입기법 중 하나인 행동형성은 강화원리를 따른다.

17 (17-04-07) 인지행동모델에서 체계적 탈감법은 고전적 조건화에 근거한다.

18 (14-04-14) 사회기술훈련은 사회복귀지원 프로그램에 적용이 가능하다.

19 (12-04-01) 문제해결모델은 문제를 위험으로 보지 않고 도전으로 인식하도록 돕는다.

20 (12-04-01) 문제해결모델은 변화의 동기나 의지가 약한 클라이언트에게 적합하지 않은 모델이다.

21 (12-04-04) 이분법적 사고: 최고가 아니면 모두 실패자인 거야.

22 (12-04-04) 임의적 추론: 내가 너무 뚱뚱해서 사람들이 다 나만 쳐다보는 것 같아.

23 (12-04-04) 개인화: 내가 신고만 빨리 했어도 지하철 화재로 사람들이 죽지 않았을 텐데.

24 (12-04-04) 과잉일반화: 내가 너무 못생겨서 남자친구가 떠났으니 결혼도 하기 어렵겠지.

25 (12-04-10) 사회기술훈련은 역할연습, 시연, 모델링, 직접적 지시 등을 활용한다.

26 (11-04-08) '경험적 학습'은 왜곡된 인지에 도전하여 변화를 유도하는 것으로 인지적 불일치 원리를 적용한다.

27 (11-04-08) '인지 재구조화'는 역기능적인 사고와 신념을 현실에 맞는 것으로 대치하도록 하여 기능 향상을 돕는다.

28 (11-04-08) '내적 의사소통의 명료화'를 통해 자신의 독백과 생각의 비합리성을 이해할 수 있다.

29 (11-04-23) 사회기술훈련은 문제가 발생하는 실제 상황을 자세하게 파악해야 한다.

30 (11-04-23) 사회기술훈련은 특정 행동의 복잡한 유형을 세분하여 이해하고 훈련해야 한다.

31 (11-04-23) 사회기술훈련은 반복적인 예행연습을 통해 원하는 기술 수준에 도달하도록 해야 한다.

32 (10-04-16) 인지행동모델은 특정 상황에서 떠오르는 생각을 점검하기 위해 행동기록일지를 작성하도록 한다.

33 (09-04-13) 모델링은 시행착오를 줄이고 성공경험을 촉진한다.

34 (09-04-13) 모델링은 행동뿐 아니라 행동에 대한 감정과 태도변화를 도모한다.

35 (09-04-13) 모델링은 모방할 행동에 대한 관찰학습 기회를 제공한다.

36 (08-04-06) 축소(극소화)의 예: 시험에 합격한 일 정도는 누구나 할 수 있는 일이야.

37 (05-04-11) 역설적 지시: 클라이언트가 특정 행동에 불안을 보일 때 특정 행동을 증가시키게 해서 인지적 오류를 깨닫게 하고 불안을 감소시킨다.

38 (05-04-07) 엘리스의 합리정서치료는 비합리적인 신념을 합리적으로 바꾸어주는 것에 초점을 둔다.

39 (04-04-19) 과잉일반화의 예: 자신이 원하는 곳에 취업원서를 넣었다가 낙방한 사람이 자신은 무능력하고 되는 일이 없는 무가치한 사람이라고 결론을 지었다.

40 (03-04-09) 인지 재구조화는 잘못된 신념체계를 찾아 재수정하는 것이다.

41 (03-04-06) 이분법적 사고: 실패나 성공 등 극단적인 흑과 백으로 구분하려는 성향

42 (03-04-06) 개인화: 자신과 관계없는 외부의 사건을 자신의 탓으로 여기는 경우

43 (03-04-06) 과잉일반화: 단일 사건에 기초하여 극단적인 신념을 가지고 그것들과 유사하지 않은 사건들이나 장면에 부적절하게 적용하는 것

44 (03-04-06) 임의적 유추: 충분하고 적절한 증거가 없는 데도 결론에 도달하는 것

대표기출 확인하기

22-04-07
난이도 ★★★

인지행동모델 개입 기법에 관한 설명으로 옳은 것은?

① 행동시연: 관찰학습 과정을 통해 클라이언트가 시행착오를 거치지 않고 행동할 수 있도록 한다.
② 유머사용: 인지적 기법의 하나로서 비합리적인 신념에서 오는 불안을 감소시키는데 유용하다.
③ 내적 의사소통 명료화: 클라이언트 스스로 자신에 대해 독백하고 사고하는 과정이다.
④ 역설적 의도(paradoxical intention): 클라이언트의 역기능적 사고를 인식하고 이를 현실적인 사고로 대치한다.
⑤ 이완훈련: 클라이언트가 가장 덜 위협적인 상황에서 가장 위협적인 상황까지 순서대로 제시한다.

> ▶ **알짜확인**
>
> • 인지행동모델은 인지적 차원, 행동적 차원에 모두 접근하기 때문에 행동적 기법들을 활용함과 동시에 다양한 인지적, 정서적 차원의 전략과 사회환경 차원의 전략도 사용된다.
> • 단순하게 인지행동모델에서 사용하는 개입방법을 묻기도 하지만, 인지적 오류의 유형, 엘리스의 개입과정을 비롯해 체계적 둔감법, 사회기술훈련 등 여러 기술이 구체적으로 다뤄지기도 하고 사례제시형으로 출제되기도 하기 때문에 꼼꼼한 학습과 다양한 문제풀이로 대비하는 것이 필요하다.

답 ③

✔ 응시생들의 선택

① 13%	② 12%	③ 38%	④ 22%	⑤ 15%

① 행동시연의 과정에서 클라이언트는 얼마든지 시행착오를 겪을 수 있으며, 그 시행착오를 통해 실제 상황에서의 시행착오를 줄일 수 있다.
② 유머를 통해 클라이언트가 불필요하게 진지해지거나 지나치게 심각해지지 않도록 막을 수 있다. 정서적 개입의 하나로, 인지적 개입과 달리 내담자의 비합리적 신념을 직접 다루는 것은 아니다.
④ 역설적 의도는 클라이언트가 변화하고자 하는 모습과는 정반대되는 행동을 해보도록 하는 것이다. 이를 통해 자신의 문제를 또다른 관점에서 바라볼 수 있게 된다.
⑤ 이완훈련은 근육이완, 호흡법 등을 훈련하여 불안감, 긴장감 등을 완화할 수 있도록 하는 것이다.

관련기출 더 보기

23-04-04
난이도 ★★☆

다음 사례에 해당하는 인지적 오류는?

> 입사시험 면접을 잘 마쳤음에도 불구하고 K씨는 부모님께 시험에 떨어질 것이라고 말씀드렸다.

① 이분법적 사고
② 개인화
③ 과잉일반화
④ 재앙화
⑤ 임의적 추론

답 ⑤

✔ 응시생들의 선택

① 12%	② 2%	③ 6%	④ 20%	⑤ 60%

⑤ 임의적 추론이란 충분하고 객관적인 증거 없이 결론에 도달하는 것이다. 사례의 내용을 보면 입사시험 면접을 잘 마쳤음에도 불구하고 객관적인 증거 없이 불안한 마음에 시험에 떨어질 것이라고 혼자 결론에 도달한 것이므로 임의적 추론에 해당한다.

21-04-04
난이도 ★★★

인지적 오류(왜곡)에 관한 예로 옳지 않은 것은?

① 임의적 추론: 내가 뚱뚱해서 지나가는 사람들이 나만 쳐다봐.
② 개인화: 그때 내가 전화만 받았다면 동생이 사고를 당하지 않았을 텐데. 나 때문이야.
③ 이분법적 사고: 이 일을 완벽하게 하지 못하면 실패한 것이야.
④ 과잉일반화: 시험보는 날인데 아침에 미역국을 먹었으니 나는 떨어질거야.
⑤ 선택적 요약: 지난번 과제에서 나쁜 점수를 받았어. 이건 내가 꼴찌라는 것을 의미해.

답 ④

✔ 응시생들의 선택

① 8%	② 17%	③ 8%	④ 38%	⑤ 29%

④ 미역국이 시험 결과에 대한 적절한 증거가 아니라는 점에서 임의적 추론에 해당한다. 임의적 추론은 이처럼 제시된 증거가 결과를 도출하기에 부적절한 것을 말한다.

사회기술훈련의 단계를 순서대로 옳게 나열한 것은?

ㄱ. 역할극	ㄴ. 적용
ㄷ. 시연	ㄹ. 평가

① ㄱ → ㄷ → ㄴ → ㄹ
② ㄱ → ㄷ → ㄹ → ㄴ
③ ㄴ → ㄷ → ㄹ → ㄱ
④ ㄷ → ㄱ → ㄴ → ㄹ
⑤ ㄷ → ㄱ → ㄹ → ㄴ

답 ⑤

✓ 응시생들의 선택

① 37%	② 14%	③ 2%	④ 31%	⑤ 16%

1. 사회기술훈련의 필요성에 대한 이해 → 2. 문제가 발생하는 상황 확인 → 3. 사회기술의 구성요소 확인 → 4. 사회기술의 시연 → 5. 역할극을 통한 연습 → 6. 긍정적 강화 및 평가 → 7. 반복적인 연습 → 8. 실제 상황에 적용

인지행동모델에서 비합리적인 사고에 대해 '실용성에 관한 논박기법'을 사용한 질문은?

① 그 생각이 옳다는 것을 어떻게 아세요?
② 지금 느끼는 감정을 명확하게 설명할 수 있으세요?
③ 그 일이 실제로 일어날 가능성이 얼마나 될까요?
④ 그 생각이 문제해결에 얼마나 도움이 될까요?
⑤ 그 생각의 논리적 근거는 무엇입니까?

답 ④

✓ 응시생들의 선택

① 6%	② 6%	③ 22%	④ 47%	⑤ 19%

- 논리성: 지금 하는 생각의 논리적 근거를 질문
- 현실성: 지금 하는 생각이 갖는 현실성에 대한 질문
- 실용성(효용성): 지금 하는 생각이 클라이언트에게 어떤 유익을 주는지에 대해 질문

인지행동모델의 개입방법에 해당되는 것을 모두 고른 것은?

ㄱ. 내적 의사소통의 명료화
ㄴ. 모델링
ㄷ. 기록과제
ㄹ. 자기지시

① ㄱ, ㄴ
② ㄷ, ㄹ
③ ㄱ, ㄴ, ㄷ
④ ㄴ, ㄷ, ㄹ
⑤ ㄱ, ㄴ, ㄷ, ㄹ

답 ⑤

✓ 응시생들의 선택

① 19%	② 7%	③ 10%	④ 19%	⑤ 45%

모두 인지행동모델의 개입방법에 해당한다.

사회기술훈련에서 활용되는 기법을 모두 고른 것은?

ㄱ. 코칭	ㄴ. 과제제시
ㄷ. 모델링	ㄹ. 자기옹호

① ㄱ, ㄷ
② ㄴ, ㄹ
③ ㄱ, ㄴ, ㄷ
④ ㄴ, ㄷ, ㄹ
⑤ ㄱ, ㄴ, ㄷ, ㄹ

답 ⑤

✓ 응시생들의 선택

① 6%	② 1%	③ 39%	④ 3%	⑤ 51%

코칭, 과제제시, 모델링 등 다양한 행동주의적 기법을 사용하며, 타인에게 도움을 요청 또는 거절하는 방법, 자기주장을 하는 방법 등을 다룬다.

난이도 ★★☆

인지적 왜곡이나 오류의 유형에 관한 설명으로 옳은 것은?

① 과잉일반화는 정반대의 증거나 증거가 없음에도 불구하고 어떤 결론을 내리는 것이다.
② 임의적 추론은 상반된 사고의 경향성을 보이는 것이다.
③ 개인화는 하나 또는 별개의 사건들을 가지고 결론을 내린 후 비논리적으로 확장하는 것이다.
④ 선택적 사고는 상황에 대한 자신의 관점을 지지하기 위해 특정 자료들을 걸러 내거나 무시하는 것이다.
⑤ 과장과 축소는 하나의 사건 혹은 별개의 사건들의 결론을 주관적으로 내리는 것이다.

답 ④

응시생들의 선택

① 9%	② 3%	③ 5%	④ 78%	⑤ 5%

① 과잉일반화: 어떤 사건에 대한 결론이나 법칙을 끌어내서 관련 없는 상황에 광범위하게 적용하는 것
② 임의적 추론: 정반대의 증거나 증거가 없음에도 불구하고 어떤 결론을 내리는 것
③ 개인화: 관련된 적절한 원인 없이, 부정적인 사건이나 상황을 개인에게 연결시키는 것
⑤ 과장과 축소: 사건이나 경험의 의미나 크기를 왜곡하여 사건이나 경험이 실제로 가진 중요성과 무관하게 과대평가하거나 과소평가하는 것

난이도 ★★★

인지행동모델의 개입기법에 관한 설명으로 옳지 않은 것은?

① 행동형성은 강화원리를 따른다.
② 모델링은 관찰학습과정을 통해 이루어진다.
③ 경험적 학습에는 인지불일치원리가 적용된다.
④ 타임아웃은 정적강화원리를 이용한 것이다.
⑤ 체계적 탈감법은 고전적 조건화에 근거한다.

답 ④

응시생들의 선택

① 2%	② 3%	③ 22%	④ 58%	⑤ 15%

④ 정적강화는 바람직한 행동을 증가시키기 위해 긍정적 강화물을 제시하는 것을 말한다. 한편, 타임아웃은 어떤 행동을 했을 때 강화물이 많은 상태에서 강화물이 적거나 없는 상태로 옮겨놓음으로써 바람직하지 못한 행동을 하지 못하게 하는 방법으로, 후속결과에 따라 강화가 될 수도 있고 처벌이 될 수도 있다.

난이도 ★★★

인지행동모델의 개입기법에 관한 설명으로 옳지 않은 것은?

① '과제수행'을 통해 새로운 행동을 배우거나 과거의 부정적 반응을 제거할 수 있다.
② '내적 의사소통의 명료화'를 통해 자신의 독백과 생각의 비합리성을 이해할 수 있다.
③ '설명'은 클라이언트의 행동이 어떻게 생각에 영향을 미치는지를 알려주어 인지 변화를 유도한다.
④ '경험적 학습'은 왜곡된 인지에 도전하여 변화를 유도하는 것으로 인지적 불일치 원리를 적용한다.
⑤ '인지 재구조화'는 역기능적인 사고와 신념을 현실에 맞는 것으로 대치하도록 하여 기능 향상을 돕는다.

답 ③

응시생들의 선택

① 15%	② 11%	③ 18%	④ 54%	⑤ 2%

③ 클라이언트의 행동이 생각에 미치는 영향이 아니라 생각이 행동에 어떤 영향을 미치는지를 설명함으로써 인지변화를 통한 행동 및 정서 변화를 유도한다.

난이도 ★★★

엘리스의 합리정서모델에 대한 설명으로 틀린 것은?

① 부정적인 섭식장애는 왜곡된 지각에서 비롯된다.
② 클라이언트에 대한 비난공격이 치료의 핵심이다.
③ 왜곡된 지각은 비합리적인 신념이 뿌리이다.
④ 비합리적인 신념을 합리적으로 바꾸어주는 것이 치료의 초점이다.
⑤ 부정적인 자기말(self-talk)은 문제상황을 더 악화시킨다.

답 ②

응시생들의 선택

① 8%	② 58%	③ 12%	④ 7%	⑤ 11%

② 합리정서모델에서 치료의 핵심은 부정적 감정의 근원이 되는 비합리적 신념을 밝혀내고 도전함으로써 재구조화하는 것에 있다.

다음 내용이 왜 틀렸는지를 확인해보자

06-04-01

01 인지행동모델의 개입기법 중 역할연기, **소크라테스식 문답법**, 모델링 등은 행동적 전략이다.

> 역할연기, 모델링은 행동적 전략에 해당하며, 소크라테스식 문답법은 인지적 전략이다.

07-04-15

02 자유연상은 강박적 사고로 인해 불안감을 호소하는 클라이언트에게 적용가능한 **인지행동기법**이다.

> 자유연상은 정신역동모델의 치료기법이다.

---

03 즐릴라와 골드프라이드가 제시한 문제해결치료모델은 **클라이언트가 스스로 치료할 수 없기 때문에 사회복지사가 치료자로서 기능해야 함**을 강조한다.

> 클라이언트가 스스로 치료자로서 기능할 수 있도록 하는 훈련을 강조한다.

---

04 엘리스는 인간의 정서적, 행동적 결과에 영향을 미치는 원인으로서 사건에 대한 관점이나 시각보다 **사건이나 사실 그 자체를 살펴봐야 한다**고 보았다.

> 특정 사건이나 사실 그 자체가 아닌 그것을 바라보는 시각, 신념체계를 중요시한다.

12-04-04

05 "내가 신고만 빨리 했어도 지하철 화재로 사람들이 죽지 않았을 텐데."라는 생각은 인지적 왜곡의 유형 중 **임의적 추론**에 해당한다.

> 개인화에 해당한다.

09-04-02

06 형제가 많은 집에서 유독 사랑을 독차지하며 자란 클라이언트가 "다른 사람들이 나를 대접해주지 않으면 참을 수 없다"고 하는 것은 **벡의 인지적 오류 중 과잉일반화에 해당**한다.

> 엘리스가 제시한 비합리적 신념 중 인정의 욕구에 해당한다.

빈칸에 들어갈 알맞은 말을 채워보자

01 인지적 왜곡 중 (   )은/는 어떤 상황의 전체적인 맥락을 보지 않고 특정 세부내용에만 초점을 두어 왜곡하는 것을 말한다.

12-04-04

02 "최고가 아니면 모두 실패자."라고 생각하는 것은 인지 왜곡 중 (   )에 해당한다.

12-04-04

03 "선생님은 나를 미워하니까 성적도 나쁘게 줄 거야."는 인지 왜곡 중 (   )에 해당한다.

04 엘리스의 ABCDE 모델에서 A는 실재하는 사건, B는 A에 대해 갖는 (   )을/를 말한다.

05 엘리스의 모델에서 비합리적 신념에 대한 논박(D)에 따른 효과(E) 중 (   )적 효과는 클라이언트가 어떤 상황에 대한 적절한 느낌을 갖게 된다는 것이다.

06 벡은 사람들의 감정이나 행동은 사건 자체가 아니라 그 사건에 대한 주관적 해석에 따른다고 보면서 (   )가설을 설명하였다.

답 **01** 선택적 요약 **02** 이분법적 사고 **03** 임의적 추론 **04** 신념체계 **05** 정서 **06** 인지매개

다음 내용이 옳은지 그른지 판단해보자

09-04-13
01 모델링을 통해 클라이언트의 시행착오를 줄이고 성공경험을 촉진할 수 있다.

02 인지행동모델은 인지재구조화를 통해 잘못된 신념체계를 수정한다.

03-04-06
03 인지적 왜곡 중 선택적 요약은 사건의 의미나 크기를 왜곡하는 것을 말한다.

11-04-08
04 경험적 학습은 왜곡된 인지에 도전하여 변화를 유도하는 것으로 인지적 불일치 원리를 적용한다.

05 체계적 둔감법은 클라이언트가 가장 위협적이라고 느끼는 극한의 상황을 먼저 제시하여 불안 상황에 둔감해지도록 하는 방법이다.

11-04-23
06 사회기술훈련에서는 난이도가 높은 과제로부터 쉬운 과제를 주는 조성화의 원칙을 준수해야 한다.

10-04-16
07 사회기술훈련을 위해 강화, 모델링, 과제부여, 역할연습 등을 실시할 수 있다.

08 우울증, 불안증 같은 정신적 문제를 호소하는 클라이언트에게 사회기술훈련은 적절하지 않다.

답 **01** ○ **02** ○ **03** × **04** ○ **05** × **06** × **07** ○ **08** ×

해설 **03** 사건의 의미나 크기를 왜곡하는 것은 극대화 및 극소화에 해당한다.
05 체계적 둔감법은 덜 위협적으로 느끼는 상황에서 점차적으로 더 위협적으로 느끼는 상황으로 순서대로 제시하여 그 상황에 대한 불안을 완화시키는 방법이다.
06 쉬운 과제부터 부여하여 점차 어려운 과제를 제시하고 복잡한 기술을 세분화하여 시행한다.
08 사회기술훈련은 공격적인 사람들, 자기중심적인 사람들 등 대인관계에 어려움이 있는 사람들의 사회기술 향상을 위해 실시하게 된다. 우울증, 불안증 같은 정신적 문제를 호소하는 클라이언트들에게도 가능하다.

행동주의이론, 행동수정모델

강의 QR코드

1회독 월 일
2회독 월 일
3회독 월 일

최근 10년간 **5문항** 출제

  이론요약

 22회기출 21회기출

행동주의이론의 주요 개념

기본개념

사회복지실천기술론
pp.65~

▶ 특징

- 인간은 과거의 경험이나 심리 내적 역동보다는 외부 환경이나 자극에 의해 학습된다고 보는 이론
- 클라이언트가 잘못된 혹은 부정적인 행동을 모방하거나 학습한 결과로 역기능적 행동을 보인다고 주장
- 자기 자신에 의한 조절 및 타인에 의한 조절로 인간의 행동이 일어남
- 조작적 행동: 인간의 행동은 그 행동의 결과가 유쾌한 것이면 강화되고, 불쾌한 것이면 감소 혹은 소거됨
- 인간의 행동은 고전적 조건화, 조작적 조건화, 대리적 조건화에 의해 학습된다고 봄

▶ 고전적 조건화(반응적 조건화)

- 행동을 유발시키는 힘이 없는 중성자극에 반응유발 능력을 불어넣어 조건자극으로 변화시키는 과정
- 반응적 조건화에 의해 학습된 반응적 행동은 **선행자극에 대한 반응**으로서 나타난 행동임
- **파블로프(Pavlov)의 개 실험**

▶ 조작적 조건화(조건 형성)

- 어떤 반응에 대해 **선택적으로 보상**함으로써 그 반응이 일어날 확률을 증가시키거나 감소시키는 방법
- **행동 이후에 주어지는 결과에 대한 기대 때문에 학습됨**
- 강화: **바람직한 행동을 증가**시키기 위한 방법
  - **정적 강화**: 바람직한 행동이 일어날 수 있도록 **긍정적 강화물을 제시함**
  - **부적 강화**: 바람직한 행동이 일어날 수 있도록 **혐오 자극을 제거함**
- 처벌: **바람직하지 않은 행동의 발생빈도를 감소**시키는 방법
  - **정적 처벌**: 바람직하지 않은 행동을 감소시키기 위해 **혐오 자극을 제시함**
  - **부적 처벌**: 바람직하지 않은 행동을 감소시키기 위해 **긍정적 강화물을 제거함**
- 소거: 행동이 강화되지 않으면 약화됨. **간헐적으로 강화된 행동일수록 소거가 어려움**

▶ 대리적 조건화
- 다른 사람의 행동을 관찰함으로써 새로운 행동을 학습하는 것
- 직접적인 처벌이나 보상이 없어도 행동습득 가능
- 모델링, 행동시연, 역할연습, 사회기술훈련 등
- 반두라의 사회학습이론에서 소개된 개념

행동수정모델의 개입기술

선행조건의 회피, 선행조건의 압축, 선행조건의 재인식, 행동연쇄의 변화, 멈춤, 언어적 지시, 사고 중단, 소거, 대체행동, 행동형성(조성), 용암법, 모델링 등

기출문장 CHECK

01 (21-04-06) 행동조성은 특정 행동 수준까지 끌어올리기 위해 작은 단위의 행동으로 나누어 과제를 주는 것이다.

02 (20-04-16) 행정수정모델은 선행요인, 행동, 강화요소에 의해 인간행동을 예측하고 통제할 수 있다고 본다.

03 (16-04-04) 소거는 바람직하지 않은 행동에 대해 관심이나 반응을 보이지 않음으로써 그 행동의 빈도를 감소시키는 방법을 말한다.

04 (16-04-13) 정적 강화는 바람직한 행동이 지속될 수 있도록 긍정적 강화물을 제공하는 것을 말한다.

05 (16-04-13) 발표를 잘 하는 사람을 모델로 하여 행동을 학습하게 하는 것은 모델링 기법이다.

06 (16-04-13) 체계적 둔감법은 불안자극과 불안반응 간 연결이 없어질 때까지 반복적, 점진적으로 문제상황에 노출시켜 문제 상황에 대해 둔감해질 수 있도록 하는 기법이다.

07 (15-04-14) 행동조성은 목표행동을 세분화하여 연속적, 단계적으로 강화하는 것이다.

08 (15-04-14) 행동수정모델은 처벌받는 행동은 발생빈도가 줄어든다고 전제한다.

09 (15-04-14) 행동수정모델에 따르면, 간헐적으로 강화된 행동은 소거하기 어렵다.

10 (15-04-14) 행동수정모델에 따르면, 긍정적인 강화는 행동의 발생빈도와 정도를 증가시킨다.

11 (11-04-11) 행동수정모델에서 부적 강화는 불쾌한 자극을 제거함으로써 행동을 증가시킨다.

12 (06-04-09) "자라 보고 놀란 가슴 솥뚜껑 보고 놀란다" - 고전적 조건화

13 (06-04-11) 칭찬을 해줌으로써 행동의 발생가능성을 증대시켰다. - 정적 강화

14 (06-04-11) 용돈을 주지 않음으로써 행동의 발생가능성을 감소시켰다. - 부적 처벌

대표기출 확인하기

21-04-06   난이도 ★★★

사회복지실천의 개입기법에 관한 설명으로 옳지 않은 것은?

① 소거: 부적 처벌의 원리를 이용하여 바람직하지 않은 행동을 중단시키는 것
② 시연: 클라이언트가 힘들어하는 행동에 대해 실생활에서 실행 전에 반복적으로 연습하는 것
③ 행동조성: 특정 행동 수준까지 끌어올리기 위해 작은 단위의 행동으로 나누어 과제를 주는 것
④ 체계적 둔감법: 두려움이 적은 상황부터 큰 상황까지 단계적으로 노출시켜 문제를 극복하도록 하는 것
⑤ 내적 의사소통의 명료화: 클라이언트가 자신의 생각을 말로 표현하고, 피드백을 통해 사고의 명료화를 돕는 것

> ▶ **알짜확인**
>
> • 인지행동모델의 이론적 기반이 되는 행동주의이론 및 행동수정모델의 주요 개념과 개입기술을 정리해두어야 한다.

답 ①

✔ **응시생들의 선택**

① 53%	② 23%	③ 14%	④ 4%	⑤ 6%

① 소거는 바람직하지 않은 행동에 대해 강화물을 주지 않음으로써 그 행동의 발생을 억제, 감소시키는 것이다. 예를 들면, 책을 읽지 않는 아이에게 책을 읽도록 하기 위해 칭찬과 용돈을 주며 강화시켰는데, 그 행동이 지나쳐 책을 읽으라 밤에 잠을 자지 않으려고 한다면 더 이상 강화물을 주지 않음으로써 감소시키는 것이 소거이다. 즉 처벌이 아니라 그 행동에 대해 반응하지 않고 무시하는 방식으로 그 행동이 소멸되도록 하는 전략이다.

관련기출 더 보기

22-04-08   난이도 ★★☆

사회복지실천모델에 관한 설명으로 옳지 않은 것은?

① 역량강화모델의 발견단계에서는 사정, 분석, 계획하기를 수행한다.
② 클라이언트중심모델은 문제해결에 대한 클라이언트의 책임을 강조한다.
③ 행동주의모델에서는 인간을 병리적인 관점에서 바라본다.
④ 위기개입모델에서 위기는 사건 자체보다 사건에 대한 개인의 주관적 현실에 기반을 두고 있다.
⑤ 해결중심모델은 사회구성주의 시각을 가진다.

답 ③

✔ **응시생들의 선택**

① 6%	② 11%	③ 67%	④ 11%	⑤ 5%

③ 행동주의는 정신분석이론의 한계를 지적하고 이를 반대하면서 제시된 것으로 인간을 병리적 관점에서 바라보지 않는다.

16-04-04   난이도 ★★☆

다음의 사례에서 사용한 행동주의모델 전략은?

> 아이가 버릇없이 굴 때마다 어머니는 아이를 달래주거나 야단을 쳤다. 그래도 아이의 행동이 변화되지 않자, 어머니는 생각을 바꿔 아이를 달래주지도, 야단치지도 않았다. 그 결과, 아이의 버릇없는 행동이 감소되었다.

① 멈춤
② 소거
③ 사회기술훈련
④ 행동형성(shaping)
⑤ 대리적 조건 형성

답 ②

✔ **응시생들의 선택**

① 9%	② 80%	③ 1%	④ 7%	⑤ 3%

② 소거는 바람직하지 않은 행동(특히 이전에는 보상을 받아 강화된 행동이지만 그 정도가 지나쳐 이제 바람직하지 않게 된 행동)에 대해 관심이나 반응을 보이지 않음으로써 그 행동의 빈도를 감소시키는 방법을 말한다.

대중 앞에서 발표할 때 만성적 긴장과 불안을 호소하는 클라이언트의 문제를 해결하기 위한 다음의 실천활동에 포함되지 않은 기법은?

사회복지사는 대중 앞에서 발표를 잘 하는 사람의 동영상을 클라이언트에게 여러 차례 보여주었다. 이후 사회복지사 앞에서 간단한 발표를 반복적으로 연습하게 한 후, 2~3명 앞에서 발표하게 하였다. 발표에 앞서 사회복지사는 20초 복식호흡과 함께 평화로운 하늘의 구름을 연상하도록 지시하였다. 그 후, 그룹의 크기를 조금씩 키워가면서 발표하도록 하였고, 나중에는 200여 명 앞에서 발표를 하도록 하였다. 이때도 복식호흡과 심상훈련을 하게 하였다.

① 시연
② 모델링
③ 이완훈련
④ 정적 강화
⑤ 체계적 둔감화

답 ④

✔ 응시생들의 선택

① 4%	② 3%	③ 3%	④ 79%	⑤ 11%

④ 정적 강화는 바람직한 행동이 지속될 수 있도록 긍정적 강화물을 제공하는 것을 말한다. 문제의 사례에서는 이에 해당하는 내용이 없다.

① 사회복지사 앞에서 먼저 발표를 반복적으로 연습하도록 하는 것은 시연에 해당한다.
② 발표를 잘 하는 사람을 모델로 하여 행동을 학습하게 한 것은 모델링 기법이다.
③ 복식호흡, 심상훈련 등은 이완훈련에 해당한다.
⑤ 2~3명에서 시작하여 200명까지 청중 인원을 늘려가며 점진적으로 노출시킨 것은 체계적 둔감화에 해당한다.

행동수정모델의 개입기술에 관한 설명으로 옳은 것을 모두 고른 것은?

ㄱ. 처벌받는 행동은 발생빈도가 줄어든다.
ㄴ. 간헐적으로 강화된 행동은 소거하기 어렵다.
ㄷ. 긍정적인 강화는 행동의 발생빈도와 정도를 증가시킨다.
ㄹ. 부적 처벌은 체벌을 제시함으로써 행동의 발생가능성을 감소시킨다.

① ㄹ   ② ㄱ, ㄷ
③ ㄴ, ㄹ   ④ ㄱ, ㄴ, ㄷ
⑤ ㄱ, ㄴ, ㄷ, ㄹ

답 ④

✔ 응시생들의 선택

① 5%	② 44%	③ 4%	④ 22%	⑤ 25%

ㄹ. 부적 처벌은 바람직하지 않은 행동을 감소시키기 위해 긍정적 강화물을 제거하는 것이다.

행동수정모델에서 사용하는 강화와 처벌에 관한 설명으로 옳은 것은?

① 부적 강화는 불쾌한 자극을 제거함으로써 행동을 증가시킨다.
② 정적 강화는 강화를 제공함으로써 행동을 감소시킨다.
③ 강화는 바람직하지 않은 행동은 감소시키기 위해 사용하는 방법이다.
④ 정적 처벌은 행동의 결과로 불쾌한 자극을 제거함으로써 이루어진다.
⑤ 부적 처벌은 불쾌한 자극을 주어 잘못된 행동을 수정하는 것이다.

답 ①

✔ 응시생들의 선택

① 64%	② 4%	③ 4%	④ 7%	⑤ 22%

② 정적 강화는 강화물을 제공하여 행동을 증가시킨다.
③ 강화는 바람직한 행동을 증가시키기 위해 사용하는 방법이다.
④ 정적 처벌은 불쾌한 자극을 제시하여 바람직하지 않은 행동을 감소시키는 것이다.
⑤ 부적 처벌은 긍정적 강화물을 제거하여 잘못된 행동을 수정하는 것이다.

빈칸에 들어갈 알맞은 말을 채워보자

11-04-11

01 바람직한 행동을 증가시키기 위한 방법은 (①   ), 바람직하지 않은 행동을 감소시키는 방법은
(②   )이다.

06-04-09

02 '자라 보고 놀란 가슴 솥뚜껑 보고 놀란다'는 (   ) 조건화와 관련이 깊다.

03 바람직하지 않은 행동을 감소시키기 위해 회초리 등의 혐오자극을 제시하는 것은 (   ) 처벌에 해당한다.

06-04-11

04 용돈을 주지 않음으로써 좋지 않은 행동의 발생 가능성을 감소시킨 것은 부적 (   )에 해당한다.

 답 01 ① 강화 ② 처벌   **02** 고전적(반응적)   **03** 정적   **04** 처벌

다음 내용이 옳은지 그른지 판단해보자

15-04-14

01 행동수정모델에서는 처벌받는 행동은 발생빈도가 줄어든다고 전제한다.

02 모델링, 역할연습, 사회기술훈련 등은 대리적 조건화에 해당한다.

21-04-06

03 소거는 반응을 강화 또는 유지하기 위한 수단이다.

15-04-14

04 간헐적으로 강화된 행동은 소거하기 어렵다.

답 01 ○   **02** ○   **03** ×   **04** ○

해설 03 소거는 강화되지 않는 행동은 약화된다는 원리이다. 바람직하지 않은 행동, 특히 이전에는 보상을 받아 강화된 행동이지만 그 정도가 지나쳐 이제 바람직하지 않게 된 행동에 대해 더 이상 강화물을 주지 않음으로써 그 행동의 발생을 억제시킬 수 있다.

과제중심모델

10년간 출제분포도

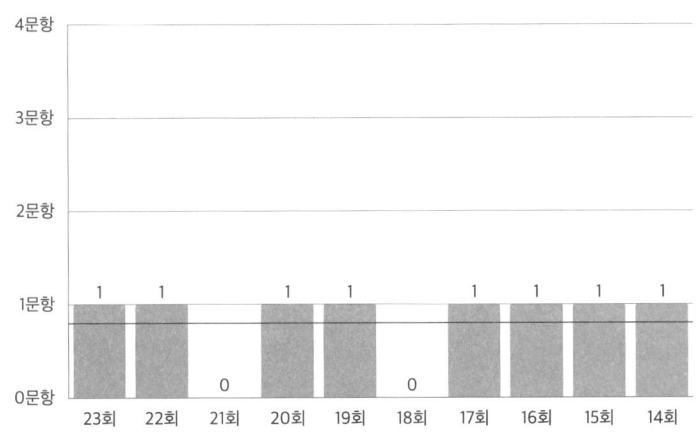

0.8
문항

평균 출제문항수

과제중심모델의 주요 특징 및 개념

1회독	2회독	3회독
월 일	월 일	월 일

최근 10년간 **7문항** 출제

이론요약

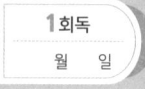
23회 기출 22회 기출 20회 기출 19회 기출

주요 특징

- **시간제한적인 단기개입**: 문제는 대체로 일시적인 불균형 상태라는 전제에 따라 대개 4개월 이내에 사례를 종료하는 계획된 단기접근
- 클라이언트가 인식한 문제 중심
- **과제 중심**
- **경험적 기초**: 이론보다는 조사에 근거한 경험적 자료가 모델 형성의 기초를 이룸
- 협조적 관계
- **자기결정의 원리**
- 통합적 접근(절충적): 특정한 한 가지 이론이나 모델을 고집하지 않으며 다양한 접근방법을 선택적으로 사용
- 구조화되고 체계적인 접근
- 클라이언트의 환경에 대한 개입 강조
- 개입의 책무성 강조

기본개념

사회복지실천기술론
pp.101~

표적문제

- **클라이언트가 해결하고자 하는 문제(클라이언트가 인식한 문제)**
- **클라이언트 스스로의 노력으로 해결할 수 있는 문제**
- 구체적인 문제
- 사회복지사와 클라이언트가 개입의 초점으로 동의한 문제
- 의뢰된 클라이언트의 경우 의뢰된 이유를 고려
- 시간제한적인 단기개입이 이루어질 수 있도록 <u>우선순위를 고려하여 최대 3개까지 선정</u>

과제

- 문제를 해결하기 위해 **클라이언트와 사회복지사가 수행**해야 하는 활동
- 클라이언트와 사회복지사가 동의하여 계획한 특정 유형의 문제해결 활동으로, 세션 내에서뿐만 아니라 세션 밖에서도 실행하는 활동
- 과제는 표적문제를 명확히 한 후 세우며, 사례가 진행되는 동안 해결되지 않으면 과제를 변경하는 융통성이 필요함

- 클라이언트의 과제: 문제해결을 위해 혹은 문제해결에 도움이 되는 활동으로서 클라이언트가 수행하는 활동
- 사회복지사의 과제: 클라이언트가 과제를 수행할 수 있도록 원조하고 지지하기 위한 활동
- 일반적 과제: 클라이언트의 목표를 반영한 상위과제로, '무엇을 해야 하는가', 즉 행동의 방향과 관련
- 조작적 과제: 클라이언트가 수행해야 하는 구체적인 활동으로, 조작적 과제는 일반적 과제에서 도출됨

기출문장 CHECK

01 (23-04-06) 과제중심모델은 특정 이론보다는 경험적 자료를 통해 개입의 기초를 마련한다.

02 (22-04-02) 과제중심모델은 구조화된 개입, 개입의 책임성 강조, 클라이언트의 자기결정권 강조, 클라이언트의 환경에 대한 개입 등의 특징을 갖는다.

03 (20-04-10) 과제는 사회복지사보다 클라이언트가 제시하는 문제나 욕구를 고려하여 선정한다.

04 (20-04-10) 과제는 과거보다 현재에 초점을 둔다.

05 (20-04-10) 조작적 과제는 일반적 과제에 비해 구체적이다.

06 (19-04-07) 과제중심모델은 개입 초기에 빠른 사정을 하고 구조화된 접근을 한다.

07 (19-04-07) 과제중심모델은 다양한 이론과 모델을 절충적으로 활용한다.

08 (19-04-07) 과제중심모델은 조사에 근거한 경험적 자료를 중심으로 진행한다.

09 (15-04-16) 과제중심모델은 단기간의 종합적인 개입모델이다.

10 (15-04-16) 과제중심모델은 클라이언트가 동의한 과제를 중심으로 개입한다.

11 (15-04-16) 과제중심모델은 계약한 구체적인 문제해결에 초점을 두고 접근한다.

12 (15-04-16) 과제중심모델에서는 클라이언트의 문제를 자원 혹은 기술의 부족으로 이해한다.

13 (14-04-05) 과제중심모델에서는 클라이언트의 자기결정권을 존중한다.

14 (14-04-05) 과제중심모델에서 클라이언트와 사회복지사와의 관계는 협력적 관계이다.

15 (14-04-05) 과제중심모델은 단기치료의 기본원리를 강조한다.

16 (10-04-15) 과제중심모델은 시간제한, 합의된 목표, 개입의 책무성을 강조한다.

17 (10-04-15) 과제중심모델은 '시작 – 표적문제의 규명 – 계약 – 실행 – 종결단계'와 같은 구조화된 접근을 강조한다.

18 (09-04-11) 표적문제를 바탕으로 클라이언트의 과제를 세우게 되는데, 과제는 목표달성과 관련된 일반적 과제와 이를 구체화 하는 조작적 과제로 구분해볼 수 있다.

19 (08-04-07) 과제중심모델은 클라이언트의 문제인식을 반영하여 표적문제를 설정한다.

20 (07-04-01) 과제중심모델은 환경적 개입을 강조한다.

21 (06-04-25) 조작적 과제는 실행가능성을 고려하여 구체적으로 제시되어야 한다.

22 (05-04-28) 과제중심모델은 통합적 접근이다.

23 (04-04-11) 과제중심모델에서 과제는 클라이언트의 동의가 필요하다.

24 (04-04-11) 과제중심모델에서 과제는 클라이언트가 해야 할 것과 사회복지사가 해야 할 것이 있다.

25 (04-04-20) 과제중심모델은 단계별 구조화, 경험적 기초 등을 특징으로 한다.

26 (03-04-12) 과제중심모델에서 과제는 클라이언트와 사회복지사가 함께 의논해서 정한다.

대표기출 확인하기

과제중심모델에 관한 설명으로 옳은 것은?

① 개인의 신념체계의 변화를 강조한다.
② 특정 이론보다는 경험적 자료를 통해 개입의 기초를 마련한다.
③ 인간의 신념이나 생각은 정서와 행동에 영향을 미친다고 가정한다.
④ 클라이언트가 무력한 상태에서 힘을 가진 상태로 이동하는 것을 목표로 한다.
⑤ 변화는 항상 일어나며 불가피한 것으로 본다.

알짜확인

- 경험적 기초, 단기개입, 구조화된 접근 등 과제중심모델의 주요 특징에 대해 정리해두자
- 과제중심모델의 특징 및 초점을 바탕으로 어떻게 실천에 적용될 수 있는지 생각해보자.

답 ②

✓ **응시생들의 선택**

① 5%	② 51%	③ 10%	④ 16%	⑤ 18%

① 개인의 신념체계의 변화를 강조하는 것은 인지행동주의 학자인 엘리스의 합리정서치료이다. 엘리스는 비합리적 신념에서 합리적 신념으로의 변화를 강조하였다.
③ 인간의 신념이나 생각이 정서와 행동에 영향을 미친다고 가정하는 것은 인지행동주의 입장의 가정이다.
④ 클라이언트가 무력한 상태에서 힘을 가진 상태로 이동하는 것을 목표로 하는 것은 역량강화모델이다.
⑤ 변화는 항상 일어나며 불가피한 것으로 보는 것은 해결중심모델의 주요 입장이다.

관련기출 더 보기

다음 설명에 해당하는 모델로 옳은 것은?

- 구조화된 개입
- 개입의 책임성 강조
- 클라이언트의 자기결정권 강조
- 클라이언트의 환경에 대한 개입

① 심리사회모델
② 위기개입모델
③ 해결중심모델
④ 인지행동모델
⑤ 과제중심모델

답 ⑤

✓ **응시생들의 선택**

① 20%	② 8%	③ 27%	④ 14%	⑤ 31%

① 심리사회모델은 상황 속 인간 관점에서 개인, 환경, 이 둘의 상호작용 등에 개입한다. 수용, 개별화, 클라이언트의 자기결정 등을 강조한다.
② 위기개입모델은 위기를 겪는 클라이언트에게 즉각적으로 개입하여 단기간에 전문적 원조를 제공한다.
③ 해결중심모델은 문제의 원인이 아닌 클라이언트가 원하는 변화와 미래에 초점을 두어 단기적 해결을 추구한다.
④ 인지행동모델은 비합리적 신념, 인지적 오류, 왜곡된 사고 등을 수정하는 데에 목표를 두고 인지적, 정서적, 행동적 차원의 전략들을 활용한다.

19-04-07 · 난이도 ★★☆

과제중심모델에 관한 설명으로 옳지 않은 것은?

① 개입 초기에 빠른 사정을 한다.
② 구조화된 접근을 한다.
③ 다양한 이론과 모델을 절충적으로 활용한다.
④ 조사에 근거한 경험적 자료를 중심으로 진행한다.
⑤ 사회복지사는 적극적으로 개입하지 않고 클라이언트가 주체적인 역할을 하도록 한다.

답 ⑤

✓ 응시생들의 선택

① 27%	② 8%	③ 6%	④ 11%	⑤ 48%

⑤ 과제중심모델이 클라이언트의 자기결정을 강조한다고 해서 사회복지사가 석석으로 개입하지 않음을 의미하는 것은 아니다. 과제중심모델은 개입의 책임성을 중요시하며 개발된 것으로, 사회복지사의 적극적인 노력을 강조하는 동시에 사회복지사와 클라이언트 간의 협조적인 노력도 강조한다.

15-04-16 · 난이도 ★★☆

과제중심모델에 관한 설명으로 옳지 않은 것은?

① 단기간의 종합적인 개입모델이다.
② 클라이언트가 동의한 과제를 중심으로 개입한다.
③ 경험적 자료보다는 발달이론을 중심으로 개입한다.
④ 계약한 구체적인 문제해결에 초점을 두고 접근한다.
⑤ 클라이언트의 문제는 자원 혹은 기술의 부족으로 이해한다.

답 ③

✓ 응시생들의 선택

① 25%	② 4%	③ 57%	④ 3%	⑤ 11%

③ 과제중심모델은 이론보다는 조사에 근거한 경험적 자료를 기초로 형성되었다. 즉, 이론적 연구보다는 실제적인 경험, 개입 등을 통해서 발견된 사실을 일반화하여 형성된 것이다

17-04-22 · 난이도 ★★★

철수는 무단결석과 친구를 괴롭히는 문제로 담임선생님에 의해 학교사회복지사에게 의뢰되었다. 철수와의 상담을 과제중심모델로 진행할 때 그 개입방법에 해당하지 않는 것은?

① 철수의 성격유형과 심리역동을 탐색한다.
② 지역사회에서 지원할 수 있는 방법을 확인한다.
③ 담임선생님이 제시한 문제를 확인한다.
④ 철수의 노력으로 해결 가능한 문제를 선정한다.
⑤ 제시된 문제가 철수의 욕구와 일치하지 않은 경우 조정한다.

답 ①

✓ 응시생들의 선택

① 51%	② 22%	③ 12%	④ 4%	⑤ 11%

① 성격유형 및 심리역동 탐색은 정신역동모델의 특징이다.

10-04-15 · 난이도 ★★☆

과제중심모델에 관한 설명으로 옳은 것을 모두 고른 것은?

ㄱ. 시간제한, 합의된 목표, 개입의 책무성을 강조한다.
ㄴ. 클라이언트의 성격유형과 심리 내적 역동에 초점을 둔다.
ㄷ. 시작 – 표적문제의 규명 – 계약 – 실행 – 종결 단계와 같은 구조화된 접근을 강조한다.
ㄹ. 단일 이론에 근거하여 실천의 효과성 및 효율성을 증진시킨다.

① ㄱ, ㄴ, ㄷ   ② ㄱ, ㄷ
③ ㄴ, ㄹ   ④ ㄹ
⑤ ㄱ, ㄴ, ㄷ, ㄹ

답 ②

✓ 응시생들의 선택

① 6%	② 83%	③ 1%	④ 2%	⑤ 8%

ㄴ. 클라이언트의 성격유형과 심리 내적 역동에 초점을 두지 않고 클라이언트의 현재와 환경에 관심을 갖는다.
ㄹ. 클라이언트의 문제에 따라 이론을 선택하거나 절충적 접근을 한다.

다음 내용이 **왜 틀렸는지**를 확인해보자

22-04-02

01 과제중심모델은 <u>비구조화된 접근</u>으로 단기적 개입을 추구한다.

> 과제중심모델은 단계에 따라 진행하는 구조화된 접근을 통해 단기개입을 추구한다.

02 과제중심모델은 비자발적 클라이언트에게 <u>**적합하지 않다**</u>는 한계가 있다.

> 비자발적 클라이언트에게도 적용할 수 있다.

03-04-12

03 과제는 사회복지사가 클라이언트에게 <u>일방적으로 부여한 숙제</u>이다.

> 과제중심모델은 클라이언트의 자기결정권을 강조하기 때문에 과제를 선정함에 있어 클라이언트와 사회복지사가 함께 계획하고 합의하여 결정한다.

04 클라이언트가 주어진 과제를 몇 차례 실패했다고 해서 <u>**변경해서는 안 된다**</u>.

> 과제가 예상보다 어려울 수도 있고 과제수행에 어려운 상황들이 있을 수도 있기 때문에 과제를 실패했을 때에는 문제점을 살펴보고 수정 및 변경도 고려해봐야 한다.

04-04-11

05 사회복지사가 클라이언트에게 부과하는 과제는 <u>해당 회기 내에 종료될 수 있는 것이어야 한다</u>.

> 필요한 과제를 다음 회기까지 실시해올 수 있도록 부여할 수도 있다.

06 <u>조작적 과제를 통해 클라이언트가 구체적으로 수행해야 할 활동들을 제시하며, 그 결과에 따라 일반적 과제를 제시한다</u>.

> 조작적 과제의 결과에 따라 일반적 과제를 제시하는 것이 아니라, 일반적 과제에서 조작적 과제를 도출한다.

105 과제중심모델의 개입과정

강의 QR코드

최근 10년간 **1문항** 출제

1회독	2회독	3회독
월 일	월 일	월 일

복습 **1** 이론요약

시작단계: 면접

- 자발적 클라이언트: 문제규명단계로 바로 넘어감
- 의뢰된 클라이언트: 의뢰된 이유와 목표 확인, 목표달성을 위한 의뢰기관의 자원 확인

초기단계

▶ **1단계: 문제규명**
- 클라이언트 표적문제 규정과 예비적인 신속한 사정
- **표적문제 선정**

▶ **2단계: 계약**
- 목표, 표적문제, 일반적 과제, 기간, 일정, 참가자 등을 포함하여 작성

중간단계: 실행

- 재사정을 통한 표적문제 확정
- 대안모색
- 문제해결, 과제개발, 과제수행, 점검 및 모니터

종결단계

- 종결 혹은 연장
- 성취에 대한 점검, 사후지도(follow-up)

기본개념

사회복지실천기술론
pp.108~

01 (16-04-24) 과제중심모델에서 표적문제는 문제규명단계에서 구체적으로 탐색하고 설정하게 된다.

02 (16-04-24) 과제중심모델의 과정 중 실행단계에서는 표적문제에 대한 초점화된 집중, 과제 계획 및 이행, 표적문제의 변화 과정 확인, 실질적 장애물의 규명과 해결 등이 이루어진다.

03 (13-04-16) 과제중심모델 중 문제규명단계에서는 클라이언트가 규정한 문제 혹은 의뢰기관에서 위임한 문제를 파악하고, 예비적인 초기사정을 실시한다.

04 (11-04-21) 실행단계에서는 과제 수행의 장애물을 찾아낸다.

05 (07-04-02) 계약에는 표적문제, 클라이언트의 과제, 클라이언트의 목표, 사회복지사의 과제 등을 포함한다.

06 (03-04-03) 과제중심모델의 실행단계에서는 실행 가능한 과제를 개발하고 수행하며 그 수행 정도를 점검해나간다.

대표기출 확인하기

16-04-24 · 난이도 ★★☆

과제중심모델의 개입과정 중 중기(실행)단계에서 해야 할 과업이 아닌 것은?

① 표적문제의 변화 과정 확인
② 실질적 장애물의 규명과 해결
③ 표적문제에 대한 초점화된 집중
④ 표적문제의 설정
⑤ 과제 계획과 이행

 알짜확인

• 과제중심모델은 시작(면접) → 초기(문제규명 → 계약) → 중기(실행) → 종결단계로 진행되므로 진행순서와 함께 각 단계별 과업을 정리해두도록 하자.

답 ④

응시생들의 선택

① 5%	② 3%	③ 1%	④ 88%	⑤ 3%

④ 표적문제 설정은 초기단계에서의 사정에 따라 이루어지고 이를 토대로 계약을 진행한다.

덧붙임

'중간단계에서 재사정을 통해 표적문제가 확정된다면, 표적문제 설정이 중간단계에 해당하는 것이 아닌가요?'라는 질문을 더러 받았는데, 초기단계에서 사정을 바탕으로 표적문제이 설정이 이루어지고 계약이 진행된다. 다만 실행에 들어가기 전 재사정을 실시하면서 설정된 표적문제가 적절한지를 다시 한번 검토하고 확정한다.

관련기출 더 보기

13-04-16 · 난이도 ★★☆

과제중심모델에서 문제규명단계의 과업으로 옳지 않은 것은?

① 클라이언트가 규정한 문제를 파악한다.
② 클라이언트의 수행과제를 개발한다.
③ 의뢰기관에서 위임한 문제를 파악한다.
④ 예비적인 초기사정을 시행한다.
⑤ 우선순위에 따라 개입문제를 규명한다.

답 ②

응시생들의 선택

① 3%	② 36%	③ 40%	④ 8%	⑤ 13%

② 클라이언트의 수행과제를 개발하는 것은 과제중심모델의 실행단계의 과업에 해당한다.

07-04-02 · 난이도 ★☆☆

과제중심모델 중 계약에 포함되지 않는 내용은?

① 표적문제
② 클라이언트의 과제
③ 클라이언트의 목표
④ 과제수행의 장애물
⑤ 사회복지사의 과제

답 ④

응시생들의 선택

① 3%	② 0%	③ 1%	④ 92%	⑤ 4%

④ 계약에는 주요 표적문제, 구체적인 목표, 클라이언트의 과제, 사회복지사의 과제, 개입 기간, 개입 일정, 면접 일정, 참여자, 장소 등이 포함된다.

다음 내용이 왜 틀렸는지를 확인해보자

01 과제중심모델에서 사정은 문제규명 단계에서 이루어지며, **비교적 긴 시간을 두고 진행된다.**

> 과제중심모델에서는 사정 과정에 긴 시간을 쏟지 않는다. 문제규명 단계에서 신속하게 사정한 후 실행 단계에 접어들면서 재사정을 진행하여 놓친 부분이나 부족한 부분을 보완한다.

`11-04-21`

02 과제중심모델에서 과제 수행의 장애물을 찾아내는 단계는 **시작단계**이다.

> 일단 과제를 수행해야 어떤 문제점이 있는지를 알 수 있기 때문에 과제 수행의 장애물은 실행단계의 점검 과정 등을 통해 찾아내게 된다.

`03-04-03`

03 과제중심모델의 **실행단계**에서는 달성된 사항과 이후의 전망을 검토하며 성취에 대해 점검한다.

> 달성된 사항과 이후의 전망을 검토하며 성취에 대해 점검하는 것은 종결단계이다.
> 실행단계에서는 표적문제를 확정하고 과제를 개발 및 수행하면서 문제를 해결해나간다.

04 클라이언트의 문제를 탐색하고 확인하고, **표적문제를 확정짓는 것은 문제규명단계**에서의 과업이다.

> 문제규명단계에서는 문제를 탐색하고 표적문제를 설정하게 된다. 이렇게 설정된 표적문제에 대해 재사정을 진행하고 표적문제를 확정하면서 실행단계로 돌입하게 된다.

기타 실천모델

이 장에서는

역량강화모델 및 위기개입모델을 학습한다. 역량강화모델은 강점관점을 바탕으로 클라이언트의 병리적 문제가 아닌 잠재력에 초점을 둔다는 점과 함께 대화 → 발견 → 발전의 단계별 과업을 정리해두자. 위기개입모델에서는 위기 이전으로 기능 회복이 목표라는 점 기억해두면서 위기발달단계 및 위기의 유형 등을 살펴보자.

10년간 출제분포도

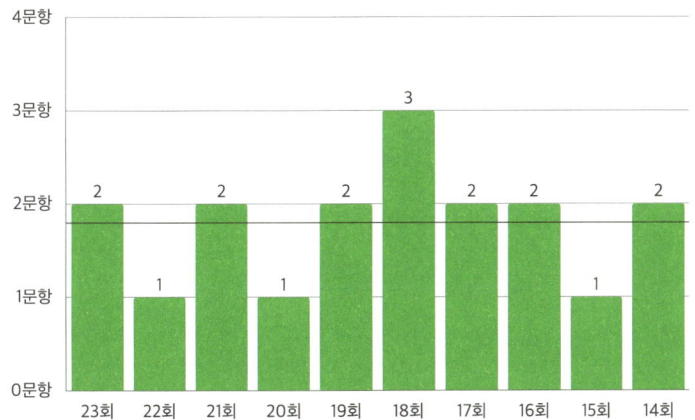

1.8
문항

평균 출제문항수

역량강화모델

강의 QR코드

최근 10년간 **6문항** 출제

이론요약

23회 기출 19회 기출

역량강화모델의 주요 특징

- **클라이언트 스스로 자기 삶에 대해 결정하고 행동함에 있어서 힘을 가지도록 돕는 것**
- 클라이언트의 욕구, 복지, 만족감을 강화하는 데 환경과 상호작용할 수 있는 능력을 회복 또는 획득하도록 하는 것
- 자신이 처한 상황을 스스로 개선하기 위한 행동을 취할 수 있도록 **개인적 · 대인적 · 정치적 측면에서 힘을 키워나가는 과정**

기본개념

사회복지실천기술론
pp.120~

강점관점

- 모든 인간은 성장하고 변화할 능력을 이미 내부에 가지고 있고, 문제가 생겼을 때 **문제를 해결할 능력과 힘이 있다고** 보는 관점
- 개인을 고유한 특성, 재능, 자원과 강점을 가진 독특한 존재로 규정
- 문제의 치료보다 **가능성에 초점을 둠**

역량강화모델의 개입과정

▶ **대화단계(1단계)**
- 대화를 통해서 **클라이언트의 현재 상황, 욕구 등을 공유**
- 사회복지사와 클라이언트 간 관계 발전시키기
- **파트너십 형성(=협동관계)**
- 현재 상황의 명확화(도전들을 설명)
- **방향 설정**

▶ **발견단계(2단계)**
- (잠재적 자원들의) 사정
- 강점 확인, 자원역량 사정
- (수집된 정보의) 분석
- 해결방안 수립

▶ 발전단계(발달단계, 3단계)
- 실행, 변화 유도, 강화 및 안정화
- 자원의 활성화, 기회의 확대, 성공 확인, 성과 집대성

기출문장 CHECK

01 (23-04-09) 강점 사정하기, 자원 확보하기, 촉진적 개입하기는 임파워먼트모델의 실천기법에 해당한다.

02 (21-04-07) 임파워먼트모델에서는 클라이언트가 자신의 삶을 스스로 통제할 수 있도록 원조한다.

03 (19-04-05) 역량강화모델에서는 클라이언트를 자신 문제의 전문가로 인정한다.

04 (19-04-05) 역량강화모델에서는 사회복지사와 클라이언트 간의 상호 협력적 파트너십을 강조한다.

05 (19-04-05) 역량강화모델에서는 클라이언트를 개입의 개체가 아닌 주체로 보기 때문에 자기결정권이 잘 보호될 수 있다.

06 (18-04-18) 역량강화모델은 클라이언트를 문제중심으로 보지 않고, 필요한 자원을 활용하거나 문제에 대처할 수 있도록 지지하여 자립을 가능하게 하는 실천모델이다.

07 (17-04-08) 임파워먼트모델에서는 클라이언트를 일방적 수혜자로 인식하지 않는다.

08 (16-04-20) 역량강화모델은 클라이언트를 잠재력 있는 인간이며, 문제해결을 위한 자원으로 인식한다.

09 (16-04-20) 역량강화모델은 클라이언트 자신의 삶과 상황에 대해 더 많은 통제력을 갖도록 돕는다.

10 (16-04-20) 역량강화모델은 클라이언트가 의미있는 선택을 할 수 있게 자아효능감을 증진하고 자신의 강점을 찾도록 돕는다.

11 (15-04-13) 권한부여모델에서는 클라이언트를 파트너로 인식한다.

12 (14-04-07) 역량강화모델은 클라이언트의 잠재적인 역량에 초점을 둔다.

13 (14-04-07) 역량강화모델은 변화를 위한 클라이언트의 역할이 중요하다.

14 (14-04-07) 이용 가능한 자원체계의 능력을 분석하고 목표를 구체화한다.

15 (14-04-07) 클라이언트의 참여를 중시하고 자기결정권을 강조한다.

16 (13-04-19) 역량강화모델은 클라이언트의 잠재역량과 자원을 인정한다.

17 (13-04-19) 역량강화모델은 사회복지사와 클라이언트 간의 상호협력적인 파트너십을 강조한다.

18 (12-04-07) 임파워먼트모델의 실천단계 중 수집된 정보를 조직화하는 것은 발견단계의 과업에 해당한다.

19 (11-04-22) 임파워먼트모델의 실천단계 중 대화단계에서 사회복지사는 목표 설정 및 협력관계 형성에 초점을 두어야 한다.

20 (09-04-01) 한부모 자조집단 프로그램, 노숙인을 위한 인문학 강좌, 장애인 동료상담가 양성프로그램, 시설운영위원회에 이용자 대표 참여 의무화 등은 임파워먼트모델을 기반으로 실시할 수 있다.

21 (08-04-09) 역량강화모델은 클라이언트의 역량사정, 기회 확대, 사회복지사와 클라이언트 간 협동관계 창출 등에 관심을 둔다.

22 (02-04-12) 역량강화모델은 클라이언트가 필요한 자원을 얻거나 통제하도록 원조하는 것을 강조한다.

23 (01-04-05) 역량강화모델은 클라이언트에게 필요한 자원을 주거나 클라이언트가 문제해결에 대처할 수 있는 능력을 지지·강화시켜 자립할 수 있도록 하는 데에 초점을 둔다.

대표기출 확인하기

19-04-05
난이도 ★☆☆

역량강화모델(Empowerment model)에 관한 설명으로 옳은 것을 모두 고른 것은?

> ㄱ. 클라이언트를 자신 문제의 전문가로 인정한다.
> ㄴ. 사회복지사와 클라이언트 간의 상호 협력적 파트너십을 강조한다.
> ㄷ. 클라이언트를 개입의 개체가 아닌 주체로 보기 때문에 자기결정권이 잘 보호될 수 있다.
> ㄹ. 클라이언트가 가진 문제의 원인에 초점을 두고 개입한다.

① ㄱ, ㄷ ② ㄴ, ㄹ
③ ㄱ, ㄴ, ㄷ ④ ㄱ, ㄷ, ㄹ
⑤ ㄴ, ㄷ, ㄹ

알짜확인

- 역량강화모델의 주요 특징에 대해 살펴보자.
- 역량강화모델에 따른 개입단계를 파악하고 각 단계별 과업에 대해 정리해두어야 한다.

답 ③

✅ 응시생들의 선택

① 2%	② 1%	③ 87%	④ 2%	⑤ 8%

ㄹ. 클라이언트가 가진 문제의 원인에 초점을 두고 개입하는 것은 병리 관점이다. 역량강화모델은 병리 관점이 아닌 강점 관점을 기반으로 하기 때문에 문제의 원인을 탐색하고 치료하는 것보다 문제를 해결해나갈 수 있는 힘을 가질 수 있도록 하는 데에 초점을 둔다.

관련기출 더 보기

23-04-09
난이도 ★★★

임파워먼트모델의 실천기법으로 옳은 것을 모두 고른 것은?

> ㄱ. 강점 사정하기 ㄴ. 자원 확보하기
> ㄷ. 촉진적 개입하기 ㄹ. 합류하기

① ㄱ, ㄴ ② ㄴ, ㄷ
③ ㄱ, ㄴ, ㄷ ④ ㄱ, ㄷ, ㄹ
⑤ ㄱ, ㄴ, ㄷ, ㄹ

답 ③

✅ 응시생들의 선택

① 31%	② 1%	③ 28%	④ 5%	⑤ 35%

ㄹ. 합류하기는 구조적 가족치료의 기법이다.

17-04-08
난이도 ★★☆

사회복지실천모델에 관한 설명으로 옳은 것을 모두 고른 것은?

> ㄱ. 임파워먼트모델에서는 클라이언트를 일방적 수혜자로 인식하지 않는다.
> ㄴ. 과제중심모델은 펄만(H. Perlman)의 문제해결요소의 영향을 받았다.
> ㄷ. 위기개입모델에서는 클라이언트의 과거를 탐색하는 데 우선순위를 두지 않는다.
> ㄹ. 클라이언트중심모델에서는 사회복지사의 권위적인 역할이 강조된다.

① ㄱ, ㄷ ② ㄴ, ㄹ
③ ㄷ, ㄹ ④ ㄱ, ㄴ, ㄷ
⑤ ㄱ, ㄴ, ㄷ, ㄹ

답 ④

✅ 응시생들의 선택

① 21%	② 3%	③ 1%	④ 73%	⑤ 2%

ㄹ. 클라이언트중심모델에서는 사회복지사와 클라이언트 간 권위적 관계구조에 반대하며 인간적 관계를 만들어가야 함을 강조한다.

역량강화모델(empowerment model)에 관한 설명으로 옳지 않은 것은?

① 클라이언트의 잠재적인 역량에 초점을 둔다.
② 변화를 위한 클라이언트의 역할이 중요하다.
③ 발견단계 – 대화단계 – 발전단계의 실천과정 순서로 진행된다.
④ 이용 가능한 자원체계의 능력을 분석하고 목표를 구체화한다.
⑤ 클라이언트의 참여를 중시하고 자기결정권을 강조한다.

답 ③

✔ 응시생들의 선택

① 1%	② 2%	③ 82%	④ 13%	⑤ 2%

③ 대화단계 – 발견단계 – 발전단계의 실천과정 순서로 진행된다.

임파워먼트모델의 실천단계 중 발견단계에서의 과업으로 옳은 것은?

① 성공을 인정하기
② 달성한 것을 통합하기
③ 새로운 자원 활성화하기
④ 수집된 정보를 조직화하기
⑤ 클라이언트와의 파트너십 형성하기

답 ④

✔ 응시생들의 선택

① 10%	② 4%	③ 28%	④ 35%	⑤ 23%

① 성공을 인정하기: 발전단계
② 달성한 것을 통합하기: 발전단계
③ 새로운 자원 활성화하기: 발전단계
⑤ 클라이언트와의 파트너십 형성하기: 대화단계

➕ 덧붙임

역량강화모델은 대화단계 → 발견단계 → 발전(발달)단계로 진행된다. 여기에서 수험생들이 대화단계와 발견단계, 또 발견단계와 발전단계의 과업을 꽤 많이 헷갈려한다.
대화단계는 클라이언트와 관계를 형성하면서 문제를 확인하는 단계이다. 사정이 대화단계라고 생각하는 수험생들이 더러 있는데, 사정 그리고 계획 수립까지는 발견단계에 해당한다. 수립된 계획을 바탕으로 한 실행과 그 이후의 단계, 즉 개입부터 평가까지는 발전단계에 해당한다.

역량강화모델의 세 단계(대화 – 발견 – 발전) 중 대화단계에서 사회복지사가 중점적으로 수행해야 할 과제를 모두 고른 것은?

ㄱ. 강점 확인	ㄴ. 목표 설정
ㄷ. 자원능력 사정	ㄹ. 협력관계 형성

① ㄱ, ㄴ, ㄷ　　　　② ㄱ, ㄷ
③ ㄴ, ㄹ　　　　　　④ ㄹ
⑤ ㄱ, ㄴ, ㄷ, ㄹ

답 ③

✔ 응시생들의 선택

① 6%	② 11%	③ 32%	④ 22%	⑤ 29%

ㄱ. 강점 확인: 발견단계
ㄷ. 자원능력 사정: 발견단계

임파워먼트모델에 기초한 개입활동으로 옳은 것을 모두 고른 것은?

ㄱ. 한부모 자조집단프로그램
ㄴ. 노숙인을 위한 인문학 강좌
ㄷ. 장애인 동료상담가 양성프로그램
ㄹ. 시설 운영위원회에 이용자 대표 참여 의무화

① ㄱ, ㄴ, ㄷ　　　　② ㄱ, ㄷ
③ ㄴ, ㄹ　　　　　　④ ㄹ
⑤ ㄱ, ㄴ, ㄷ, ㄹ

답 ⑤

✔ 응시생들의 선택

① 42%	② 17%	③ 2%	④ 1%	⑤ 38%

한부모 자조집단 프로그램이나 노숙인을 위한 인문학 강좌, 장애인 동료상담가 프로그램 등은 인간이 가진 잠재력이나 역량을 강화시킴으로써 삶에 대한 통제력을 강화하는 임파워먼트모델에 기초한 활동이다.
클라이언트 개인적 차원과 대인관계적 차원에서 역량을 강화하기도 하고 사회구조를 바꾸거나 기회를 창출함으로써 역량강화를 꾀하기도 하는데, '시설 운영위원회 이용자 대표 참여 의무화'와 같은 활동은 시설 이용자에게 운영에 관한 견해와 목소리를 내고 권리를 행사하게 함으로써 역량을 강화시키는 기회가 된다.

다음 내용이 왜 틀렸는지를 확인해보자

14-04-07

01 역량강화모델은 '발견단계 – 대화단계 – 발전단계'의 순서로 진행된다.

> 대화단계 – 발견단계 – 발전단계의 순서로 진행된다.

---

02 역량강화모델의 **발견단계**에서는 개입을 실행하면서 클라이언트의 변화를 유도한다.

> 개입을 실행하면서 클라이언트의 변화를 유도하는 것은 발전단계에 해당한다.
> 발견단계에서는 자원 및 역량 사정, 수집된 정보에 대한 분석, 해결방안 수립 등을 진행한다.

13-04-19

03 역량강화모델은 **클라이언트를 개입의 객체로 보고** 자기결정권을 강조한다.

> 클라이언트를 개입의 객체나 대상으로 보는 것이 아니라 스스로 문제를 해결해나갈 수 있는 주체로 보아 자기결정권을 강조한다.

---

04 역량강화모델은 강점 관점을 기반으로 **해결해야 할 문제를 진단하는 데에 초점**을 둔다.

> 강점 관점에서는 문제의 진단에 초점을 두는 것이 아니라 문제를 도전의 전환점 혹은 성장의 기회로 간주한다.
> 역량강화모델은 이러한 강점 관점을 기반으로 한다.

---

05 역량강화모델은 클라이언트가 이미 가지고 있는 **잠재적 역량을 고려하지는 않는다.**

> 역량강화모델에서는 사람들이 이미 성장 및 변화를 위한 능력과 자원 등을 갖고 있다고 보며 이러한 잠재적 역량을 활용할 수 있도록 이끌어내는 데에 초점을 둔다.

---

06 강점 관점에 따르면 **사회복지사는 클라이언트 삶의 전문가로서 문제를 해결해줄 수 있어야 한다.**

> 강점 관점에서 문제해결의 주체 및 전문가는 클라이언트 자신이다. 사회복지사는 클라이언트의 문제해결 과정과 능력을 지지하고 원조한다.

다음 내용이 옳은지 그른지 판단해보자

18-04-18

01 역량강화모델은 클라이언트를 문제중심으로 보지 않고, 필요한 자원을 활용하거나 문제에 대처할 수 있도록 지지하여 자립을 가능하게 하는 실천모델이다.

13-04-19

02 임파워먼트모델은 사회복지사와 클라이언트 간의 상호협력적인 파트너십을 강조한다.

03 역량강화모델은 개인 차원, 대인관계 차원에 적용하는 모델로, 사회구조적 차원으로 확장하는 데에는 한계가 있다.

16-04-20

04 임파워먼트모델은 의미있는 선택을 할 수 있게 자아효능감을 증진하고 자신의 강점을 찾도록 돕는다.

16-04-20

05 임파워먼트모델이 전통적인 문제해결 방식과 다른 점은 사회복지사와 클라이언트와의 관계에서 사회복지사의 전문성을 강조하였다는 것이다.

06 임파워먼트모델은 클라이언트 자신의 삶과 상황에 대해 더 많은 통제력을 갖도록 돕는다.

11-04-22

07 역량강화모델의 실천단계 중 대화단계에서 사회복지사는 클라이언트의 강점 확인, 목표 설정, 자원 능력 사정, 협력관계 형성 등의 과제를 수행해야 한다.

12-04-07

08 임파워먼트모델의 실천단계에서 클라이언트의 새로운 자원을 활성화하는 것은 발견단계에 해당한다.

09 역량깅화모델의 실친단계 중 발견단계의 주요 괴업은 클라이언트와 사회복지사가 함께 방향을 설정하여 계획을 수립하는 것이다.

답 **01** ○ **02** ○ **03** × **04** ○ **05** × **06** ○ **07** × **08** × **09** ×

해설 **03** 역량강화모델은 개인 차원, 대인관계 차원뿐만 아니라 사회구조적 차원을 고려한다.
05 임파워먼트모델은 전통적인 문제해결 방식과 달리, 클라이언트를 자기 삶의 전문가로 보아 사회복지사와 클라이언트 간의 동등한 파트너십 형성을 강조하였다.
07 강점 확인, 자원능력 사정은 발견단계에 해당한다.
08 클라이언트의 새로운 자원을 활성화하는 것은 발전단계에 해당한다.
09 클라이언트와 사회복지사가 함께 방향을 설정하는 것은 대화단계에 해당한다.

위기개입모델

최근 10년간 **13문항** 출제

위기의 개념 및 특징

- 위협적 혹은 외상적 위험사건을 경험함으로써 취약해져 지금까지의 대처전략으로는 스트레스나 외상에 대처하거나 경감할 수 없는 불균형의 상태가 되는 것
- 단순한 원인과 결과로 설명하기 어려운 복잡한 증상
- <u>위험은 도움을 요청하는 과정을 통해 기회가 될 수 있음</u>
- 위기에 처했던 사람이 다시 위기를 경험할 수 있음
- <u>같은 상황을 경험하더라도 위기로 느끼는 사람과 그렇지 않은 사람이 있으며, 성공적으로 극복하는 사람과 그렇지 않은 사람도 있음</u>

기본개념

사회복지실천기술론
pp.130~

위기의 유형

- 발달적 위기: 개인의 생애주기 혹은 가족생활주기에 따라 발생하는 위기
- 상황적 위기: 사고, 자연재해 등 예견할 수 없는 갑작스러운 위기
- 실존적 위기: 삶의 목적, 가치, 자유, 책임, 독립 등과 같은 삶의 이슈와 관련되어 발생하는 갈등과 불안

위기개입모델의 기본 원리

- <u>신속한 개입: 위기개입은 단기간, 시간제한적, 즉각적 개입을 특징으로 한다. 대체로 6주 이내의 해결을 꾀한다.</u>
- 행동기술: 사회복지사의 역할은 행동기술에 초점을 둔다.
- <u>제한된 목표: 위기 이전의 상태로 돌아갈 수 있도록 하는 것에 제한적인 목표를 둔다.</u>
- 희망과 기대
- 지지 및 정보제공
- 문제 파악 및 해결에 초점
- 클라이언트의 자신감 회복 및 자립

골란의 위기발달단계

- <u>사회적 위험 → 취약단계 → 위기촉진요인 발생 → 실제 위기단계 → 재통합</u>
- <u>개입은 '실제 위기단계'에서</u> 이루어짐

라포포트(L. Rapoport)가 제시한 위기개입 목표

▶ **1단계 목표(기본 목표)**

- 위기로 인한 증상 제거
- 위기 이전의 기능 수준으로 회복
- 불균형 상태로 만든 촉발사건 이해
- 클라이언트나 가족이 사용하거나 지역사회 자원 중 이용할 수 있는 치료방법 모색

▶ **2단계 목표(추가 목표)**

- 현재의 스트레스를 과거의 생애 경험이나 갈등과 연결
- 새로운 인식, 사고, 정서양식을 개발하고 위기상황 이후에도 사용할 수 있는 새로운 적응적 대처기제 개발

골란의 위기개입단계

- 시작단계: 형성
  - 계약 형성
  - 위기 파악
- 중간단계: 수행
  - 계약 이행
  - 과업 확인 및 이해
  - 자료의 조직과 이에 따른 활동
  - 행동변화 초래
- 종결단계: 종료
  - 개입상황 점검
  - 대처유형, 성취한 과업 확인
  - 미래에 대한 계획 수립
  - 종료시기 결정

기출문장 CHECK

01 (23-04-10) 골란(N. Golan)의 위기발달 단계는 '위험사건 − 취약단계 − 촉발요인 − 위기단계 − 재통합'이다.

02 (22-04-04) 위기개입모델의 중간단계: 클라이언트의 일상생활에 활용할 수 있는 자원과 지지체계를 찾아낸다. 목표달성을 위한 구체적인 과제들에 대해 작업한다. 위기사건 이후 상황과 관련된 자료를 보충한다. 현재 위기와 관련된 과거 경험을 탐색한다.

03 (22-04-08) 위기개입모델에서 위기는 사건 자체보다 사건에 대한 개인의 주관적 현실에 기반을 둔다.

04 (21-04-02) 위기개입모델은 단기개입 서비스를 제공한다.

05 (21-04-02) 위기개입모델은 구체적이고 관찰 가능한 문제에 초점을 둔다.

06 (21-04-02) 위기개입모델은 클라이언트에게 실용적 정보를 제공하고 지지체계를 개발하도록 한다.

07 (21-04-02) 위기개입모델에서 사회복지사는 다른 개입모델에 비해 적극적이고 직접적인 역할을 수행한다.

08 (19-04-10) 위기개입모델은 위기 이전의 기능수준으로 회복하도록 돕는다.

09 (18-04-21) 청소년의 정체성 위기, 결혼, 자녀의 출산, 중년기의 직업 변화, 은퇴 등 개인의 생애주기에 따른 위기를 발달적 위기라고 한다.

10 (17-04-24) 위기개입의 표적문제는 구체적이어야 한다.

11 (17-04-24) 위기개입에 있어 절망하고 있는 클라이언트에게 희망을 고취시키는 것이 중요하다.

12 (17-04-24) 위기에 개입하는 사회복지사는 적극적이고 직접적인 역할을 수행한다.

13 (17-04-24) 위기개입모델은 다른 모델에 비해 상대적으로 단기적으로 진행된다.

14 (16-04-22) 자살을 생각하는 클라이언트의 문제에 개입할 때에는 자살 시도 경험을 확인하고, 자살을 생각하는 클라이언트가 보여주는 단서에 민감할 필요가 있다.

15 (16-04-22) 자살을 생각하는 클라이언트의 문제에 개입할 때에는 자살 관련 계획을 직접적으로 묻는 것도 필요하다.

16 (15-04-13) 위기개입모델에서는 사건에 대한 주관적인 인식을 중요시한다.

17 (14-04-08) 위기발달단계: 위험 사건 발생→ 취약단계 → 위기촉진요인 발생 → 실제 위기단계 → 재통합

18 (13-04-01) 위기증상의 제거, 위기촉발사건에 대한 이해 등은 위기개입의 목표가 된다.

19 (12-04-08) 위기와 선행사건에 대한 이해, 지지적 자원에 대한 분석, 클라이언트의 자해 위험성 파악 등은 위기개입의 초기단계에서 이루어진다.

20 (12-04-08) 위기개입에 있어 개입단계에서는 부정적 감정을 표현하여 혼란스러운 심리상태에서 벗어날 수 있도록 돕는다.

21 (11-04-03) 위기개입은 신속한 개입, 초점적 문제해결, 제한된 목표 등을 원칙으로 한다.

22 (11-04-03) 위기개입을 통해 클라이언트로 하여금 희망을 고취할 수 있도록 해야 한다.

23 (06-04-02) 위기개입모델에 따른 개입이 성공적인가를 알아보기 위해서는 클라이언트가 위기발생 이전의 기능으로 회복했는지를 살펴봐야 한다.

24 (05-04-21) 생활 속에서 직면하는 위기에 대한 지각은 사람마다 다르게 나타난다.

25 (05-04-21) 위기는 개인적 성장을 촉진할 수도 있다.

대표기출 확인하기

21-04-02 난이도 ★★☆

위기개입모델에 관한 설명으로 옳지 않은 것은?

① 클라이언트에게 실용적 정보를 제공하고 지지체계를 개발하도록 한다.
② 단기개입 서비스를 제공한다.
③ 구체적이고 관찰 가능한 문제에 초점을 둔다.
④ 위기 발달은 촉발요인이 발생한 후에 취약단계로 넘어긴다.
⑤ 사회복지사는 다른 개입모델에 비해 적극적이고 직접적인 역할을 수행한다.

 알짜확인

• 위기개입모델에서는 위기의 개념, 위기개입의 목표 및 원칙, 개입방법, 골란의 위기발달단계 등 비교적 다양한 내용이 두루두루 다뤄져왔기 때문에 이에 맞춰 대비해두어야 한다.

답 ④

✅ **응시생들의 선택**

| ① 24% | ② 4% | ③ 17% | ④ 52% | ⑤ 3% |

④ 위기발달단계: 사회적 위험 → 취약 → 위기촉진요인 발생 → 실제 위기 → 재통합

관련기출 더 보기

23-04-10 난이도 ★★☆

골란(N. Golan)의 위기발달 단계로 옳은 것은?

① 위험사건 – 촉발요인 – 취약단계 – 위기단계 – 재통합
② 취약단계 – 위험사건 – 촉발요인 – 위기단계 – 재통합
③ 취약단계 – 위험사건 – 위기단계 – 촉발요인 – 재통합
④ 위험사건 – 취약단계 – 위기단계 – 촉발요인 – 재통합
⑤ 위험사건 – 취약단계 – 촉발요인 – 위기단계 – 재통합

답 ⑤

✅ **응시생들의 선택**

| ① 15% | ② 13% | ③ 10% | ④ 6% | ⑤ 56% |

⑤ 골란의 위기발달 단계는 '사회적 위험(위험사건) → 취약단계 → 위기촉진요인 발생(촉발요인) → 실제 위기단계 → 재통합'의 순서이다. 골란은 위기가 순차적으로 일어나는 경향을 가진다고 제시하고 있으며, 이 단계 중 사회복지사의 개입이 필요한 단계는 실제 위기단계이다.

22-04-04 난이도 ★★★

위기개입모델의 중간단계 활동으로 옳지 않은 것은?

① 위기상황에 대한 초기사정을 실시한다.
② 클라이언트의 일상생활에 활용할 수 있는 자원과 지지체계를 찾아낸다.
③ 목표달성을 위한 구체적인 과제들에 대해 작업한다.
④ 위기사건 이후 상황과 관련된 자료를 보충한다.
⑤ 현재 위기와 관련된 과거 경험을 탐색한다.

답 ①

✅ **응시생들의 선택**

| ① 51% | ② 4% | ③ 10% | ④ 3% | ⑤ 32% |

① 위기개입모델은 현재 위기상황에서 빠르게 균형상태를 회복하는 것에 주 목적이 있기 때문에 빠르게 초기사정을 하거나 간단히 문제만 파악한 후 즉각적으로 개입에 돌입하기도 한다. 위기개입모델의 개입과정은 학자마다 다르게 제시되지만, 초기 – 중간 – 종결 등 3단계로 구분할 때는 실제 개입이 진행되는 단계가 중간단계이며 초기사정은 초기단계에 해당한다.

사회복지실천모델에 관한 설명으로 옳은 것을 모두 고른 것은?

> ㄱ. 위기개입모델에서는 사건에 대한 클라이언트의 주관적인 인식보다 사건 자체를 중시한다.
> ㄴ. 클라이언트중심모델에서는 현재 직면한 문제와 앞으로의 문제를 극복할 수 있도록 성장 과정을 도와준다.
> ㄷ. 임파워먼트모델에서는 클라이언트가 자신의 삶을 스스로 통제할 수 있도록 원조한다.
> ㄹ. 과제중심모델에서는 클라이언트가 인식한 문제에 초점을 두고, 클라이언트의 욕구를 최대한 반영한다.

① ㄱ
② ㄴ, ㄷ
③ ㄱ, ㄴ, ㄷ
④ ㄴ, ㄷ, ㄹ
⑤ ㄱ, ㄴ, ㄷ, ㄹ

답 ④

✅ 응시생들의 선택

① 5%	② 7%	③ 14%	④ 37%	⑤ 37%

ㄱ. 같은 사건을 경험하더라도 그 사건을 위기로 인식하는가는 사람마다 다를 수 있기 때문에 위기개입모델에서는 사건에 대한 클라이언트의 주관적 인식을 중시한다.

위기개입모델의 개입 원칙에 관한 설명으로 옳은 것은?

① 장기적인 개입방법을 사용한다.
② 개입목표는 가능한 한 포괄적으로 설정한다.
③ 사회복지사는 비지시적인 역할을 수행한다.
④ 위기 이전의 기능수준으로 회복하도록 돕는다.
⑤ 문제의 원인에 대한 이해를 위해 클라이언트의 과거 탐색에 초점을 둔다.

답 ④

✅ 응시생들의 선택

① 1%	② 1%	③ 4%	④ 91%	⑤ 3%

① 위기개입은 단기모델이다.
② 위기개입의 목표는 위기 이전 상태로 회복 등 제한적이다.
③ 주로 행동적 차원에서 지시적인 개입을 한다.
⑤ 위기개입에서는 클라이언트의 과거 탐색에 초점을 두지 않는다.

청소년의 정체성 위기, 결혼, 자녀의 출산, 중년기의 직업 변화, 은퇴 등 개인의 생애주기에 따른 위기는?

① 실존적 위기
② 상황적 위기
③ 발달적 위기
④ 부정적 위기
⑤ 환경적 위기

답 ③

✅ 응시생들의 선택

① 4%	② 7%	③ 84%	④ 0%	⑤ 5%

③ 위기의 유형에는 발달적 위기, 상황적 위기, 실존적 위기 등이 있으며, 이 중 생애주기에 따라 나타나는 위기는 발달적 위기에 해당한다.

위기개입모델에 관한 설명으로 옳지 않은 것은?

① 다른 모델에 비해 상대적으로 단기 서비스를 제공한다.
② 위기개입의 표적문제는 구체적이어야 한다.
③ 위기에 대한 반응보다 위기사건 자체 해결에 일차적 목표를 둔다.
④ 절망하고 있는 클라이언트에게 희망을 고취시키는 것이 중요하다.
⑤ 위기에 개입하는 사회복지사는 적극적이고 직접적인 역할을 수행한다.

답 ③

✅ 응시생들의 선택

① 6%	② 10%	③ 56%	④ 19%	⑤ 9%

③ 동일한 사건에 대해 사람들이 위기라고 인식하느냐 아니냐는 사람마다 다르며, 해결이 불가능한 사건도 있다. 따라서 위기개입모델은 그 사건의 해결 자체에 일차적 목표를 두는 것이 아니라 위기에 대한 반응에 더 초점을 둔다.

자살을 생각하는 클라이언트의 문제에 개입할 때 적절한 내용을 모두 고른 것은?

ㄱ. 자살 관련 계획을 직접적으로 묻는 것은 자살을 구체화할 수 있어 피한다.
ㄴ. 자살을 생각하는 클라이언트가 보여주는 단서에 민감할 필요가 있다.
ㄷ. 자살 시도 경험을 확인해본다.
ㄹ. 우울증 가능성이 있을 경우 정신 건강 관련 기관에 의뢰한다.

① ㄱ, ㄴ
② ㄱ, ㄹ
③ ㄴ, ㄷ
④ ㄴ, ㄷ, ㄹ
⑤ ㄱ, ㄴ, ㄷ, ㄹ

답 ④

✅ 응시생들의 선택

① 1%	② 1%	③ 2%	④ 53%	⑤ 43%

ㄱ. 클라이언트가 실제로 자살할 생각이 어느 정도 있는지를 살펴보고 문제의 실마리를 찾는 계기가 될 수도 있기 때문에 자살에 대해 직접적으로 물어볼 필요도 있다.

골란(N. Golan)의 위기반응단계를 순서대로 옳게 나열한 것은?

ㄱ. 취약단계
ㄴ. 위기단계
ㄷ. 재통합단계
ㄹ. 위기촉진요인
ㅁ. 위험한 사건

① ㄱ → ㄴ → ㄹ → ㅁ → ㄷ
② ㄱ → ㅁ → ㄹ → ㄴ → ㄷ
③ ㅁ → ㄱ → ㄹ → ㄴ → ㄷ
④ ㅁ → ㄴ → ㄹ → ㄱ → ㄷ
⑤ ㅁ → ㄹ → ㄱ → ㄴ → ㄷ

답 ③

✅ 응시생들의 선택

① 6%	② 13%	③ 51%	④ 16%	⑤ 14%

③ 골란의 위기반응단계는 '위험한 사건 → 취약단계 → 위기촉진요인 → 위기단계 → 재통합단계'이다.

라포포트(L. Rapoport)가 제시한 위기개입 목표로 옳은 것을 모두 고른 것은?

ㄱ. 위기증상 제거
ㄴ. 주관적 경험 증진
ㄷ. 촉발사건 이해
ㄹ. 대인관계 향상

① ㄱ, ㄴ, ㄷ
② ㄱ, ㄷ
③ ㄴ, ㄹ
④ ㄹ
⑤ ㄱ, ㄴ, ㄷ, ㄹ

답 ②

✅ 응시생들의 선택

① 8%	② 79%	③ 2%	④ 1%	⑤ 10%

라포포트(L. Rapoport)는 위기에 따른 증상의 완화, 위기 이전 수준으로의 기능 회복, 불균형 상태를 야기한 위기촉진요인들에 대한 이해, 클라이언트나 가족이 지역사회 자원을 통해 얻을 수 있는 치료방법 모색 등을 위기해결을 위한 기본적인 목표라고 설명하였다.

위기개입모델에서 개입단계에 해당하는 것은?

① 위기와 선행사건에 관한 이해
② 부정적 감정표현 지지
③ 과거의 문제 경험과 대처기술 평가
④ 지지적 자원에 대한 분석
⑤ 클라이언트의 자해 위험성 파악

답 ②

✅ 응시생들의 선택

① 22%	② 34%	③ 5%	④ 8%	⑤ 31%

①③④⑤ 사정단계에 해당한다.
아길레라와 메식은 사정단계 → 계획단계 → 개입단계 → 위기 대비 계획 단계 등 4단계로 구분하였으며, 그 중 사정단계의 과업으로 위기 및 선행 사건에 대한 파악, 현재의 위기와 선행 사건에 관한 클라이언트의 인식, 자원에 대한 고려, 과거의 문제경험과 대처기술 확인, 클라이언트의 자해 또는 타해의 위험 정도 파악 등을 제시하였다.

➕ 덧붙임

간혹 '위기개입은 즉각적 개입인데 사정을 하나요?'라는 질문을 받기도 했는데, 위기개입이라고 해서 선행단계 없이 바로 개입하는 것은 아니라는 점도 기억해두자.

다음 내용이 **왜 틀렸는지**를 확인해보자

---

01 위기개입모델은 같은 상황에서 <u>모든 사람이 똑같은 정도의 위기감을 느낀다</u>는 것을 전제로 한다.

> 위기개입모델에서는 같은 상황이라 하더라도 사람마다 위기감을 느끼는 정도는 다르게 나타날 수 있다고 본다.

`14-04-08`

02 위기발달단계: <u>사회적 위험 → 실제 위기단계 → 위기촉진요인 발생 → 취약단계</u> → 재통합

> 위기발달단계: 사회적 위험 → 취약단계 → 위기촉진요인 발생 → 실제 위기단계 → 재통합

---

03 위기발달단계에서 실제 사회복지사의 <u>위기개입이 필요한 단계는 사회적 위험이 발생한 순간</u>이다.

> 실제 사회복지사의 위기개입이 이루어지는 단계는 '실제 위기단계'이다.

`15-04-13`

04 위기개입모델에서는 사건에 대한 주관적인 인식보다 <u>사건 자체를 중요시</u>한다.

> 위기개입모델에서는 사건에 대한 주관적 인식에 주목한다.

---

05 인간의 성장·발달 과정에서 경험하는 사건들, 즉 <u>발달단계에 따라 겪게 되는 위협은 위기라고 보지 않는다.</u>

> 청소년기의 방황, 은퇴, 빈둥지증후군 등과 같이 발달단계에 따라 경험하게 되는 위기도 포함된다.

`08-04-08`

06 자살의 위험성이 있는 클라이언트에 개입할 때에는 <u>자살에 대한 직접적인 언급은 삼가야 한다.</u>

> 자살을 생각한 이유나 상황에 대해 이야기하여 그 심각성에 따라 개입이 달라질 수 있다.

`19-04-10`

07 위기개입모델은 문제의 원인을 이해하기 위해 <u>클라이언트의 과거 탐색에 초점을 둔다.</u>

> 위기개입모델은 과거 탐색과 같이 장기적으로 진행되는 개입에 초점을 두지는 않는다.

빈칸에 들어갈 알맞은 말을 채워보자

21-04-02

01 골란이 제시한 위기발달단계에 따르면 촉발요인이 발생한 후에 (　　　　　) 단계로 넘어간다.

02 골란이 제시한 위기발달단계 중 이혼, 가족의 사망, 질병 및 사고, 자연재해 등의 사건은 (　　　　　) 단계에 해당한다.

03 라포포트는 위기개입의 목표를 기본 목표와 추가 목표로 구분하여 설명하였는데, 위기로 인항 증상 제거는 (　　　　　) 목표에 해당한다.

04 위기의 유형 중 (　　　　　)적 위기는 사람이 예견하거나 통제할 수 없는, 드물고도 이례적인 사건이 발생할 때 나타나는 위기를 말한다.

05 위기의 특성 중 (　　　　　)성은 모든 위기에는 혼란이 따르게 되머 위기에 처했던 사람이 다시 위 기를 경험할 수 있음을 의미한다.

06 위기개입모델에서 사회복지사의 역할은 (　　　　　)기술에 초점을 두어 지시적인 특징이 있다.

07 위기개입모델은 파멸의 예방, 균형상태 회복, 이전 수준으로 기능 회복 등과 같이 (　　　　　)된 목표를 갖는다.

답 **01** 실제 위기 **02** 사회적 위험 **03** 기본 **04** 상황 **05** 보편 **06** 행동 **07** 제한

다음 내용이 옳은지 그른지 판단해보자

01 위기개입에서는 문제의 해결뿐만 아니라 클라이언트의 자신감을 회복시키고, 희망을 고취시키는 것도 중요하다. ◎ ✕

02 스트레스를 유발하는 사건이나 위험 상황이 발생하였다고 해서 모두 개입이 필요한 위기인 것은 아니다. ◎ ✕

03 위기개입에서는 클라이언트의 성격 유형을 파악하는 것이 선행되어야 한다. ◎ ✕

`20-04-16`
04 위기개입모델은 위기에 의한 병리적 반응과 영구적 손상의 치료에 초점을 둔다. ◎ ✕

05 위기로 인해 나타나는 불안은 긍정적 변화의 추진력이 될 수도 있다. ◎ ✕

06 위기개입의 가장 큰 목표는 위기를 발생시킨 상황이나 사건을 종료시키는 것에 있다. ◎ ✕

`11-04-03`
07 위기개입에서는 특정 문제에 초점을 두고 제한된 목표에 대한 신속한 개입을 추구한다. ◎ ✕

08 위기개입모델에서 정의하는 위기는 자연재해나 교통사고 등과 같이 클라이언트가 피할 수 없이 갑작스럽게 일어난 사건, 사고 등으로 한정된다. ◎ ✕

 답 **01** ○ **02** ○ **03** ✕ **04** ✕ **05** ○ **06** ✕ **07** ○ **08** ✕

해설 **03** 위기개입은 단기간에 위기 이전 수준으로의 기능 회복을 돕는 것이 주요 목적이기 때문에 성격 유형을 파악하는 것이 선행되어야 하는 것은 아니다.
04 위기개입은 즉각적, 단기적 개입을 추구하기 때문에 위기요인의 발생이 심각한 병리 상태로 이어지지 않도록 방지하고 위기 이전 상태를 회복하도록 하는 것에 초점을 둔다.
06 위기가 발생된 상황이나 사건은 인위적으로 종료시킬 수 있는 것은 아니다. 따라서 위기개입의 목표는 클라이언트가 위기발생 이전과 같이 기능할 수 있도록 하는 데에 초점을 두게 된다.
08 위기개입모델에서는 사건, 사고뿐만 아니라 생애주기에 따라 경험하게 되는 상황이나 개인의 삶의 이슈와 관련되어 느끼게 되는 심리적 요인들도 위기로 본다.

가족에 대한 이해

이 장에서는

가족을 살펴보는 체계론적 개념들을 학습하고, 현대사회에서 변화하는 가족의 특징들을 살펴본다. 가족 내외부 경계, 하위체계, 가족항상성을 비롯해 특히 순환적 인과성은 필수개념이다. 더불어 가족생활주기에 따라 가족에 요구되는 과업 및 가족원의 역할 변화를 이해하자.

10년간 출제분포도

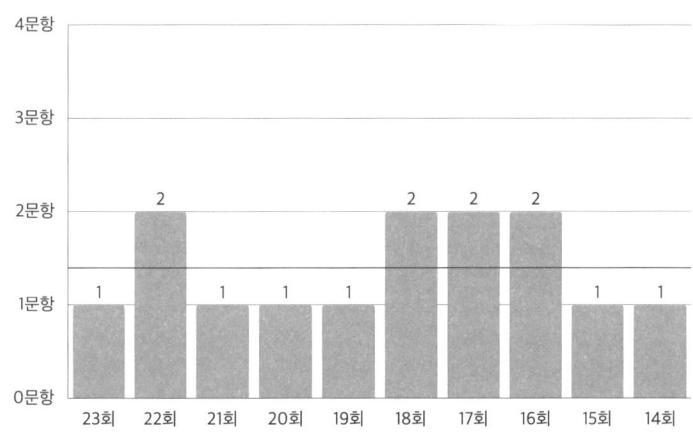

1.4
문항

평균 출제문항수

1회독	2회독	3회독
월 일	월 일	월 일

복습

1 이론요약

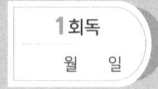 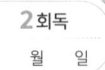 
23회기출 22회기출 21회기출 20회기출 19회기출

체계로서의 가족

기본개념

사회복지실천기술론
pp.143~

- 가족은 사회체계의 한 유형이다.
- 가족은 큰 사회의 하위체계이다. 동시에 가족 내에 많은 하위체계들이 존재한다.
- **전체로서의 가족은 각 부분의 합 이상이다.**(비총합성의 원리)
- **가족은 규칙에 따라 움직인다.**

가족체계와 관련된 주요 개념

▶ 가족항상성
- 가족이 구조와 기능에 있어 균형을 유지하려는 속성
- 가족은 **위기상황 이후에 원래의 기능으로 되돌아가려는 경향** → 사회복지사는 가족의 새로운 균형상태를 원조

▶ 가족 내부경계
- **경직된 경계**: 가족 간의 경계가 단절되어 필요한 상호작용과 의사소통이 이루어지지 않음
- **명확한 경계**: 유연하고 융통성 있는 경계로 적절히 상호작용하면서 개인의 자율성을 인정함
- **혼돈된 경계**: 가족 간의 경계가 지나치게 밀착되어 개개인의 자율성과 독립성이 결여됨

▶ 가족 외부경계
- **폐쇄형**: 외부와의 경계가 엄격하게 제한되어 외부와 상호작용하지 않음
- **개방형**: 가족규칙의 범위 내에서 외부와 유동적으로 상호작용함
- **방임형**: 외부와의 경계가 모호하여 상호작용에 제한이 없으며, 가족 경계선의 방어가 없음

▶ 하위체계
- 부부 하위체계, 부모 하위체계, 부모-자녀 하위체계, 형제자매 하위체계 등
- 건강한 가족은 하위체계 간 경계가 혼돈되지 않고 분명함

▶ 순환적 인과성
- **모든 행위는 다른 행위의 한 원인이 되면서 동시에 결과가 됨**
- 문제의 원인이나 근원보다는 **문제를 유지하는 가족의 상호작용에 초점**을 둠
- **"무엇"을 하느냐에 초점**: 문제의 원인(왜?)보다는 문제를 유지시키는 가족의 상호작용(무엇을)에 초점을 둠

▶ 환류고리

가족은 의사소통과 환류를 통해 현재의 평형상태를 유지하려고 함
- 정적 환류: 한 성원이 새로운 행동을 했을 때 정적 환류는 그 변화행동을 확대, 강화시킴
- 부적 환류: 한 성원이 새로운 행동을 했을 때 부적 환류는 그 변화행동을 저지, 중단시킴

현대가족의 구조 및 기능상의 변화
- 다양한 형태의 가족 유형 증가
- 가족구조의 단순화 및 가족규모의 축소
- 가족생활주기의 변화
- 전통적 기능의 축소
- 기혼여성의 사회활동 참여 증가에 따른 가사노동 분업

가족생활주기
- 결혼을 통하여 가족이 결성된 순간부터 자녀의 성장이나 독립, 은퇴, 배우자 사망 등에 이르기까지 가정생활의 변화과정, 즉 가족의 구조와 관계상의 발달 및 변화를 의미
- 가족생활주기에 따라 성취해야 할 발달과업이 있으며, 새로운 단계로 전환하는 과정에서 위기를 경험할 수 있음
- 가족의 유형 및 가족 형성 시기 등에 따라 가족마다 가족생활주기의 단계별 길이나 내용은 다르게 나타남

기출문장 CHECK

01 (23-04-17) 가족의 항상성은 어떤 행동이 허용되는가를 결정하는 가족규칙을 통해 공고해진다.

02 (23-04-17) 일탈행동이나 갈등상황에 대해 부적 환류를 적용하면 최초의 일탈이나 갈등을 감소시키는 작용을 한다.

03 (22-04-11) 가족 항상성은 가족구성원들이 현재 상태를 유지하고자 하는 것이다.

04 (22-04-11) 가족 내에는 구성원들이 경계를 가지고 각자의 기능을 수행해가는 하위체계들이 있다.

05 (22-04-11) 피드백은 가족이 사회환경과 환류를 주고 받으며 변화를 도모하는 것이다.

06 (22-04-11) 순환적 인과관계는 가족 한 사람의 행동이 다른 구성원에게 영향을 주어 가족 전체의 변화와 연결된다는 것이다.

07 (22-04-15) 저출산 시대에는 무자녀 부부가 증가한다.

08 (22-04-15) 사회변화에 따라 가족 형태가 다양해지는 경향이 있다.

09 (22-04-15) 사회변화에 따라 가족의 세대구성이 단순화되면서 확대가족의 의미가 약화된다.

10 (22-04-15) 사회변화에 따라 양육, 보호, 교육, 부양 등에서 사회 이슈가 발생한다.

11 (21-04-12) 가족성원의 행동은 순환적 인과성의 특성을 갖는다.

12 (21-04-12) 한 사람의 문제는 가족성원 모두에게 영향을 미친다.

13 (21-04-12) 한 가족성원의 개입노력은 가족 전체에 영향을 준다.

14 (21-04-12) 한 가족성원이 보이는 증상은 가족의 문제를 대신해서 호소하는 것으로 본다.

15 (20-04-17) 가족문제의 원인을 구성원 간 상호작용에서 찾는 것을 순환적 인과관계라고 한다.

16 (20-04-17) 가족은 하위체계이면서 상위체계이기도 하다.

17 (20-04-17) 가족 내 하위체계의 경계유형은 투과성 정도에 따라 나뉠 수 있다.

18 (20-04-17) 가족 규칙은 가족 항상성에 영향을 준다.

19 (19-04-23) 가족체계는 성장과 발전을 추구하면서도 지나친 변화는 제어하며 일정한 안정성을 유지하고자 한다.

20 (18-04-13) 현대 가족은 점차 정서적 기능이 약화되고 있다.

21 (18-04-13) 가족의 현재 모습은 세대 간 전승된 통합과 조정의 결과물이다.

22 (17-04-10) 환류고리는 가족규범이 유지되거나 변화되는 과정을 설명하는 개념이다.

23 (17-04-15) 사회변화에 따라 가족의 구조와 기능도 변화한다.

24 (17-04-15) 위기 시 가족은 역기능적 행동을 보일 수도 있지만 가족탄력성을 보일 수도 있다.

25 (17-04-15) 가족은 가족항상성을 통해 다른 가족과 구별되는 정체성을 갖는다.

26 (16-04-05) 가족체계의 순환적 인과성은 가족구성원이 많을 때 더욱 복잡한 양상을 띤다.

27 (16-04-05) 가족체계의 순환적 인과성은 상호 영향을 주고받는 과정에서 나타나는 현상이다.

28 (16-04-05) 가족의 순환적 인과성을 살펴봄으로써 가족의 문제가 유지되는 상호작용 과정을 파악하여 문제를 해결할 수 있다.

29 (16-04-09) 현대사회에서 가족의 규모 및 기능은 축소되고 있다.

30 (16-04-09) 현대사회에서는 가족의 형태가 다양해짐에 따라 생활주기도 변화하고 있다.

31 (15-04-02) 가족항상성은 가족규칙을 활성화하여 지속적인 관계를 유지하도록 한다.

32 (13-04-09) 가족은 다세대에 걸친 역사성의 산물이다.

33 (13-04-09) 가족은 가족마다 권력구조와 의사소통 형태를 갖고 있다.

34 (13-04-09) 가족구성원 간 상호 영향은 지속적으로 나타난다.

35 (13-04-15) 가족 하위체계 간 경계가 모호하면 가족끼리 밀착되기 쉽다.

36 (12-04-19) 순환적 인과성은 체계적 관점에서 악순환적인 연쇄고리를 파악한다.

37 (12-04-19) 순환적 인과성은 문제의 원인보다는 현재의 상호적 인과관계를 살펴본다.

38 (12-04-19) 순환적 인과성에 따르면, 문제를 일으킨 성원 또는 다른 성원의 변화를 통해 가족의 역기능적 문제를 해결할 수 있다.

39 (12-04-20) 현대사회에는 평균수명의 연장으로 가족의 생애주기가 길어지고 있다.

40 (12-04-20) 단독가구 및 무자녀가구가 증가하면서 비전통적인 가족 유형이 늘고 있다.

41 (12-04-22) 별거가족은 협력적 부모관계가 지속되도록 해야 한다.

42 (12-04-22) 다세대가족은 하위체계의 구성 및 조정에 초점을 두어야 한다.

43 (11-04-28) 가족은 나름대로의 유형화된 생활방식을 갖고 있다.

44 (11-04-28) 가족권력이 어떤 한 가족구성원에게 치우쳐 있으면 갈등가족이 될 수 있다.

45 (10-04-13) 순환적 인과성을 따르면, 가족의 변화를 위해서는 문제가 유지되는 상호작용 과정을 이해해야 한다.

46 (09-04-25) 가족은 지역사회의 하위체계이다.

47 (09-04-25) 가족은 항상성을 유지하려는 속성이 있다.

48 (08-04-02) 가족규칙은 가족원의 지위, 역할, 가족의식을 규정한다.

49 (08-04-23) 가족 내 권력구조와 규범이 존재한다.

대표기출 확인하기

23-04-17 난이도 ★★★

체계론적 관점에서 가족에 관한 설명으로 옳은 것은?

① 가족의 항상성은 어떤 행동이 허용되는가를 결정하는 가족규칙을 통해 공고해진다.
② 일탈행동이나 갈등상황에 대해 부적 환류를 적용하면 최초의 일탈이나 갈등을 증폭시키는 작용을 한다.
③ 가족은 상위체계와는 독립적으로 존재하며 그 안에 다양한 하위체계를 포함한다.
④ 경직된 경계를 가진 가족은 독립성과 자율성이 결여되어 있다.
⑤ 부모-자녀 하위체계는 가족을 이끄는 책임을 지는 하위체계로 권위를 갖는 것이 중요하다.

알짜확인

• 가족항상성, 가족경계, 순환적 인과성 등 체계이론을 바탕으로 가족을 살펴보는 다양한 개념들을 정리해두어야 한다.
• 현대가족의 특징 및 가족형태의 변화를 살펴보는 문제도 출제되며, 가족생활주기의 개념을 파악해두는 것도 필요하다.

답 ①

응시생들의 선택

① 31%	② 13%	③ 11%	④ 36%	⑤ 9%

② 일탈행동이나 갈등상황에 대해 부적 환류를 적용하면 최초의 일탈이나 갈등을 증폭시키는 작용을 하는 것이 아니라 감소시키는 작용을 한다.
③ 가족 안에는 부부 하위체계, 부모자녀 하위체계, 형제자매 하위체계 등 다양한 하위체계를 포함한다. 그러나 가족은 확대가족이나 지역사회 등 상위체계와 상호영향을 주고받기 때문에 상위체계와 독립적으로 존재한다는 것은 옳지 않다.
④ 가족의 독립성과 자율성이 결여되어 있는 경계는 경직된 경계가 아닌 혼돈된 경계(밀착된 경계)가 갖는 특성이다.
⑤ 가족을 이끄는 책임을 지는 하위체계로 권위를 갖는 것이 중요한 것은 부모-자녀 하위체계가 아니고 부모 하위체계이다.

관련기출 더 보기

19-04-23 난이도 ★★☆

가족대상 사회복지실천에 관한 설명으로 옳은 것은?

① 누가 가족문제를 일으키는 원인제공자인지 확인하기 위해 순환적 인과관계를 적용한다.
② 동귀결성을 적용하여 어떤 결과에 어떤 하나의 원인이 작용하였는지를 밝힌다.
③ 가족은 사회환경의 하위체계이나 그 내부는 하위체계가 없는 세계이다.
④ 가족체계는 성장과 발전을 추구하면서도 지나친 변화는 제어하며 일정한 안정성을 유지하고자 한다.
⑤ 일차적 사이버네틱스에서 가족은 스스로 창조하고 독립된 실제이며 사회복지사를 가족과 완전 분리된 사람으로 보지 않는다.

답 ④

응시생들의 선택

① 17%	② 3%	③ 1%	④ 75%	⑤ 4%

④ '가족체계는 성장과 발전을 추구하면서도 지나친 변화는 제어하며 일정한 안정성을 유지하고자 한다'는 것은 옳은 설명으로 가족항상성의 개념에 해당한다.

① 순환적 인과관계는 한 사람의 문제는 다른 사람에게, 가족 전체에게 영향을 주고 그 영향은 다시 그 사람에게 영향을 미치기 때문에 가족의 문제는 순환적으로 일어난다는 개념이다. 따라서 문제의 원인 혹은 원인제공자가 누구인지보다는 문제를 지속시키는 상호작용에 초점을 둔다.
② 동귀결성은 각기 다른 원인들이 같은 결과를 가져올 수 있음을 말한다.
③ 가족 내부에도 부부 체계, 부모 체계, 부모-자녀 체계, 형제-자매 체계 등 다양한 하위체계가 있다.
⑤ 일차적 사이버네틱스는 전문가가 가족 내부에서 발생하는 현상에 영향을 주지 않으면서 객관적 시각에서 관찰할 수 있다고 보는 입장이다. 이차적 사이버네틱스는 전문가는 관찰자로서 관찰을 당하는 가족체계와 상호작용이 일어난다고 보며, 이로 인해 동일한 가족을 관찰하더라도 관찰자에 따라 다르게 파악될 수 있다는 것이다.

가족의 특성에 관한 설명으로 옳은 것을 모두 고른 것은?

> ㄱ. 사회변화에 민감한 체계이다.
> ㄴ. 현대 가족은 점차 정서적 기능이 약화되고 있다.
> ㄷ. 가족의 현재 모습은 세대 간 전승된 통합과 조정의 결과물이다.
> ㄹ. 기능적인 가족은 응집성과 적응성, 문제해결력이 높은 가족이다.

① ㄱ, ㄷ   ② ㄴ, ㄹ
③ ㄱ, ㄴ, ㄷ   ④ ㄴ, ㄷ, ㄹ
⑤ ㄱ, ㄴ, ㄷ, ㄹ

답 ⑤

✅ 응시생들의 선택

① 4%	② 9%	③ 8%	④ 18%	⑤ 61%

가족의 특성에 관한 설명으로 모두 옳은 내용이다.

가족생활주기에 관한 설명으로 옳지 않은 것은?

① 가족구조와 발달과업의 변화를 파악하는 데 활용한다.
② 가족생활주기를 파악하기 위해 가족의 생태도를 작성한다.
③ 가족이 형성된 시점부터 배우자 사망에 이르기까지의 생활변화를 볼 수 있다.
④ 가족이 발달하면서 경험하게 될 사건이나 위기를 예측하는 데 도움이 된다.
⑤ 가족생활주기의 단계는 가족유형이나 사회문화적 배경에 따라 상이할 수 있다.

답 ②

✅ 응시생들의 선택

① 2%	② 69%	③ 9%	④ 17%	⑤ 3%

② 생태도는 개인 및 가족의 사회적 맥락과 개인 및 가족을 둘러싼 사회체계들과의 상호작용을 보는 데 적절한 사정도구로서 가족생활주기는 파악하기 어렵다.

가족 내부의 역동성에 관한 설명으로 옳은 것은?

① 이중구속(double binds)은 가족의 응집 정도를 나타낸 것이다.
② 일치형 의사소통은 객관적 사실과 정확한 논리에 기초한 의사소통 행위이다.
③ 가족 하위체계 간 경계가 모호하면 그 관계가 소원해진다.
④ 전문가의 가족개입과정에서 가족의 항상성이 작동될 수 있다.
⑤ 부적 피드백은 가정 내 일탈행동을 증폭시킨다.

답 ④

✅ 응시생들의 선택

① 7%	② 18%	③ 13%	④ 56%	⑤ 7%

① 이중구속은 역기능적 의사소통 형태를 띠며, 언어적 수준과 비언어적 수준이 다른 상호 모순적인 메시지를 보내는 것이다.
② 일치형 의사소통은 언어적 메시지와 비언어적 메시지가 일치하고 메시지가 분명하고 직접적이며, 사람을 비난하지 않으면서 행위를 평가하고 방향 제시를 할 수 있는 기능적 의사소통이다.
③ 가족 하위체계 간 경계가 모호하면 가족끼리 밀착되기 쉽다.
⑤ 일탈행동이 지속되거나 증폭되도록 하는 것은 정적 피드백(환류)이다. 부적 피드백(환류)은 일탈이나 위기상황으로 더 이상 진전되는 것을 멈추고 원래의 상태로 되돌아가게 하는 작용을 한다.

순환적 인과성에 관한 설명으로 옳지 않은 것은?

① 파문효과(ripple effect)와 관련이 있다.
② 체계적 관점에서 악순환적인 연쇄고리를 파악한다.
③ 문제의 외현화(externalization)를 위해 사용되는 개념이다.
④ 문제의 원인보다는 현재의 상호적 인과관계를 살펴본다.
⑤ 문제를 일으킨 성원 또는 다른 성원의 변화를 통해 가족의 역기능적 문제가 해결된다.

답 ③

✅ 응시생들의 선택

① 13%	② 6%	③ 51%	④ 20%	⑤ 9%

③ 문제의 외현화는 이야기치료의 개입기법으로서 순환적 인과성과는 거리가 멀다.

다음 내용이 왜 틀렸는지를 확인해보자

01 가족 대상 실천은 가족원 중 **문제의 원인 제공자를 확인**하는 것이 주요 목표이다.

> 가족의 문제는 순환적 인과관계가 있으므로 문제의 원인을 찾는 것보다 문제가 유지되는 가족의 상호작용에 초점을 둔다.

13-04-09

02 가족 내에서 가족원들은 저마다 공식적, 비공식적 **역할들이 고정되어 있다.**

> 가족원들은 가족 내에서 저마다의 역할을 수행하게 되는데 이는 생애 사건, 가족생활주기 등 다양한 영향을 받으며 변화한다.

21-04-12

03 가족개입에 있어 가족문제의 원인은 **단선적 관점**으로 파악해야 한다.

> 가족문제의 원인은 순환적 관점으로 파악해야 한다.

11-04-28

04 가족응집력이 높을수록 가족구성원들의 **독립성과 자율성이 커진다.**

> 가족응집력이 지나치게 높으면 가족구성원 간 밀착관계가 형성되어 독립성과 자율성이 결여될 수 있다.

15-04-02

05 부모-자녀 관계는 **밀착된 경계를 가진 관계일수록 기능적**이다.

> 지나친 밀착 관계에서는 독립심과 자율성이 결여될 수 있다는 점에서 역기능적이다.

16-04-05

06 순환적 인과성은 가족체계 내 문제가 **세대 간 전이를 통해 나타남**을 의미한다.

> 순환적 인과성은 세대 간 전이의 개념은 아니다. 현재 가족원 사이에서 상호영향을 줌으로써 문제가 지속되는 현상을 일컫는 개념이다.

다음 내용이 옳은지 그른지 판단해보자

22-04-15
01 단독으로 생계를 유지하는 경우는 가구의 범위에 속하지 않는다. ◎ ⊗

07-04-06
02 독신가족, 동거가족, 다문화가족 등 다양한 가족의 형태가 증가하고 있다. ◎ ⊗

12-04-20
03 현대사회에서는 자녀의 결혼시기가 늦어짐에 따라 빈둥지 시기도 늦춰지고 있다. ◎ ⊗

15-04-02
04 가족생활주기가 변해도 역할분담은 고정되어 있는 것이 적응적이다. ◎ ⊗

10-04-17
05 가족생활주기는 모든 가족은 동일한 단계를 거쳐 발달함을 전제로 한다. ◎ ⊗

10-04-01
06 과거에 가족이 수행했던 기능이 상당 부분 사회로 이양되었다. ◎ ⊗

10-04-13
07 가족체계의 순환적 인과성 개념은 가족 문제의 원인을 단편적으로 파악하여 개입을 용이하게 한다. ◎ ⊗

17-04-10
08 1차 수준 사이버네틱스는 전문가가 가족 내부의 의사소통과 제어과정을 객관적으로 발견할 수 있다는 개념이다. ◎ ⊗

17-04-10
09 환류고리를 통해 가족규범이 유지되거나 변화되는 과정을 설명할 수 있다. ◎ ⊗

답 01 ✕ 02 ○ 03 ○ 04 ✕ 05 ✕ 06 ○ 07 ✕ 08 ○ 09 ○

해설 **01** 가구(家口)는 같은 공간에서 취사를 함께하고 있는 사람들이라는 의미이지만, 혼자 사는 사람이 증가하면서 1인 가구라는 표현도 사용되고 있다.
04 가족생활주기의 변화에 따라 가족원이 수행해야 할 역할도 달라지는 것이 적응적이다.
05 가족생활주기는 부부의 결혼 연령, 자녀출산 시기, 자녀의 수나 독립 시기, 부부의 은퇴 혹은 사망 등에 의해서도 다르게 나타날 수 있다.
07 순환적 인과성은 모든 행위는 다른 행위의 한 가지 원인이 되면서 동시에 결과가 된다고 보는 것이다. 이 개념을 가족문제에 적용하면 문제의 원인과 결과를 단편적으로 파악하는 것이 아니라 가족의 상호작용을 통해 문제가 유지되는 양상에 초점을 두고 개입하게 되는 것이다.

가족문제 사정

앞서 7장에서 학습한 가족과 관련한 주요 개념들을 바탕으로 가족문제를 어떤 차원에서 어떻게 살펴볼 것인지 와 관련해 정리하는 장이다. 가계도, 생태도 등 가족을 사정하기 위한 도구들의 각 특징을 파악해두어야 하며, 이 는 실천론을 통해서도 출제되곤 한다.

10년간 출제분포도

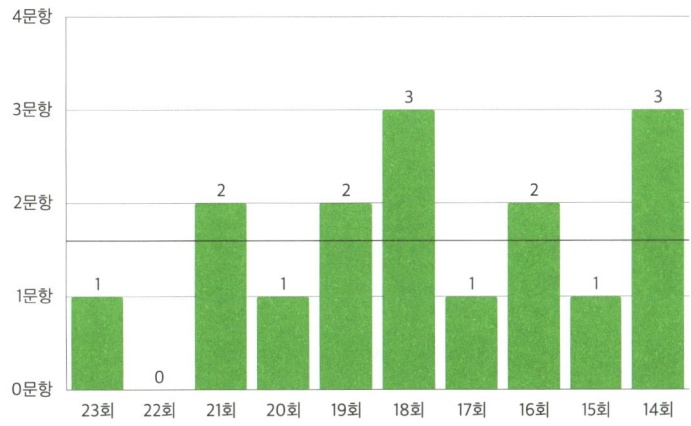

평균 출제문항수

가족사정도구

강의 QR코드

최근 10년간 **9문항** 출제

복습
1

이론요약

 20회 기출   19회 기출

가계도

- 가족치료에서 사용되는 도표 혹은 그림
- 보통 3세대 이상, 적어도 2세대 이상에 걸친 가족관계를 묘사함
- 개인 인적 사항 및 사회적 정보 표시
- 각 구성원 간의 관계를 선으로 표시
- 세대에 걸쳐 반복적으로 나타나는 문제나 양상을 파악할 수 있음

기본개념

사회복지실천기술론
pp.173~

생태도

- 클라이언트 및 클라이언트와 관련된 사람, 환경의 영향과 그 상호작용의 변화를 묘사하기 위해 사용
- 환경 속 인간 관점을 바탕으로 함
- 다양한 선 모양을 통해 가족 성원과 환경과의 관계를 표시

가족조각

- 공간 속에서 가족구성원들의 몸을 이용해 가족의 상호작용 양상을 표현함으로써 가족에 대한 이해를 돕는 기법
- 가족조각을 통해 가족원들이 역기능적 가족연합을 인식할 수 있게 하여 가족관계를 재조정할 수 있도록 함
- 가족조각을 실행할 때에는 서로 이야기하거나 웃지 않도록 하며, 조각이 끝난 후에 이에 대한 이야기를 나누며 감정적 피드백이 이루어질 수 있도록 함
- 하위체계의 양상, 융합 또는 소원한 관계, 지배-복종의 관계, 가족규칙의 양상 등을 파악

생활력도표

- 클라이언트의 생애에서 중요한 사건이나 시기를 중심으로 연대기적으로 작성
- 원이나 화살표 등 기호를 이용하지 않고 도표로 제시

생활주기표

- 클라이언트 및 가족구성원의 발달단계와 주요 과업을 하나의 표로 나타낸 것
- 개별 성원이 현재 위치해 있는 발달단계 및 과업, 위기 등을 한눈에 볼 수 있도록 정리

사회적 관계망표

- 개인 혹은 가족의 **사회적 지지체계**를 사정하는 도구
- 사회적 관계망을 그림이나 표로 보여줌으로써 가족의 관계망을 전체적으로 볼 수 있게 함
- 지지의 유형 및 지지의 방향, 개인적 친밀감 정도, 접촉 빈도, 관계된 기간 등을 표로 작성

기출문장 CHECK

01 (20-04-18) 자녀의 입장에서 가족조각을 진행함으로써 자녀가 인식하는 가족관계를 탐색할 수 있다.

02 (20-04-18) 생활력표를 활용하여 현재 어려움에 영향을 주는 발달단계 상의 경험을 이해할 수 있다.

03 (19-04-15) 가족조각은 어느 시점에서의 인간관계, 타인에 대한 느낌과 감정을 동작과 공간을 사용하여 표현하는 비언어적 기법이다.

04 (19-04-19) 가계도를 통해 가족 내 삼각관계, 지배적인 주제와 가족구조의 변화, 가족 내 반복적으로 나타나고 있는 사건의 연결성 등을 분석할 수 있다.

05 (18-04-15) 가계도에서는 세대를 통해 반복되는 패턴 분석, 가족구성원에 대한 객관적 정보 파악, 가족기능의 불균형 및 이에 기여하는 요인 분석, 가족구성원별 인생의 중요사건과 이에 대한 다른 가족구성원의 역할 분석 등이 가능하다.

06 (17-04-03) 생활력표를 활용하여 현재의 기능수행에 영향을 미치는 발달단계상 생활경험을 이해한다.

07 (17-04-03) 가족조각은 가족역동을 시각적으로 표현하여 구성원의 인식을 파악하는 도구이다.

08 (16-04-08) 가족조각 기법은 가족의 상호작용 양상을 공간 속에 배치하는 방법이다.

09 (16-04-08) 가족조각 기법은 가족 내 숨겨져 표현되지 못했던 감정이나 가족규칙 등이 노출될 수 있다.

10 (15-04-08) 사회적 관계망표로 사회적 관계에서의 지지 유형과 정도를 파악한다.

11 (14-04-21) 사회적 관계망표는 사회적 지지의 유형을 구분하고 가족의 환경과 필요한 자원을 파악하는 데 유용하다.

12 (12-04-18) 부부상담에서 부인이 성장기에 겪었던 주요 생애경험을 파악하기 위해 가족생활력표를 사용한다.

13 (11-04-27) 가계도를 통해 가족 내 하위체계 간 경계의 속성, 가족 내 삼각관계, 종단·횡단, 종합·통합적인 가족의 속성, 가족구성원 역할과 기능의 균형상태 등을 파악할 수 있다.

14 (11-04-27) 가계도에서는 개인 및 가족이 환경과의 교류를 알 수 없다.

15 (10-04-08) 생태도로 주변 체계와의 상호작용을 파악할 수 있다.

16 (10-04-08) 가계도를 통해 세대 간 전수되는 가족의 특징이나 반복되는 사건 등을 파악할 수 있다.

17 (09-04-07) 가계도를 통해 세대 간 반복되는 유형을 분석할 수 있다.

18 (09-04-07) 생활주기표는 가족성원의 발달단계별 수행 과제를 파악한다.

19 (09-04-07) 생태도는 가족에게 부족한 자원과 보충되어야 할 자원을 알아볼 수 있다.

20 (09-04-07) 생활력표는 가족원의 중요사건이나 문제를 발견하는 데에 적합하다.

21 (08-04-24) 가계도에서 소원한 관계는 점선(---------)으로 표시한다.

22 (06-04-21) 가족을 사정하기 위한 도구로 생태도, 가계도, 사회적 관계망 등을 활용할 수 있다.

23 (03-04-20) 생태도에서 실선은 긍정적 관계를 의미한다.

24 (02-04-10) 생활력도표는 가족구성원의 삶에서 중요한 사건이나 문제를 시계열적으로 나열한 것이다.

25 (01-04-08) 가계도에는 가족 구성원의 약물남용 경험이 기록된다.

대표기출 확인하기

20-04-18 난이도 ★★☆

자녀양육의 어려움을 호소하는 가족의 사정도구에 관한 설명으로 옳지 않은 것은?

① 가계도를 활용하여 구성원 간 관계를 파악한다.
② 생태도를 통해 회복탄력성과 문제해결능력을 확인한다.
③ 양육태도척도를 활용하여 문제가 되는 부분을 탐색한다.
④ 자녀 입장의 가족조각으로 자녀가 인식하는 가족관계를 탐색한다.
⑤ 생활력표를 활용하여 현재 어려움에 영향을 주는 발달단계 상의 경험을 이해한다.

▶ 알짜확인

• 가계도, 생태도 등을 비롯해 가족사정에서 활용할 수 있는 다양한 도구들에 대해서 살펴봐야 한다. 특히 가계도에서는 환경체계를 알 수 없다는 점은 자주 출제된 내용이다.
• 어떤 상황에서 어떻게 적용함으로써 무엇을 파악해낼 수 있느냐에 초점을 두어 각 사정도구를 정리해두도록 하자.

답 ②

✔ 응시생들의 선택

① 3%	② 61%	③ 8%	④ 10%	⑤ 18%

② 생태도는 가족을 둘러싼 환경체계를 살펴보기 위한 사정도구이다.

관련기출 더 보기

19-04-19 난이도 ★★☆

가계도를 통한 분석 내용으로 옳은 것을 모두 고른 것은?

> ㄱ. 가족 내 삼각관계
> ㄴ. 지배적인 주제와 가족구조의 변화
> ㄷ. 가족이 위치한 지역사회의 안정성과 쾌적성
> ㄹ. 가족 내 반복적으로 나타나고 있는 사건의 연결성

① ㄴ   ② ㄱ, ㄴ
③ ㄱ, ㄹ   ④ ㄱ, ㄴ, ㄹ
⑤ ㄱ, ㄴ, ㄷ, ㄹ

답 ④

✔ 응시생들의 선택

① 5%	② 12%	③ 14%	④ 66%	⑤ 3%

ㄷ. 가계도는 3세대 이상의 가족에 대한 분석으로 가족을 둘러싼 환경체계에 대해서는 알 수 없다.

가계도를 통한 사정 내용
• 가족관계 구조
• 결혼, 이혼, 재혼, 질병, 사망 등 중요한 생활사건
• 종교, 직업 등 인구사회학적 특성
• 가족 내에서 반복되는 정서적·행동적 패턴 및 성원 간의 관계
• 여러 세대에 걸쳐 발전된 가족 구성원의 역할 및 유형

가계도 분석에 관한 설명으로 옳은 것을 모두 고른 것은?

> ㄱ. 세대를 통해 반복되는 패턴 분석
> ㄴ. 가족구성원에 대한 객관적 정보를 파악
> ㄷ. 가족기능의 불균형과 그것에 기여하는 요인 분석
> ㄹ. 가족구성원별 인생의 중요사건과 이에 대한 다른 가족 구성원의 역할 분석

① ㄹ
② ㄱ, ㄷ
③ ㄴ, ㄹ
④ ㄱ, ㄴ, ㄷ
⑤ ㄱ, ㄴ, ㄷ, ㄹ

답 ⑤

✅ **응시생들의 선택**

① 1%	② 5%	③ 4%	④ 66%	⑤ 24%

가계도 분석에 관한 설명으로 모두 옳은 내용이다.

가족사정도구에 관한 설명으로 옳은 것을 모두 고른 것은?

> ㄱ. 생태도는 진행과정과 종결과정에서도 활용한다.
> ㄴ. 생활력표를 활용하여 현재의 기능수행에 영향을 미치는 발달단계상 생활경험을 이해한다.
> ㄷ. 소시오그램은 가족 구성원의 사회적 활동을 측정하는 도구이다.
> ㄹ. 가족조각은 가족역동을 시각적으로 표현하여 구성원의 인식을 파악하는 도구이다.

① ㄱ, ㄷ
② ㄱ, ㄹ
③ ㄴ, ㄷ
④ ㄱ, ㄴ, ㄹ
⑤ ㄱ, ㄴ, ㄷ, ㄹ

답 ④

✅ **응시생들의 선택**

① 1%	② 10%	③ 6%	④ 51%	⑤ 32%

ㄷ. 소시오그램은 집단사정도구로 대인관계에서 끌리는 정도를 측정한다. 소시오그램에서는 집단성원 간 선호도와 무관심, 배척하는 정도와 유형을 파악할 수 있으며 하위집단 형성 여부를 알 수 있다.

가족사정 기법 중 가족조각을 통해 파악할 수 있는 것을 모두 고른 것은?

> ㄱ. 가족 간의 친밀도
> ㄴ. 가족규칙
> ㄷ. 가족성원들의 감정
> ㄹ. 가족의 교육 수준

① ㄱ, ㄴ, ㄷ
② ㄱ, ㄷ
③ ㄴ, ㄹ
④ ㄹ
⑤ ㄱ, ㄴ, ㄷ, ㄹ

답 ①

✅ **응시생들의 선택**

① 56%	② 40%	③ 1%	④ 1%	⑤ 2%

가족조각을 통해 가족 내의 관계, 가족규칙, 가족동맹, 친밀도, 감정, 문제 등을 알 수 있다. 하지만, 교육 수준은 알 수 없다.

가족 사정에 관한 설명으로 옳지 않은 것은?

① 가족이 제공하는 정보 이외에 가족의 실제 상호작용을 파악해야 한다.
② 가족 상호작용에 관한 새로운 정보로 인해 초기의 사정 내용이 변화할 수 있다.
③ 가계도를 통해 세대 간 전수되는 가족의 특징이나 반복되는 사건 등을 파악할 수 있다.
④ 사회관계망표를 활용하여 가족 내 규칙을 파악할 수 있다.
⑤ 생태도로 주변 체계와의 상호작용을 파악할 수 있다.

답 ④

✅ **응시생들의 선택**

① 3%	② 4%	③ 7%	④ 85%	⑤ 1%

④ 사회적 관계망표는 개인 혹은 가족의 사회적 지지체계를 살펴보는 것으로, 가족 내 규칙을 파악할 수는 없다.

다음 내용이 **왜 틀렸는지**를 확인해보자

07-04-05

01 가계도를 작성할 때에는 가족에 영향을 미치는 **외부자원에 관한 정보**를 다룬다.

> 가계도에는 가족에게 영향을 미치는 외부자원에 대한 정보는 담기지 않는다.

03-04-20

02 생태도에서 **실선의 굵기가 갖는 의미는 없다.**

> 실선이 굵을수록 강한 긍정의 관계이다.

15-04-08

03 생태도는 **세대 간 반복되는 유형을 파악**하는 데에 적합하다.

> 생태도는 개인 및 가족의 사회적 맥락과 가족을 둘러싼 사회체계들과의 상호작용 상태를 살펴보는 도구이다.

14-04-21

04 소시오그램은 집단 성원들 간의 관계를 파악하고 **가족의 환경과 필요한 자원을 파악**하는 데에 유용하다.

> 가족의 환경과 필요한 자원을 파악하기 위한 도구는 사회적 관계망표이다.

01-04-08

05 가계도를 통해 가족 구성원들이 **특정 시기에 경험한 내용을 파악**할 수 있다.

> 특성 시기에 가족이 겪은 문제를 파악하는 도구는 생활력표이다. 가계도는 3세대에 걸친 가족관계를 도표로 정리하면서 세대에 걸쳐서 반복적으로 나타나는 문제나 양상을 파악하는 도구이다.

12-04-18

06 부부상담에서 부인이 성장기에 겪었던 주요 생애경험을 파악하기 위해서는 **생태도를 작성**하도록 한다.

> 생태도는 현재 클라이언트와 관련된 사람, 환경과의 상호작용을 파악하기 위해 작성하는 사정도구로, 생애경험이 드러나지는 않는다.

다음 내용이 옳은지 그른지 판단해보자

19-04-15

01 어느 시점에서의 인간관계, 타인에 대한 느낌과 감정을 동작과 공간을 사용하여 표현하는 비언어적 기법은 가족조각이다.

02-04-10

02 생활력도표는 아동과 청소년을 대상으로 한 활동에서 특히 유용하게 사용된다.

11-04-27

03 가계도를 통해 가족과 환경 간의 교류를 파악할 수 있다.

07-04-17

04 생태도를 통해 가족과 외부자원과의 관계를 알아볼 수 있다.

05 생태도는 개입이 진행되는 기간 중에 변화를 확인하기 위해 반복하여 사용할 수 있다.

16-04-08

06 가족조각에서 가족을 조각한 사람은 객관성을 유지하기 위해 조각에서 제외한다.

05-04-27

07 특정 시기에 가족이 겪은 문제는 사회적 관계망표를 통해 사정한다.

08 가계도, 생태도, 사회적 관계망표, 소시오그램 등은 가족을 사정하기 위한 도구로 활용된다.

13-04-03

09 가계도를 통해 가족의 구조 및 구성, 구성원의 역할 및 기능 등을 살펴볼 수 있다.

13-04-03

10 가계도를 통해서 가족과 환경 간 경계의 속성을 파악할 수 있다.

답 01 ○ 02 ○ 03 ✕ 04 ○ 05 ○ 06 ✕ 07 ✕ 08 ✕ 09 ○ 10 ✕

해설 **03** 가계도는 3세대 이상에 걸친 가족성원에 관한 정보와 성원 간 관계를 도표화한 것으로 가족과 환경 간의 관계가 표시되지는 않는다.
06 가족 중 한 사람이 조각가가 되어 다른 구성원들을 조각한 후 조각가 자신도 적정한 위치와 모습으로 자리를 잡는다.
07 사회적 관계망표는 현재 클라이언트의 사회적 지지체계를 사정하는 도구로 관계, 지지 유형, 접촉 빈도, 관계를 맺은 기간 등을 도표로 정리한다.
08 소시오그램은 집단 성원 간의 관계, 하위집단의 형성, 상호 간의 태도 등에 대해 알아보는 집단 사정도구이다.
10 가계도는 가족과 환경과의 관계를 살펴보는 도구는 아니기 때문에 그 경계의 속성을 파악할 수 없다.

KEYWORD

110

가족사정의 요소들

강의 QR코드

1 회독
월 일

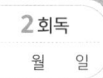
2 회독
월 일

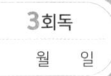
3 회독
월 일

최근 10년간 **7문항** 출제

복습
1 **이론요약**

23회 기출

21회 기출

가족의 기능

기본개념

사회복지실천기술론
pp.160~

▶ **기능적 가족**
- 명확한 경계, 개방형 가족
- 자율성, 독립성, 신뢰감
- 가족 규칙 및 역할의 유연성

▶ **역기능적 가족**
- 경직된 경계 및 모호한 경계, 폐쇄형 가족 및 방임형 가족
- 지나친 무관심 혹은 지나친 간섭 · 집착
- 가족 규칙 및 역할의 고정화
- 혼란스럽고 애매모호한 의사소통 혹은 의사소통의 단절

가족사정의 4가지 차원

- 가족이 제시하는 문제
- 생태학적 사정
- 세대 간 사정
- 가족 내부 사정

가족의 경계

▶ **내부경계 사정: 경직된 경계, 모호한 경계는 명확한 경계로!**
- 경직된 경계: 유리된 가족. 가족의 응집력 · 결속력이 낮아 문제해결이 어려움
- 모호한 경계: 혼돈된 경계. 밀착된 가족. 개인의 주관이 무시되며 획일적인 생각이 강요됨

▶ **외부경계 사정: 폐쇄형 가족, 방임형 가족은 개방형 가족으로!**
- 폐쇄형: 가족 내의 권위자가 외부와의 경계를 일방적으로 통제하며 가족문제에 대한 외부의 도움을 차단하여 더 큰 혼란이 야기됨
- 방임형: 외부와의 교류에 제한이 없고 가족 경계선의 방어가 없어 가족에 영향을 미치는 외부의 문제에 대해 적절하게 대처하기 어려움

가족 간 의사소통

▶ 기능적 의사소통

• 개방적, 직접적, 명확한 표현으로 자유롭게 소통
• 나 전달법(I-message): '나'를 주어로 자신의 감정을 표현하는 방식으로 상대방을 존중하면서 자신의 주장을 전달

▶ 역기능적 의사소통

• 회피, 비난, 애매모호하고 간접적인 방식으로 원활한 소통이 어려움
• 이중구속(double-bind): 모순되는 메시지가 동시에 나타나 듣는 사람이 어떤 메시지에 반응해야 하는지 혼란스러워짐

기타 가족사정에서 살펴봐야 할 사항

• 가족규칙의 내용, 적합성, 융통성
• 가족역할의 유연성, 부모화, 희생양
• 가족 내 의사소통에서 나타나는 구두점 확인
• 그 밖에 권력구조, 가족신화, 가족의 강점 등

기출문장 CHECK

01 (23-04-18) 기능적인 가족은 가족규칙을 융통성 있게 적용한다.

02 (23-04-18) 밀착된 가족은 경계의 투과성이 높아 체계 긴 구분이 어렵디.

03 (21-04-15) 하위체계의 경계가 희미한 경우에는 감정의 합일현상이 증가한다.

04 (21-04-16) 가족사정은 가족이 제시하는 문제, 생태학적 사정, 세대 간 사정, 가족내부 간 사정으로 이루어진다.

05 (11-04-29) 방임형 가족은 가족 외부와의 구분이 거의 없다.

06 (11-04-29) 유연한 경계를 가진 가족은 구성원 간 경계가 분명하다.

07 (11-04-29) 유리된 가족은 구성원 간 경계가 경직되어 있다.

08 (07-04-08) 가족사정에는 가족 내 하위체계 간 경계, 가족 내 규칙, 가족 내 의사소통의 상호작용 등이 포함된다.

09 (05-04-22) 가족을 사정할 때에는 가족역할, 가족규범, 가족문화 등을 살펴봐야 한다.

10 (04-04-14) 밀착된 가족은 가족 간 사생활 침해 정도가 높다.

11 (04-04-15) 자녀가 부모의 역할을 하거나 자녀에 대한 부모의 간섭이 지나친 경우 역기능적 문제가 발생할 수 있다.

12 (02-04-21) 명확한 경계를 가진 가족은 구성원 간 경계가 분명하면서도 투과성이 있다.

13 (02-04-21) 가족성원들이 지나치게 밀착되어 있는 가족은 개인의 자아의식이 발달하지 못할 수 있다.

대표기출 확인하기

23-04-18　　　　난이도 ★★★

가족의 구조와 기능에 관한 설명으로 옳은 것을 모두 고른 것은?

> ㄱ. 기능적인 가족은 가족규칙을 융통성 있게 적용한다.
> ㄴ. 부모와 자녀 간의 밀착된 관계는 하위체계 간 균형을 유지하게 한다.
> ㄷ. 밀착된 가족은 경계의 투과성이 높아 체계 간 구분이 어렵다.
> ㄹ. 기능적 가족은 가족성원에게 고정된 역할을 부여하여 혼란을 감소시킨다.

① ㄱ, ㄴ　　　　　　② ㄱ, ㄷ
③ ㄴ, ㄷ　　　　　　④ ㄴ, ㄷ, ㄹ
⑤ ㄱ, ㄴ, ㄷ, ㄹ

▶ 알짜확인

- 가족경계, 의사소통의 방식, 가족규범, 가족역할, 가족생활주기 등 가족사정에서 살펴봐야 할 요소들을 파악해두자.

답 ②

✔ 응시생들의 선택

① 11%	② 70%	③ 3%	④ 2%	⑤ 14%

ㄴ. 부모와 자녀 간의 밀착된 관계는 하위체계 간 균형을 어렵게 한다. 밀착된 관계는 체계 간에 독립성과 자율성이 결여되므로 건강한 균형을 유지하기 어렵다.
ㄹ. 기능적 가족은 가족성원의 역할분담에 있어 역할 고정화를 하지 않으며, 성원의 능력, 관심, 수행가능 시간 등을 고려하여 민주적으로 가족역할을 배분한다.

관련기출 더 보기

21-04-15　　　　난이도 ★★★

가족경계(boundary)에 관한 설명으로 옳은 것은?

① 하위체계의 경계가 경직된 경우에는 지나친 간섭이 증가한다.
② 하위체계의 경계가 희미한 경우에는 감정의 합일현상이 증가한다.
③ 하위체계의 경계가 경직된 경우에는 가족의 보호 기능이 강화된다.
④ 하위체계의 경계가 희미한 경우에는 가족 간 의사소통이 감소한다.
⑤ 하위체계의 경계가 경직된 경우에는 가족구성원이 독립적으로 행동하기 어렵다.

답 ②

✔ 응시생들의 선택

① 11%	② 49%	③ 3%	④ 19%	⑤ 18%

① 희미한 경우에 지나친 간섭이 증가한다.
③ 경직된 경우에는 가족의 보호 기능이 약화된다.
④ 경직된 경우에 가족 간 의사소통이 감소한다.
⑤ 희미한 경우에 가족구성원이 독립적으로 행동하기 어렵다.

21-04-16　　　　난이도 ★★☆

가족사정에 관한 설명으로 옳은 것을 모두 고른 것은?

> ㄱ. 가족체계가 어떻게 기능하는지 발견하는 것이 목적이다.
> ㄴ. 가족상호작용 유형에 적합한 방법을 찾는 것이다.
> ㄷ. 가족사정과 개입과정은 상호작용적이며 순환적이다.
> ㄹ. 가족이 제시하는 문제, 생태학적 사정, 세대 간 사정, 가족내부 간 사정으로 이루어진다.

① ㄱ, ㄴ　　　　　　② ㄷ, ㄹ
③ ㄱ, ㄴ, ㄷ　　　　④ ㄱ, ㄴ, ㄹ
⑤ ㄱ, ㄴ, ㄷ, ㄹ

답 ⑤

✔ 응시생들의 선택

① 2%	② 4%	③ 7%	④ 5%	⑤ 82%

모두 옳은 내용이다.

1인 가구의 가족사정에 관한 내용으로 옳은 것을 모두 고른 것은?

ㄱ. 원가족 생활주기 파악
ㄴ. 원가족 스트레스와 레질리언스 탐색
ㄷ. 구조적 관점으로 미분화된 경계 파악
ㄹ. 역사적 관점으로 미해결된 과거관계의 잔재 확인

① ㄹ
② ㄱ, ㄷ
③ ㄴ, ㄹ
④ ㄱ, ㄴ, ㄷ
⑤ ㄱ, ㄴ, ㄷ, ㄹ

답 ⑤

✔ 응시생들의 선택

① 12%	② 5%	③ 10%	④ 16%	⑤ 57%

ㄱ. 원가족 생활주기를 파악함으로써 현재 어떤 단계에 있으며, 어떤 과업이 수행되어야 하는지, 그리고 어떤 문제가 있을 수 있는지 등을 살펴볼 수 있다.
ㄴ. 레질리언스는 우리말로 회복탄력성으로 번역되곤 하는데, 어떤 곤란이나 역경에 처했을 때 이를 발판으로 삼아 다시 회복하려는 힘을 말한다. 원가족이 갖는 문제와 함께 문제를 극복하는 방법을 살펴보는 것도 사정의 영역이 된다.
ㄷ. 원가족과의 경계가 밀착적인지 경직적인지를 살펴보고, 클라이언트의 자아분화가 적절히 이루어졌는지에 대해 사정한다.
ㄹ. 이전에 나타났던 문제가 제대로 해결되지 않은 경우 그 여파가 아직 남아있을 수 있으며, 현재의 다른 문제와 연결될 수도 있으며, 이후에 반복적으로 다시 문제로 떠오를 수 있다는 점에서 미해결 문제를 살펴보는 것도 필요하다.

다음의 사례에 나타난 가족 의사소통 내용은?

아버지는 아들에게 "가족회의에서는 자신의 의견을 소신 있게 밝힐 줄 알아야 한다."라고 평소에 강조한다. 그런데 막상 가족회의에서 아들이 자신의 의견을 말하면, "너는 아직 어리니 가만히 있어!"라고 하면서 면박을 준다.

① 구두점
② 이중구속
③ 피드백
④ 역설적 지시
⑤ 이중질문

답 ②

✔ 응시생들의 선택

① 3%	② 69%	③ 1%	④ 27%	⑤ 0%

② 이중구속은 동시에 다른 수준에서 상호 모순되는 메시지를 보냄으로써 듣는 사람이 어떠한 메시지에도 선택적으로 반응할 수 없는 혼란스러운 상황에 놓이게 되는 것을 말한다. 이는 언어적 메시지로 일어나기도 하지만 비언어적 메시지로 나타나기도 한다.

가족 경계에 관한 설명으로 옳은 것은?

① 개방형 가족은 환경과의 경계가 없다.
② 유연한 경계를 가진 가족은 구성원 간 경계가 모호하다.
③ 밀착가족의 구성원 간 경계는 경직되어 있다.
④ 방임형 가족은 가족 외부와의 구분이 거의 없다.
⑤ 유리된 가족에는 가족구성원 간 경계가 없다.

답 ④

✔ 응시생들의 선택

① 1%	② 2%	③ 5%	④ 89%	⑤ 3%

① 개방형 가족: 가족 외부와의 경계가 분명하면서도 정보교환 등이 자유롭게 일어나는 가족. 건강한 가족
② 유연한 경계를 가진 가족은 구성원 간 경계가 분명함
③ 밀착가족의 구성원 간 경계는 모호함
⑤ 유리된 가족에는 가족구성원 간 경계가 경직됨

다음 내용이 왜 틀렸는지를 확인해보자

11-04-29

01 밀착가족의 구성원 간 **경계는 경직되어 있다.**

> 밀착가족의 구성원 간 경계는 모호하다.

11-04-29

02 개방형 가족은 환경과의 **경계가 없다.**

> 개방형 가족은 외부와의 경계가 분명하면서도 적절한 상호작용이 일어난다.

03 이중구속 메세지는 대상자에게 둘 이상의 모순된 메시지가 동시에 주어짐에 따라 **어느 하나에는 반드시 반응해야 하는 상황**을 말한다.

> 이중구속 메세지는 모순된 메시지들 중 어느 하나도 선택할 수 없는 딜레마에 빠지게 만든다.

04 가족 내에서 **자유로운 의사소통은 역기능을 낳을 수 있다.**

> 자유로운 의사소통은 가족원들이 서로 눈치를 보거나 회피하지 않는다는 점에서 기능적이다.

05 가족 간 경계가 명확한 가족은 **상호작용이 적고 가족응집력이 낮다.**

> 상호작용이 적고 가족응집력이 낮은 현상은 가족 간 경계가 경직된 가족에서 나타난다.

10-04-22

06 가족규칙이 가족발달단계에 따라 변화할 때 **역기능적이다.**

> 가족규칙이 가족발달단계에 따라 변화할 때 기능적이다. 가족규칙은 가족발달단계에 따라 변화하는 융통성을 가져야 하며 그렇지 않은 것이 오히려 역기능적이다.

가족 대상 실천기법

이 장에서는

가족을 대상으로 한 주요 실천기법으로 다세대 모델, 구조적 모델, 경험적 모델, 전략적 모델, 해결중심모델 등을 학습한다. 이 다섯 가지 모델들이 모두 빈출인 만큼 어느 하나 소홀히 공부해서는 안 된다. 각 모델의 특징을 정리해두는 것은 기본적인 사항이며, 각 모델에서 제시된 구체적인 개입기법들이 사례형 문제로도 출제되는 만큼 꼼꼼한 공부가 필요하다.

10년간 출제분포도

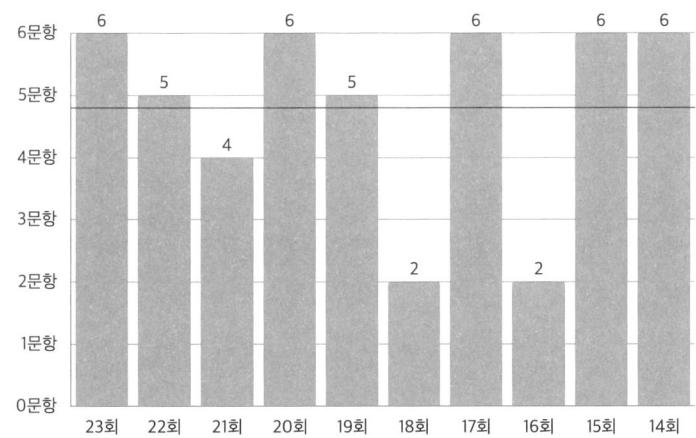

4.8
문항

평균 출제문항수

강의 QR코드

KEYWORD

111

다세대 가족치료

1회독	2회독	3회독
월 일	월 일	월 일

최근 10년간 **6문항** 출제

복습 1 이론요약

23회 기출 22회 기출 20회 기출

주요 특징

- 인간은 부모에 대한 해결되지 않은 정서적인 반응을 가지고 있으며 새로운 깊은 관계를 형성할 때 과거의 유형을 반복하게 된다고 봄
- 건강한 인격을 형성하기 위해서는 **가족에 대한 해결되지 않은 정서적 애착을 적극적으로 해결해야** 함을 강조
- 개입목표: 클라이언트가 미분화된 가족자아 덩어리로부터 벗어날 수 있게 돕는 것, 불안을 경감시켜 **자아분화를 촉진**하는 것

기본개념

사회복지실천기술론
pp.191~

주요 개념 및 개입방법

- **자아분화**: 사고와 감정을 분리하여 자신과 타인을 구분할 수 있는 능력, 한 가족의 정서적 혼란으로부터 자신이 자유로워지는 과정
  - 정신 내적 측면에서의 자아분화: 개인의 지적 측면과 정서적 측면의 분리 또는 구분을 의미
  - 외부(대인)관계적 측면에서의 자아분화: 한 개인이 타인과의 관계에서 확고한 자아 개념 또는 일관된 신념을 갖고 타인과 분리되어 자주적·독립적 행동을 하는 정도
- **삼각관계**: 두 사람 사이에서 스트레스나 긴장관계가 발생했을 때 제3자를 두 사람의 상호작용체계로 끌어들여 긴장의 수준을 완화하려는 것
- 핵가족 정서과정: 해소되지 못한 불안들이 개인에게서 가족에게로 투사되는 것
- 가족투사과정: 부모가 자신들의 문제를 자녀에게 전달하는 과정
- 다세대 전수과정: 가족정서과정(분화수준, 삼각관계, 융합 등)이 그 세대에서 그치는 것이 아니라 대를 이어 전개되는 것
- **탈삼각화**: 가족 내에 형성되어 있는 삼각관계를 벗어남으로써 가족원들이 자아분화되도록 돕는 기술
- **가계도**: 가계도 작성을 통해 다세대에 걸쳐 나타나는 가족문제, 가족 간 갈등 양상, 삼각관계 형성 여부 등을 파악

01 (23-04-15) 보웬(M. Bowen)의 다세대 가족치료에서는 자아분화 수준이 더 낮은 성원이 가족투사의 대상이 된다.

02 (23-04-15) 보웬(M. Bowen)의 다세대 가족치료에서는 가계도를 작성하고 해석하면서 가족의 정서적 과정을 이해한다.

03 (23-04-15) 보웬(M. Bowen)의 다세대 가족치료에서는 성공적인 치료를 위해서 사회복지사가 치료적 삼각관계를 형성하여 개입한다.

04 (22-04-14) 자아분화: 가족의 빈곤한 상황에서도 아동 자녀가 자율적으로 생각하고 행동함

05 (22-04-14) 정서적 체계: 부모의 긴장관계가 아동 자녀에게 주는 정서적 영향을 파악함

06 (22-04-14) 가족투사 과정: 핵가족의 부부체계가 자신들의 불안을 아동 자녀에게 투영하는 과정을 검토함

07 (22-04-14) 다세대 전이: 가족의 관계 형성이나 정서, 증상이 여러 세대에 걸쳐 전수되는 것을 파악함

08 (21-04-17) 보웬의 모델에서는 자아분화라는 개념을 설명하면서 탈삼각화 기법을 활용한다.

09 (20-01-20) 보웬이 제시한 개념 중 자아분화는 정신내적 개념이면서 대인관계적 개념이다. 정신내적 개념은 자신의 지적 측면과 정서적 측면의 구분을 의미한다. 대인관계적 개념은 타인과 친밀하면서도 독립성을 유지하는 능력을 말한다.

10 (15-04-04) 다세대체계이론에서 자아분화 수준이 낮은 부모는 미분화에서 오는 자신들의 불안이나 갈등을 삼각관계를 통해 회피한다고 본다.

11 (15-04-04) 다세대체계이론에서 나-입장취하기(I-position)는 타인을 비난하는 대신 자신이 생각하고 느낀 바를 말하며 탈삼각화를 촉진한다.

12 (15-04-04) 다세대체계이론에서는 가계도를 작성하고 해석하면서 가족의 정서적 과정을 가족과 함께 이야기한다.

13 (14-04-23) 자아분화 수준이 높을수록 가족체계의 정서로부터 분화된다.

14 (14-04-23) 자아분화 수준이 낮을수록 삼각관계가 형성될 가능성이 높다.

15 (14-04-23) 자아분화 수준이 높을수록 적응력과 자율성이 커진다.

16 (13-04-18) 다세대 모델에서는 가계도를 활용하여 통합적인 가족속성을 종단·횡단으로 파악한다.

17 (13-04-18) 부부 간의 문제를 자녀를 통해 해결하려고 할 경우 자녀를 부부 간의 관계에서 벗어날 수 있도록 탈삼각화 기법을 활용한다.

18 (12-04-23) 보웬의 가족치료기법 적용 예: 남편보다 장남인 아들에 집착하는 엄마의 경우, 남편과 아내 사이에 아들이 제3자로 끼어들어 삼각관계가 형성되있으므로 아들을 삼각관계에서 분리시키는 탈삼각화가 필요하다.

19 (11-04-12) 탈삼각화는 제3자를 두 사람의 관계에서 분리시켜 삼각관계를 벗어나게 함으로써 가족원들이 자아분화하도록 하는 것이다.

20 (10-04-02) 다세대 가족치료모델에서는 가족문제를 가족성원이 자신의 원가족에서 심리적으로 분리되지 못하는 데에서 비롯된 것이라고 본다.

21 (10-04-09) 자아분화를 통해 생각과 감정을 분리하고 타인과의 관계에서 자주적으로 행동할 수 있게 된다.

22 (06-04-16) 탈삼각화의 예: 자신에게서 멀어지는 남편을 대신하여 아내가 자녀에게 지나치게 관여하는 것을 보고, 사회복지사는 문제가 있을시 남편과 직접적으로 해결하고 자녀를 통해 우회하지 않도록 원조하였다.

대표기출 확인하기

보웬(M. Bowen)의 다세대 가족치료의 주요 개념과 기법에 관한 설명으로 옳은 것을 모두 고른 것은?

> ㄱ. 자아분화 수준이 더 낮은 성원이 가족투사의 대상이 된다.
> ㄴ. 가계도를 작성하고 해석하면서 가족의 정서적 과정을 이해한다.
> ㄷ. 성공적인 치료를 위해 사회복지사는 치료적 삼각관계를 형성하여 개입한다.
> ㄹ. 자아분화 수준이 낮을수록 가족원의 자율성이 증가하여 독립적으로 행동한다.

① ㄱ, ㄴ   　　 ② ㄴ, ㄷ
③ ㄱ, ㄴ, ㄷ 　 ④ ㄱ, ㄷ, ㄹ
⑤ ㄱ, ㄴ, ㄷ, ㄹ

▶ 알짜확인

- 세대 간(다세대) 가족치료모델의 주요 특징, 개념, 개입기법 등을 살펴보자.
- 자아분화, 삼각관계, 탈삼각화, 가족투사과정, 핵과족 정서과정, 다세대 전수과정, 가계도 등의 주요 키워드를 꼭 기억해두자.

답 ③

✅ 응시생들의 선택

① 33%	② 12%	③ 48%	④ 3%	⑤ 4%

ㄹ. 자아분화 수준이 높을수록 가족원의 자율성이 증가하여 독립적으로 행동한다. 낮은 자아분화 수준을 가진 부모는 가족투사를 통해 삼각관계를 형성할 가능성이 높으며, 이런 부모의 가족투사 대상이 된 자녀 역시 낮은 자아분화 수준을 가짐으로써 세대 간 전수가 이루어진다.

관련기출 더 보기

보웬(M. Bowen)의 다세대 가족치료의 기법이 적용된 사례에 관한 설명으로 옳지 않은 것은?

① 자아분화: 가족의 빈곤한 상황에서도 아동 자녀가 자율적으로 생각하고 행동함
② 삼각관계: 아동 자녀가 부모와의 갈등을 피하기 위해 경찰에 신고함
③ 정서적 체계: 부모의 긴장관계가 아동 자녀에게 주는 정서적 영향을 파악함
④ 가족투사 과정: 핵가족의 부부체계가 자신들의 불안을 아동 자녀에게 투영하는 과정을 검토함
⑤ 다세대 전이: 가족의 관계 형성이나 정서, 증상이 여러 세대에 걸쳐 전수되는 것을 파악함

답 ②

✅ 응시생들의 선택

① 9%	② 82%	③ 4%	④ 4%	⑤ 1%

② 삼각관계는 부모의 갈등상황에 제3자인 자녀를 끌어들이는 것을 예로 들 수 있다.

다음 사례에서 세대 간 반복되는 문제를 해결하기에 가장 적절한 기법은?

> 이혼 이후 대인기피와 우울증세를 보이는 클라이언트의 가계도를 통해 원가족을 살펴보니 이혼과 우울증이 되풀이되고 있다. 클라이언트는 어머니와 밀착적이면서 갈등적이고, 딸과도 지나치게 밀착되어있다.

① 기적질문과 척도질문   ② 지시와 역설
③ 문제의 내재화   　　　 ④ 실연
⑤ 분화촉진

답 ⑤

✅ 응시생들의 선택

① 1%	② 4%	③ 12%	④ 6%	⑤ 77%

⑤ 미분화된 가족원에 대해서는 분화를 촉진함으로써 자주성과 독립성을 획득할 수 있도록 해야 한다.

보웬(M. Bowen)의 다세대체계이론에 관한 설명으로 옳은 것을 모두 고른 것은?

> ㄱ. 자아분화수준이 낮은 부모는 미분화에서 오는 자신들의 불안이나 갈등을 삼각관계를 통해 회피하려 한다.
> ㄴ. 나-입장취하기(I-position)는 타인을 비난하는 대신 자신이 생각하고 느낀 바를 말하며 탈삼각화를 촉진한다.
> ㄷ. 가족조각으로 가족에 대한 인식을 시각적으로 표현하고 이해하도록 돕는다.
> ㄹ. 가계도를 작성하고 해석하면서 가족의 정서적 과정을 가족과 함께 이야기한다.

① ㄱ
② ㄴ, ㄷ
③ ㄱ, ㄴ, ㄹ
④ ㄴ, ㄷ, ㄹ
⑤ ㄱ, ㄴ, ㄷ, ㄹ

답 ③

✔ 응시생들의 선택

① 12%	② 5%	③ 44%	④ 6%	⑤ 33%

ㄷ. 가족조각은 경험적 가족치료(사티어)의 대표적인 기법이다.

자아분화에 관한 설명으로 옳은 것은?

① 자아분화 수준이 낮을수록 사고와 감정이 균형을 이룬다.
② 사아문화 수순이 높을수록 가속체계의 성서로부터 분화된다.
③ 자아분화 수준이 낮을수록 타인과 융합하려는 경향이 줄어든다.
④ 자아분화 수준이 높을수록 삼각관계가 형성될 가능성이 높다.
⑤ 자아분화 수준이 낮을수록 적응력과 자율성이 커진다.

답 ②

✔ 응시생들의 선택

① 2%	② 68%	③ 25%	④ 3%	⑤ 2%

② 자아분화 수준이 높을수록 유연하고 적응력이 강하며 자율적이지만, 그렇지 못한 사람은 분명하게 생각하는 능력이 부족하여 감정적으로 반발하기 쉽고 자신의 감정만을 느끼며 다른 사람의 감정을 모르고 융통성이 없으며 다른 사람에게 감정적으로 의지한다.

다음 사례에서 사회복지사가 활용한 개입기법은?

> 가족사정단계에서 아내는 자신에게서 멀어지는 남편을 대신하여 아들(15세)에게 지나치게 관여해왔고, 아들은 부모의 관계 회복을 위해 문제행동을 나타내는 것으로 파악되었다. 어머니는 아들의 문제행동 해결을 위해 몇 차례 자녀훈육기술 교육을 받았으나 별 효과가 없었다고 한다. 따라서 사회복지사는 아들의 문제행동을 주요 개입대상으로 삼는 대신 아내가 남편과의 갈등을 직접 해결하도록 돕는 노력을 하기로 했다.

① 탈삼각화
② 균형 깨뜨리기
③ 재구성
④ 문제의 외현화
⑤ 경계만들기

답 ①

✔ 응시생들의 선택

① 69%	② 3%	③ 16%	④ 7%	⑤ 5%

① 사례에서는 부인과 남편 간 갈등으로 인해 삼각관계가 형성되었고 이에 대해 탈삼각화 기법을 사용하여 부인과 남편이 갈등을 우회하지 않고 직접 다루도록 했다.

상담을 받기 위해 내방한 가족에 대한 개입 내용으로 옳지 않은 것은?

① 다세대가족치료모델 – 문제와 클라이언트를 분리하여 이해하도록 한다.
② 전략적 가족치료모델 – 문제가 되는 상황을 강화하도록 억실적으로 지시한다.
③ 경험적 가족치료모델 – 클라이언트가 생각하는 가족의 모습을 조각으로 표현해보도록 한다.
④ 해결중심가족치료모델 – 상담계획 이후 첫 회기 전까지 나타난 긍정적인 변화가 있었는지 질문한다.
⑤ 구조적 가족치료모델 – 가족에 합류한 뒤 균형 깨뜨리기를 통해 가족을 재구조화한다.

답 ①

✔ 응시생들의 선택

① 70%	② 8%	③ 7%	④ 11%	⑤ 4%

① 다세대가족치료모델은 가족성원이 자신의 원가족에서 심리적으로 분리되지 못해 가족문제가 발생한다고 본다. 문제해결을 위해 원가족과의 관계를 통찰하고, 해결되지 못한 감정적 애착을 풀어가면서 가족성원이 자아분화할 수 있도록 돕는다.

다음 내용이 **왜 틀렸는지**를 확인해보자

01 보웬은 대부분의 가족문제는 가족성원이 자신의 원가족에서 정서적으로 <u>분리됨에 따라 발생</u>한다고 보았다.

> 보웬은 가족성원이 자신의 원가족으로부터 지적, 정서적으로 분리되지 못한 데서 가족문제가 발생한다고 보았다.

02 다세대 가족치료모델에서는 탈삼각화, 가계도, **가족조각** 등의 기법을 활용한다.

> 가족조각을 활용하지는 않는다.

10-04-02

03 다세대가족치료모델에서는 **문제와 클라이언트를 분리하여 이해**하도록 한다.

> 이 모델은 문제해결을 위해 가족성원이 원가족과 맺는 관계를 통찰하고, 해결되지 못한 감정적 애착의 해결을 강조하며 가족성원이 자아분화할 수 있도록 돕는다.
> 문제와 클라이언트를 분리하여 이해하는 것은 문제의 외현화 방식이다.

12-04-23

04 엄마가 남편보다 장남인 아들에게 집착하는 사례는 **보웬의 가족치료기법을 적용하기에 적절하지 않다.**

> 엄마가 남편보다 장남인 아들에게 집착하는 사례에 대해서는 보웬의 가족치료기법을 적용하여 탈삼각화를 통해 아들을 삼각관계에서 분리하도록 할 수 있다.

05 세대 간 **정서적 융합이 낮을수록** 정서적 단절의 가능성이 높아진다고 본다.

> 세대 간 정서적 융합이 높을수록 정서적 단절의 가능성이 높아진다고 본다. 융합이 높은 사람은 오히려 이를 해결하기 위한 방안으로 정서적 접촉을 회피하는 것을 선택하기 때문에 스스로 고립될 수 있다는 것이다.

15-04-04

06 가계도는 가족을 사정하기 위한 도구일 뿐 **치료적 차원에서 활용되지는 않는다.**

> 사회복지사가 클라이언트와 함께 가계도를 작성하는 과정에서 이야기 나누며 치료적 효과를 얻을 수 있다.

다음 내용이 옳은지 그른지 판단해보자

01 보웬은 대부분의 가족문제는 원가족에서 심리적으로 미분화된 데에서 비롯된다고 보았다.

02 보웬은 자아분화 수준, 삼각관계 형성, 융합 등이 그 세대에서 그치는 것이 아니라 대를 이어 전개된다고 보았다.

03 자아분화 수준이 낮은 사람들이 만나 부부가 되어 핵가족을 형성하면 부부 사이에 감정적 의존도가 높아져 불안이 감소된다고 보았다.

04 가족투사과정은 부모가 자신들의 불안을 안정시키기 위해 그 근원을 다른 성원에게 돌리는 것을 말한다.

05 다세대모델에서는 생태도 작성을 통해 여러 세대에 걸쳐 나타나는 가족문제, 삼각관계 형성 여부 등을 파악한다.

`13-04-18`

06 부부 간의 문제를 자녀를 통해 해결하려고 할 경우, 다세대모델에서는 자녀를 부부 간의 관계에서 벗어날 수 있도록 하는 탈삼각화 기법을 활용한다.

`20-04-20`

07 보웬이 제시한 개념 중 하나인 자아분화는 정신내적 개념과 대인관계적 개념으로 구분되며, 그 중 대인관계적 개념은 자신의 지적 측면과 정서적 측면의 구분을 의미한다.

답 01 ○ 02 ○ 03 × 04 ○ 05 × 06 ○ 07 ×

해설 03 자아분화 수준이 낮은 사람들이 만나 부부가 되어 핵가족을 형성하면 부부 사이에 감정적 의존도가 높아져 불안이 고조된다고 보았다. 이렇듯 원가족에서 해소되지 못한 불안이 새로운 가족에게 투사되는 것을 핵가족 정서과정이라고 한다.
05 다세대모델에서는 가계도 작성을 통해 여러 세대에 걸쳐 나타나는 가족문제, 삼각관계 형성 여부 등을 파악한다.
07 정신내적 개념은 자신의 지직 측면과 징서직 측면의 구분을 의미하며, 대인관게직 개념은 디인과 친밀히면서도 독립성을 유지히는 능력을 말한다.

KEYWORD

112

구조적 가족치료

강의 QR코드

1회독	2회독	3회독
월 일	월 일	월 일

최근 10년간 **11문항** 출제

복습
1 이론요약

 23회 기출 21회 기출 20회 기출 19회 기출

주요 특징

기본개념

사회복지실천기술론
pp.195~

- 가족구조의 불균형(경계가 불분명하거나 지나치게 밀착되어 있는 것, 위계질서의 모호함, 체계 간 경직성 등)의 결과로서 가족문제가 발생한다고 봄
- 개입목표: 가족구조의 변화, 즉 **가족의 재구조화**를 목표로 함
- 가족 역기능의 주요 원인: 하위체계 간의 불건전한 동맹과 분절, 지나친 경직과 불분명한 경계선 등

개입방법

▶ **경계 만들기**
- 가족성원 각자가 체계 내에서 적절한 위치에 있도록 가족 내 세대 간 경계를 분명히 유지하게 함
- 밀착된 가족에 대해서는 하위체계 간의 경계선을 강화시키고 각 개인의 독립성을 키워줌
- 분리된 가족에 대해서는 성원 간의 지지적·통제적 기능을 강화하여 하위체계 간의 교류를 촉진시키고 경직된 경계선을 완화시킴

▶ **균형 깨뜨리기**
- 가족 내 하위체계들 간의 역기능적인 균형을 깨뜨리는 것
- 지나치게 권위주의적인 남편에 대해 자기주장을 전혀 하지 않았던 부인 사이에서 사회복지사가 부인의 편을 듦으로써 역기능적 균형을 깰 수 있음

▶ **합류하기(Joining)**
- 사회복지사가 가족의 분위기를 파악하여 그에 맞추어 행동을 하거나 감정표현을 하는 것
- 가족과 사회복지사의 거리를 좁혀줄 수 있기 때문에 초기단계에서 유용하게 활용할 수 있음

▶ **실연**
- 가족의 문제 상황을 사회복지사 앞에서 실제로 행동을 통해 연기해보도록 하는 기법
- 가족의 문제를 상담이 진행되고 있는 '지금-여기'로 가져와 더 정확하고 구체적으로 이해하도록 하기 위해 진행
- 실연된 것과 다른 방식의 상호교류를 실시해보도록 하여 기존의 상호작용을 수정하고 재구조화할 수 있음

▶ 긴장 고조시키기
- 가족 내 긴장을 고조시킴으로써 대안적인 갈등해결방법을 사용할 수 있도록 돕는 방법
- 가족성원 사이에 잘못된 의사소통 통로를 차단하거나 성원 간 의견 차이를 강조하는 등의 방식으로 진행

▶ 과제부여
- 가족들이 개발해나가야 할 부분에 대해 구체적으로 과제를 제시
- 제시되는 과제는 면담 중 진행되는 것과 집에서 수행하는 것 모두 가능

기출문장 CHECK

01 (23-04-13) 합류하기, 균형 깨뜨리기, 실연은 미누친(S. Minuchin)의 구조적 가족치료의 대표적 기법이다.

02 (21-04-13) "아버지가 아이를 대신해서 다 해주시는군요. 어머니는 그 사이에서 소외된다고 느끼시네요. 자녀가 스스로 할 수 있도록 아버지는 기다려주고 어머니와 함께 지켜보는 것이 어떨까요?" – 경계선 만들기의 예

03 (21-04-17) 구조적 모델의 개입기법으로 하위체계 간 균형깨뜨리기가 있다.

04 (20-04-21) 구조적 가족치료모델에서는 가족을 이해하고 수용하면서 합류한다.

05 (20-04-21) 구조적 가족치료모델에서는 가족문제를 더 정확히 이해하기 위해 실연을 요청한다.

06 (19-04-14) 아무리해도 말이 안 통한다고 하는 부부에게 "여기서 직접 한 번 서로 말씀해 보도록 하겠습니까?"라고 하는 것은 실연 기법을 활용한 것이다.

07 (18-04-12) 구조적 가족치료모델에서는 가족치료 초반에 합류하기를 통해 개입을 시작한다.

08 (15-04-21) 구조적 가족치료에서는 경계만들기, 실연, 합류하기, 긴장 고조시키기, 과제부여, 균형 깨뜨리기 등을 활용한다.

09 (14-04-24) 구조적 가족치료에서는 긴장 고조시키기, 균형 깨뜨리기, 실연 등을 활용한다.

10 (14-04-25) 구조적 가족치료는 가족구성원 간의 규칙 및 역할을 재조정하는 데에 초점을 둔다.

11 (11-04-19) 사회복지사가 어머니와 아들 사이의 경계를 조정하고 부부 하위체계를 강화하는 개입을 시도한 것은 구조적 치료 모델의 경계만들기에 해당한다.

12 (10-04-18) 구조적 가족치료모델에서는 가족에 합류한 뒤 균형 깨뜨리기를 통해 가족을 재구조화한다.

13 (09-04-03) 구조적 모델은 가족구조의 불균형을 문제로 규정하며 가족구조를 재구조화하는 것에 목표를 둔다.

14 (09-04-27) 경계만들기와 관련하여, 세대 간 경계를 관찰할 때 문화적 가치를 고려해야 한다.

15 (09-04-27) 가족상담 시 가족이 앉은 위치를 통해 가족 간 경계를 파악할 수 있다.

16 (09-04-27) 밀착된 하위체계는 거리를 두어 가족성원의 자율성이 확보되도록 해야 한다.

17 (09-04-27) 사회복지사가 자신의 신체를 이용해 분리되어야 할 사람끼리 눈 마주치는 것을 방해하는 것도 경계만들기이다.

18 (08-04-27) 개입 초기에 사회복지사가 가족이 사용하는 용어를 활용하며 가족의 대화속도에 맞추어 대화하며 문제를 파악하고 라포를 형성하는 것은 구조적 가족치료의 합류하기에 해당한다.

대표기출 확인하기

23-04-13 난이도 ★★☆

미누친(S. Minuchin)의 구조적 가족치료의 대표적 기법을 옳게 나열한 것은?

① 합류하기, 균형 깨뜨리기, 실연
② 합류하기, 경계 만들기, 가족그림
③ 경계 만들기, 탈삼각화, 과제부여
④ 과제부여, 균형 깨뜨리기, 역설적 지시
⑤ 균형 깨뜨리기, 경계 만들기, 순환적 질문

 알짜확인

• 가족의 재구조화를 목표로 한다는 특징을 이해해야 한다.
• 경계 만들기, 실연, 합류하기, 긴장 고조시키기, 과제부여, 균형 깨뜨리기 등의 개입기법이 어떻게 활용될 수 있는지를 생각하면서 정리해두자.

답 ①

✓ 응시생들의 선택

① 44%	② 14%	③ 14%	④ 9%	⑤ 19%

② 가족그림은 경험적 가족치료의 기법이다.
③ 탈삼각화는 다세대 가족치료의 기법이다.
④ 역설적 지시는 전략적 가족치료의 기법이다.
⑤ 순환적 질문은 전략적 가족치료의 기법이다.

관련기출 더 보기

21-04-13 난이도 ★★☆

다음 가족사례에 적용된 실천기법은?

• 클라이언트: 저희 딸은 제 말을 안 들어요. 저희 남편이 뭐든 대신 다 해주거든요. 아이가 남편 말만 들어요. 결국 아이문제로 인해 부부싸움으로 번지거든요.
• 사회복지사: 아버지가 아이를 대신해서 다 해주시는군요. 어머니는 그 사이에서 소외된다고 느끼시네요. 자녀가 스스로 할 수 있도록 아버지는 기다려주고 어머니와 함께 지켜보는 것이 어떨까요?

① 합류
② 역설적 지시
③ 경계선 만들기
④ 증상처방
⑤ 가족조각

답 ③

✓ 응시생들의 선택

① 4%	② 8%	③ 66%	④ 16%	⑤ 6%

③ 문제의 사례에서는 남편과 딸 사이가 지나치게 밀착되어 경계가 없고 남편과 아내 사이는 경계가 경직되어 있다. 따라서 남편과 딸 사이에 경계를 명확히 해주고 부부연합을 강화해주기 위한 경계선 만들기를 실시하는 것이 필요하다.

① 합류는 초기 단계에서 사회복지사가 가족의 분위기에 맞추어가는 것이다.
② ④ 역설적 지시는 전략적 치료의 개입기법이다. 역설적 지시의 기법으로 제지, 증상처방, 시련(고된 체험) 등이 있다.
⑤ 가족조각은 가족구성원들이 몸을 이용하여 가족의 상호작용을 표현하도록 하는 것이다.

다음 사례에 대해 미누친(S. Minuchin)의 구조적 모델을 적용한 개입방법이 아닌 것은?

> 자녀교육 문제로 시어머니와 대립하는 며느리가 가족상담을 요청했다. 며느리는 남편이 모든 것을 어머니한테 맞추라고 한다며 섭섭함을 토로했다.

① 가족을 이해하고 수용하면서 합류한다.
② 가족문제를 더 정확히 이해하기 위해 실연을 요청한다.
③ 가족지도를 통해 가족구조와 가족역동을 이해하도록 돕는다.
④ 남편이 시어머니의 영향권에서 벗어나도록 탈삼각화를 진행한다.
⑤ 부부가 함께 부모역할을 수행하도록 하위체계의 경계를 명확하게 한다.

답 ④

✅ 응시생들의 선택

① 13%	② 15%	③ 10%	④ 47%	⑤ 15%

④ 탈삼각화는 보웬의 다세대 모델에서 진행되는 기법이다.

➕ 덧붙임

사례제시형 문제를 마주하면 일단 긴장부터 하다보니 답을 놓치는 경우가 더러 있는데 사례제시형 문제라고 다 어렵지는 않다. 이 문제는 결국 '구조적 모델의 개입방법에 해당하지 않는 것'을 찾는 단순한 문제였다. 문제가 길고 복잡해보여도 우리가 이미 다 공부한 내용이니 자신감을 가지고 차분히 답을 찾아보자.

아무리해도 말이 안 통한다고 하는 부부에게 "여기서 직접 한 번 서로 말씀해 보도록 하겠습니까?"라고 하는 것은 어떤 기법을 활용한 것인가?

① 실연　　　　　　② 추적하기
③ 빙산치료　　　　④ 치료 삼각관계
⑤ 경계선 만들기

답 ①

✅ 응시생들의 선택

① 71%	② 6%	③ 8%	④ 12%	⑤ 3%

② 추적하기는 합류하기처럼 사회복지사와 가족 사이에 적응하는 기법 중 하나이다. 사회복지사가 가족의 의사소통과 행동 내용을 따르면서 그 내용을 명확히 하기 위한 질문을 하고 그에 대한 대답에 찬성하거나 내용을 확대시키면서 문제의 핵심을 유도해내는 것이다.
③ 빙산치료는 클라이언트의 표면적 문제만 보는 것이 아니라 수면 아래에 있는 경험을 탐색하여 표면화하는 것으로 사티어의 기법이다.
④ 치료 삼각관계는 다세대 가족치료에서 탈삼각화를 진행할 때 제3자를 분리시키는 대신 사회복지사가 그 분리된 제3자의 위치에 서는 것을 말한다.
⑤ 경계선 만들기는 구조적 가족치료에서 하위체계 간 경계선이 모호하거나 반대로 너무 경직되어 있을 때 이를 수정하는 기법이다.

구조적 가족치료의 모델로 개입하기에 적절하지 않은 것은?

① 아픈 어머니, 철없는 아버지 대신 동생에게 부모 역할을 히며 자신에게 소홀한 맏딸의 문제
② 비난형 아버지와 감정표현을 통제하는 어머니의 영향으로 자기감정을 억압하는 아들의 문제
③ 할머니와 어머니의 양육방식이 달라서 혼란스러운 자녀의 문제
④ 부부불화로 아들에게 화풀이를 하자 반항행동이 증가한 아들의 문제
⑤ 밀착된 아내와 딸이 남편을 밀어내어 소외감을 느끼는 남편의 문제

답 ②

✅ 응시생들의 선택

① 17%	② 33%	③ 24%	④ 18%	⑤ 8%

② 가족문제를 의사소통의 맥락에서 파악한 것은 사티어의 경험적 가족치료에 해당한다.

가족 실천기술과 예시의 연결로 옳은 것을 모두 고른 것은?

> ㄱ. 합류 – 사회복지사가 가족의 말투나 몸짓을 따라한다.
> ㄴ. 관계성 질문 – "어머니가 여기 계신다고 가정하고 제가 어머니께 당신의 문제가 해결되면 무엇이 달라지겠냐고 묻는다면 어머니는 뭐라고 말씀하실까요?"
> ㄷ. 경계 만들기 – 부모와 딸의 갈등상황에서 딸에게 부모의 '과도한 통제'를 '관심과 염려'의 의미로 인식하게 한다.
> ㄹ. 균형 깨뜨리기 – 지배적인 남편과 온순한 아내 사이에서 사회복지사는 아내의 편을 들어 자기주장을 할 수 있게 한다.

① ㄱ, ㄴ
② ㄱ, ㄷ
③ ㄴ, ㄹ
④ ㄱ, ㄴ, ㄹ
⑤ ㄱ, ㄴ, ㄷ, ㄹ

답 ④

✓ 응시생들의 선택

① 6%	② 3%	③ 26%	④ 54%	⑤ 11%

ㄷ. 경계 만들기는 가족성원 각자가 체계 내에서 적절한 위치에 있도록 하위체계 간 경계를 분명히 유지하게 하는 기법이다. 제시된 예시는 재명명에 해당한다.

다음 사례를 구조적 가족치료모델로 개입할 때 활용할 수 있는 기법이 아닌 것은?

> 초등학교 2학년 아이를 키우며 직장을 다니고 있는 한부모 A씨는 아이가 자신의 말을 잘 듣지 않고 무시하는 문제를 호소하고 있는데, 아이의 행동문제가 점점 심각해지고 있다. 아이는 A씨가 올 때까지 외조모가 돌봐주고 있으며, 외조모는 종종 A씨의 훈육과 반대되는 방향으로 아이를 대하며, 아이 앞에서 A씨의 훈육방법을 야단친다.

① 하위체계간 경계 만들기
② 과제주기
③ 가족 재구조화
④ 실연
⑤ 외현화

답 ⑤

✓ 응시생들의 선택

① 9%	② 14%	③ 5%	④ 16%	⑤ 56%

⑤ 외현화는 이야기치료모델에서 활용하는 기법이다.

미누친(S. Minuchin)의 구조적 가족치료의 대표적 기법을 옳게 나열한 것은?

① 과제부여, 합류하기, 척도질문
② 합류하기, 탈삼각화, 경계만들기
③ 긴장 고조시키기, 균형 깨뜨리기, 실연
④ 역설적 지시, 긴장 고조시키기, 과제부여
⑤ 균형 깨뜨리기, 역설적 지시, 탈삼각화

답 ③

✓ 응시생들의 선택

① 4%	② 28%	③ 53%	④ 5%	⑤ 10%

③ 미누친(S. Minuchin)의 구조적 가족치료의 대표적 기법으로는 경계만들기, 합류하기, 실연기법, 긴장고조, 과제부여, 균형 깨뜨리기 등의 기법이 있다.

다음 가족에 대한 사회복지사의 개입은 어떤 가족치료모델에 근거하고 있는가?

> 매사에 권위적인 아버지로 인해 부부 권력구조가 불균형적이다. 어머니는 아버지에 대한 불만을 아들과 공유하면서 친구와 같은 관계를 맺고 있다. 아들도 자신의 대학생활에 대해 일일이 어머니와 의논하는 등 밀착된 관계를 유지하고 있다. 사회복지사는 부부간의 권력구조를 변화시키고 아들과의 경계를 명확하게 설정하도록 도왔다.

① 정신역동 가족치료모델
② 경험적 가족치료모델
③ 이야기치료모델
④ 전략적 가족치료모델
⑤ 구조적 가족치료모델

답 ⑤

✓ 응시생들의 선택

① 1%	② 3%	③ 1%	④ 3%	⑤ 92%

⑤ 어머니와 아들 간 밀착관계를 해결하고 건강한 가족구조로 재구조화하기 위해 '경계만들기' 기법을 사용한 구조적 가족치료에 해당한다.

다음 내용이 왜 틀렸는지를 확인해보자

01 구조적 가족치료에서는 문제의 원인이 되는 가족원을 찾는 데에 집중한다.

> 구조적 가족치료는 가족구조의 불균형을 가족문제의 원인으로 보기 때문에 특정 가족원에게 문제가 있다고 보지 않는다.

02 구조적 가족치료는 현재 가족구조에는 관심을 두지 않으며, 다만 앞으로 어떻게 기능적 구조로 만들어갈 것인지에 초점을 둔다.

> 현재 가족구조에서 나타나는 불균형 문제를 살펴보고 재구조화를 추진하여 기능적인 구조로 변화시키고자 하는 것이다.

14-04-24

03 미누친의 구조적 가족치료에서는 긴장 고조시키기, 균형 깨뜨리기, 실연, **가계도 작성** 등의 개입기법을 활용한다.

> 가계도 작성은 다세대 가족치료모델의 기법이다.

04 구조적 가족모델에서는 **가족성원의 분화수준을 향상**시키는 데에 초점을 둔다.

> 가족성원의 분화수준 향상, 즉 자아분화는 다세대 가족모델의 주요 개념이다.

05 경계 만들기는 하위체계 사이의 경계를 분명하게 만들기 위한 것으로 모호한 경계에 개입하기에는 적절하지만 **경직된 경계에 대한 개입으로는 적절하지 않다.**

> 모호한 경계 상태에서 경계를 명확하게 만드는 것뿐만 아니라 경직된 경계를 완화시키는 것도 경계 만들기에 해당한다.

11-04-19

06 어머니와 아들의 밀착 관계가 심한 경우 **구조적 가족치료모델을 적용하는 것은 적절하지 않다.**

> 어머니와 아들의 밀착 관계가 심한 경우 사회복지사는 구조적 가족치료모델을 적용하여 이 둘의 관계를 조정하고 부부 체계를 강화하는 개입을 시도할 수 있다.

빈칸에 들어갈 알맞은 말을 채워보자

01 구조적 가족치료에서는 사회복지사가 가족원 중 의도적으로 어느 한 사람의 편을 들어 역기능적 균형을 재조정할 수 있도록 하는 (　　　　　) 기법을 시도한다.

`15-04-20`

02 딸이 말할 때 엄마가 자꾸 나서서 설명하자, 사회복지사가 딸이 직접 말할 수 있도록 하는 것은 (　　　　　) 기법에 해당한다.

`08-04-27`

03 사회복지사는 (　　　　　) 기법을 통해 가족이 사용하는 용어를 활용하여 가족의 대화속도에 맞추어 대화를 진행하면서 문제를 파악하고 라포를 형성한다.

 답 **01** 균형 깨뜨리기　**02** 경계 만들기　**03** 합류하기

다음 내용이 옳은지 그른지 판단해보자

`22-04-13`

01 구조적 가족치료는 가족관계의 역기능을 유발하는 가족 위계와 경계의 변화를 도모한다.

`11-04-19`

02 어머니와 아들이 서로 밀착되어 있는 관계에서 사회복지사가 둘 사이의 경계를 조정하고 부부 하위 체계를 강화하는 개입을 한 것은 다세대 모델을 적용한 것이다.

`09-04-27`

03 경계 만들기를 실시할 때 유리된 가족성원에 대해서는 성원 간 교류를 촉진시켜 경직된 경계선이 완화될 수 있도록 한다.

04 구조적 가족치료에서는 가족성원 간 의견 차이를 강조하여 문제에 대한 의견 교환이 일어나도록 하는 긴장 고조시키기 기법을 활용한다.

 답 **01** ○　**02** ✕　**03** ○　**04** ○

해설 **02** 구조적 치료모델 중 경계 만들기를 적용한 것이다.

경험적 가족치료

강의 QR코드

1회독	2회독	3회독
월 일	월 일	월 일

최근 **10년간 8문항** 출제

복습 1 이론요약

 23회 기출 22회 기출 21회 기출 20회 기출 19회 기출

주요 특징

- **성장모델**: 개인과 가족의 잠재능력 개발, 자기실현 등에 초점
- 사티어는 성장 경험을 제공하는 것이 치료 과정이라고 봄
- 병리적 가족은 **의사소통** 방식에 문제가 있음
- 가족관계에서의 **자아존중감** 형성을 중요시 함
- 치료에 있어서는 가족의 병리적 측면이 아닌 긍정적 측면에 초점을 둠

기본개념

사회복지실천기술론
pp.200~

대표적인 개입기법

- 가족조각
- 역할극, 역할반전
- 가족그림
- 비유

사티어의 의사소통 유형

▶ 일치형
- 언어적 메시지와 비언어적 메시지가 일치한다.
- 진솔한 의사소통방법으로 자신과 타인, 상황 모두를 고려한다.

  예 "나 점심에 샌드위치 먹어서 지금은 밥 먹고 싶어. 햄버거랑 볶음밥 같이 파는 집 있던데, 거기 갈래?"

▶ 계산형(초이성형)
- 언제나 이성적으로 행동하기 때문에 잘 따진다. **비판적이고 분석적이다.**
- 자신 무시, 타인 무시, 상황 존중

  예 "아침에 뉴스 보니까 햄버거가 혈압에 안 좋다던데, 꼭 먹어야겠니. 다른 거 먹자."

▶ 비난형
- 언제나 남을 **비난하고 도덕적인 평가**를 내린다.
- 자신 존중, 타인 무시, 상황 존중

  예 "지금 햄버거를 먹자고? 아무리 배고파도 그렇지. 넌 너무 너밖에 몰라!"

▶ **회유형(아첨형)**

- 상대방의 의견에 무조건 동의하고, **언제나 상대방의 비위를 맞추려 한다.**
- 자신 무시, 타인 존중, 상황 존중

  예 "(둘 다 별로지만…) 햄버거도 좋고 치킨도 좋아. 당신 좋을 대로 해."

▶ **혼란형(주의산만형)**

- 상황을 제대로 파악하지 못하고 **의사표현에 초점이 없다.** 좋고 싫고를 말하지 못한다. **결정을 망설이고 미룬다.**
- 자신, 타인, 상황 모두 무시

  예 조금 전에는 배가 너무 고파 아무거나 빨리 먹고 싶다고 했으면서 가까운 햄버거 집에 가자는 말에, "그럼 좀 돌아보면서 생각해볼까?"

기출문장 CHECK

01 (23-04-16) 경험적 가족치료는 역기능적인 상호작용의 개선이나 증상 제거보다 개인의 성장에 더 초점을 둔다.

02 (22-04-05) 초이성형: 스트레스가 유해하다는 연구를 인용하며 술이라도 마셔서 스트레스를 풀겠다고 침착하게 말함

03 (20-04-19) 사티어(V. Satir)의 의사소통유형 중 회유형은 자신을 무시하고 타인을 떠받든다.

04 (19-04-25) 사티어가 제시한 의사소통 유형 중 일치형 의사소통 유형이 치료의 목표가 된다.

05 (19-04-25) 사티어는 의사소통 유형을 자존감과 연관하여 설명한다.

06 (19-04-25) 역기능적 의사소통 유형에서 공통적으로 발견되는 것은 언어적 메시지와 비언어적 메시지의 불일치다.

07 (16-04-07) 일치형 의사소통: 자신 존중, 타인 존중, 상황 존중

08 (16-04-07) 아첨형 의사소통: 자신 무시, 타인 존중, 상황 존중

09 (16-04-07) 비난형 의사소통: 자신 존중, 타인 무시, 상황 존중

10 (16-04-07) 산만형 의사소통: 자신 무시, 타인 무시, 상황 무시

11 (16-04-07) 초이성형 의사소통: 자신 무시, 타인 무시, 상황 존중

12 (15-04-11) 경험적 가족치료에서는 가족조각을 통해 가족에 대한 인식을 시각적으로 표현하고 이해하도록 돕는다.

13 (15-04-11) 사티어의 가족치료모델은 자아존중감 향상을 목적으로 하며, 개인의 내적 과정을 이끌어내기 위해 빙산기법을 활용한다.

14 (15-04-11) 사티어의 가족치료모델은 효과적인 의사소통을 위해 솔직하게 표현하고 타인의 생각과 감정을 수용하는 데에 초점을 둔다.

15 (15-04-11) 사티어의 가족치료모델은 정서적 경험과 가족체계에 대한 이중적 초점을 강조한다.

16 (12-04-25) 경험적 접근에서는 의사소통 문제에 관심을 두고 역기능적 의사소통을 기능적 의사소통인 일치형 의사소통으로 변화시키는 데에 초점을 둔다.

17 (11-04-26) 사티어의 의사소통 유형 중 일치형은 언어적 메시지와 비언어적 메시지가 일치하고, 자신과 타인, 상황 모두를 고려한다.

18 (05-04-15) 경험적 가족치료는 의사소통 방법을 변화시키는 데 초점을 둔다.

19 (03-04-18) 경험적 가족치료에서는 개입기법으로 가족조각을 활용한다.

대표기출 확인하기

23-04-16   난이도 ★★★

경험적 가족치료에 관한 설명으로 옳지 않은 것은?

① 자아존중감을 높이는 것이 중요한 치료목표이다.
② 역기능적 의사소통 유형을 일치형으로 바꾸도록 돕는다.
③ 가족규칙을 합리적으로 바꾸고, 자기 인생에 대한 선택권을 스스로 갖도록 한다.
④ 역기능적인 상호작용의 개선이나 증상 제거보다 개인의 성장에 더 초점을 둔다.
⑤ 가족의 상호작용 유형을 확인하고 문제를 외현화한다.

 알짜확인

• 경험적 가족치료의 주요 특징 및 개념, 개입방법 등을 살펴보자.
• 경험적 가족치료에서는 특히 사티어의 의사소통유형에 대해 정리해두어야 한다.

답 ⑤

✅ **응시생들의 선택**

① 4%	② 10%	③ 4%	④ 51%	⑤ 31%

⑤ 문제를 외현화하는 것은 이야기 가족치료의 대표적 기법이다. 외현화란 문제와 자신을 동일시하지 않고, 문제를 분리(외현화)하여 문제만 문제로 보는 것이다. 이러한 외현화는 자신이나 가족을 문제와 동일시하여 병리적이라고 생각하는 것으로부터 자유롭게 하기 때문에 잠재력을 인정하고 강점을 개발할 수 있도록 촉진한다.

관련기출 더 보기

22-04-12   난이도 ★★☆

알코올 의존을 겪는 가장과 그 자녀의 상황에 사티어(V. Satir)의 의사소통 유형을 적용한 것으로 옳은 것은?

① 회유형: 모든 것이 자녀 때문이라며 자신이 외롭다고 함
② 초이성형: 스트레스가 유해하다는 연구를 인용하며 술이라도 마셔서 스트레스를 풀겠다고 침착하게 말함
③ 비난형: 어려서 고생을 많이 해서 그렇다며 벌떡 일어나 방 안을 왔다갔다 함
④ 산만형: 살기 힘들어 술을 마신다며 자신의 술 문제가 자녀 학업을 방해했다고 인정함
⑤ 일치형: 다른 사람들 말이 다 옳고 자신은 아무것도 아니라고 술 문제에 대한 벌을 달게 받겠다고 함

답 ②

✅ **응시생들의 선택**

① 11%	② 71%	③ 7%	④ 3%	⑤ 8%

① 문제를 다른 사람의 탓으로 돌리는 것은 비난형이다.
③ 타인의 말과 상황을 고려하지 못하는 것은 혼란형(산만형)이다.
④ 자신, 타인, 상황을 모두 고려하면서 진솔한 의사소통을 하는 것은 일치형이다.
⑤ 비난받는 것을 회피하기 위해 자신의 감정을 숨기고 다른 사람의 비위에 맞추는 것은 회유형(아첨형)이다.

➕ **덧붙임**

초이성형과 비난형을 헷갈려하는 수험생들이 더러 있는데, 비난형은 자신을 높이면서 상대방은 낮추는 방식이지만, 초이성형은 상대방과 자신을 모두 무시한 채 상황만을 중시하는 경향이 있다는 점에서 다르다. "다 너 때문이야." "너만 잘했으면…" 등은 비난형의 예로 볼 수 있고, "통계에 따르면," "연구조사에 따르면," 등의 논리적 단서를 강조할 경우는 초이성형의 예로 볼 수 있다.

난이도 ★★☆

가족치료모델의 개입 목표에 관한 설명으로 옳지 않은 것은?

① 이야기 가족치료: 문제중심 이야기에서 벗어나 새롭고 건설적인 가족 이야기 작성
② 구조적 가족치료: 가족관계 역기능을 유발하는 가족 위계와 경계의 변화 도모
③ 경험적 가족치료: 가족이 미분화에서 벗어나 가족체계의 변화를 달성
④ 전략적 가족치료: 의사소통과 행동 문제의 순환 고리를 끊고 연쇄작용 변화
⑤ 해결중심 가족치료: 문제가 일어나지 않는 예외상황을 찾아서 확대

답 ③

✅ 응시생들의 선택

① 10%	② 3%	③ 60%	④ 5%	⑤ 22%

③ 경험적 가족치료는 가족구성원간의 상호작용의 변화 및 가족이 성장할 수 있는 경험을 제공하는 데에 초점을 둔다. 가족이 미분화에서 벗어나 가족체계의 변화를 달성하는 것은 다세대 가족치료에 해당한다.

➕ 덧붙임

⑤와 관련하여, 해결중심 가족치료에서는 대처질문, 기적질문, 예외질문 등 다양한 질문을 기법으로 활용하는데, 그 중 예외질문을 통해 문제의 예외상황을 찾는다. 예외상황, 즉 문제가 일어나지 않은 상황을 확대하는 방식으로 변화시켜 나간다.

난이도 ★★★

부인이나 자녀의 의견을 존중하지 않고 자신의 방식을 강요하는 아버지로 인해 대화가 단절된 가족이 의뢰되었다. 타인을 무시하고 탓하는 비난형 의사소통 유형을 가진 것으로 파악된 아버지의 의사소통 유형을 일치형으로 변화시키는 데 적합한 방법은?

① 전략적 접근   ② 구조적 접근
③ 경험적 접근   ④ 이야기치료
⑤ 해결중심모델

답 ③

✅ 응시생들의 선택

① 17%	② 18%	③ 43%	④ 11%	⑤ 10%

③ 경험적 가족치료에서는 가족을 하나의 체계적 단위로 보며, 가족 내에서 일어난 모든 행동은 의사소통에 의한 것으로 본다. 즉, 가족이 기능적으로 움직이는지 혹은 역기능적인 병리적 가족인지를 결정하는 중요한 요인 가운데 하나가 의사소통체계라는 것이다. 따라서 가족의 역기능적 의사소통의 맥락에서 확인하고 그러한 의사소통 방법을 교정하는 것을 중시한다.

난이도 ★★★

가족모델에서 문제규정과 치료목표의 연결로 옳은 것을 모두 고른 것은?

ㄱ. 경험적 모델: 역기능적 의사소통 – 분명한 의사소통
ㄴ. 정신역동모델: 문제해결을 위해 시도한 방법 – 문제의 외현화
ㄷ. 구조적 모델: 가족구조의 불균형 – 가족구조의 재구조화
ㄹ. 전략적 모델: 원가족과의 미분화 – 분화 촉진

① ㄱ, ㄴ, ㄷ   ② ㄱ, ㄷ
③ ㄴ, ㄹ   ④ ㄹ
⑤ ㄱ, ㄴ, ㄷ, ㄹ

답 ②

✅ 응시생들의 선택

① 17%	② 62%	③ 4%	④ 2%	⑤ 15%

ㄴ. 정신역동모델에서는 과거의 경험에서 갖게 된 불안한 감정이나 무의식적 갈등을 문제로 규정한다. 문제의 외현화는 이야기치료의 개입기법이다.
ㄹ. 보웬의 다세대 가족치료모델에 해당한다.

다음 내용이 왜 틀렸는지를 확인해보자

01 경험적 가족치료모델은 <u>가족문제에 대한 명확한 설명과 통찰에 초점</u>을 두고 가족 간 의사소통 양상을 관찰한다.

> 설명이나 통찰을 제공하기보다는 성장할 수 있는 경험을 제공하는 데에 초점을 둔다.

02 경험적 가족치료는 치료에 있어서 **가족의 병리적 측면에 초점**을 둔다.

> 경험적 가족치료는 치료에 있어서 가족의 병리적 측면이 아닌 긍정적 측면에 초점을 둔다.

03 사티어는 다양한 의사소통 유형을 제시하면서도 <u>어떤 유형이 기능적이라고 단정하지는 않았다.</u>

> 일치형 의사소통 유형이 기능적 의사소통 방식이라고 하였다.

04 `11-04-26`
"당신이 그 일에 대해 그렇게 생각하고 섭섭해 하는 것을 알겠소. 당신의 입장도 충분히 이해가 갑니다. 우리 두 사람의 상황 인식에 좀 차이가 있는 것 같소. 그 상황 속에서 내가 그렇게 행동하게 된 이유와 그때의 감정상태에 대해 있는 그대로 이야기 하겠소…." – **초이성형 의사소통 유형**에 해당한다.

> 사례는 일치형 의사소통에 해당한다. 일치형 의사소통은 자신과 타인, 상황을 모두 고려하는 방식의 의사소통 유형이다. 초이성형 의사소통은 비판적이고 분석적인 유형으로 자신의 감정을 표현하지 않는다.

05 경험적 가족치료에서는 의사소통에 관심을 두고 <u>다양한 질문기법을 동해 개입한다.</u>

> 질문기법을 활용하지는 않는다.

06 경험적 가족치료모델은 <u>사회복지사가 전문성을 바탕으로 클라이언트 가족을 성장시켜야 할 책임을 진다</u>는 점에서 성장모델이라고도 한다.

> 사회복지사는 가족 혹은 가족원이 경험을 통해 성장해나갈 수 있도록 돕는 역할을 한다.

빈칸에 들어갈 알맞은 말을 채워보자

19-04-25
01 사티어가 제시한 의사소통 유형 중 (　　　　　　　)형 의사소통이 치료의 목표가 된다.

16-04-07
02 (　　　　　　　)형 의사소통: 자신 무시, 타인 존중, 상황 존중

03 클라이언트가 자신이 스트레스 받는 이유와 관련해 자녀들이 자기 말을 듣지 않기 때문이라고 말하는 것은 (　　　　　　　)형 의사소통에 해당한다.

04 아내가 심각한 이야기를 꺼낼 때마다 우스갯소리만 하는 남편은 (　　　　　　　)형 의사소통으로 볼 수 있다.

 답　**01** 일치　**02** 아첨　**03** 비난　**04** 산만

다음 내용이 옳은지 그른지 판단해보자

20-04-19
01 초이성형 의사소통 유형은 자신과 상황을 중시하고 상대를 과소평가한다.　

02 비난형 의사소통을 하는 클라이언트는 언어적 메시지와 비언어적 메시지가 불일치할 가능성이 높다.　

19-04-25
03 사티어는 의사소통 유형을 자존감과 연관하여 설명하였다.　

04 경험적 가족치료에서는 가족에 대한 인식을 시각적으로 표현하기 위해 가계도를 작성한다.　

05 경험적 가족치료에서는 치료 과정을 통해 가족에게 성장 경험을 제공하고자 한다.　

답　**01** ✕　**02** ○　**03** ○　**04** ✕　**05** ○

해설　**01** 초이성형 의사소통 유형은 상황에만 몰두하고 자신과 타인을 무시한다.
　　　04 가계도 작성은 경험적 가족치료의 기법은 아니다.

KEYWORD

114

전략적 가족치료

강의 QR코드

| **1**회독 | **2**회독 | **3**회독 |
| 월 일 | 월 일 | 월 일 |

최근 10년간 **8문항** 출제

복습 1

이론요약

23회 기출 22회 기출 20회 기출 19회 기출

주요 특징

- 인간의 행동이 왜 일어났는지보다는 **행동의 변화에 관심**을 가짐
- 행동의 변화를 위한 **다양한 전략을 시도**함
- 잘못된 해결책이 지속적으로 시도되거나 정적 환류고리의 확대에 의해 문제가 만성화된다 봄
- 가족이 변화보다 가족항상성의 유지만 고집할 경우 병리적 증상이 나타나게 됨
- 부모−자녀 관계에서 이중구속 상황이 지속적으로 나타나면 자녀들은 불안과 갈등에 빠져 역기능을 발생시키게 된다고 봄

기본개념

사회복지실천기술론
pp.204~

역설적 지시

- 문제를 유지하는 연쇄를 변화시키기 위해서 가족이 역설적이라고 생각하는 행동, 즉 **문제행동을 유지하거나 강화하는 행동을 수행하도록 지시**하는 기법
- '변하지 말라'라는 메시지와 '변하라'라는 메시지가 동시에 전달되는 치료적 이중구속 상황을 활용
  - **제지기법**: 변화의 속도가 지나치게 빠르다고 지적하고 가족원에게 천천히 진행하라고 경고하거나 개선이 생길 때 퇴보에 대해 걱정하는 기법
  - **증상처방**: 클라이언트에게 증상행동을 계속하도록 격려하는 지시나 과제를 주는 기법
  - **시련기법**: 클라이언트가 가진 증상보다 더 고된 체험을 하도록 과제를 주어 증상을 포기하도록 하는 기법

순환적 질문

- 가족성원들이 문제에 대해 제한적이고 단선적인 시각에서 벗어나 **문제의 순환성을 깨달을 수 있도록 연속으로 질문**하는 기법

문제의 재구성(재명명, 재규정)

- 가족성원들에게 **문제를 다른 시각에서 보도록** 혹은 이해하도록 돕는 방법
- 부정적인 생각 → 긍정적인 시각으로 변화하도록 돕는 것

01 (23-04-14) 역설적 지시의 예: 끊임없는 잔소리로 말다툼이 잦아 갈등을 겪고 있는 부부에게 매일 1회 시간을 정해서 30분 동안 부부싸움을 하도록 하였다.

02 (22-04-13) 전략적 가족치료는 의사소통과 행동 문제의 순환 고리를 끊어 연쇄작용을 변화시키는 데 초점을 둔다.

03 (22-04-16) 전략적 가족치료모델의 특징: 가족구성원들 사이 힘의 우위에 따라 대칭적이거나 보완적 관계가 형성된다. 비언어적 의사소통이 가족의 욕구를 나타내므로 메타 의사소통이 중요하다. 가족이 문제행동을 유지하도록 지시함으로써 클라이언트가 통제력을 발휘한다.

04 (21-04-17) 전략적 모델에서는 환류고리에 의해 문제가 만성화되며, 문제에 대한 관점을 바꾸는 재구성 기법을 활용한다.

05 (20-04-23) 전략적 모델은 문제를 보는 시각을 변화시키고 새로운 의미를 발견하는 재명명 기법을 사용한다.

06 (19-04-21) 제지 기법은 가족의 문제가 개선될 때 체계의 항상성 균형이 위험하다고 판단되어 사용하는 전략으로, 변화의 속도가 빠르다고 지적하며 조금 천천히 변화하라고 하는 기법이다.

07 (15-04-23) 가족이 변화에 대한 저항이 클 때 역설적 개입을 사용할 수 있다.

08 (15-04-23) 문제와 관련된 가족의 행동체계를 정확히 파악하여 증상처방 기법을 활용한다.

09 (15-04-23) 역설적 개입은 치료적 이중구속을 활용하여 문제를 해결하는 것이다.

10 (14-04-22) 전략적 모델에서는 역설적 지시를 활용하는데, 증상행동을 계속하도록 함으로써 자신의 통제력을 깨닫게 하는 방법은 증상처방에 해당한다.

11 (13-04-24) 전략적 모델은 문제를 둘러싼 파괴적이고 역기능적인 악순환 고리를 파악하는 데에 초점을 둔다.

12 (13-04-24) 전략적 모델에서는 문제의 해결 혹은 변화를 유도하기 위해서 오히려 문제행동을 계속 유지시키라고 지시하는 역설적 지시를 활용한다.

13 (11-04-16) 부부싸움 문제로 내방한 부부에게 일주일에 이틀을 정해 싸움 거리를 찾아내어 30분간 부부싸움을 해보라고 지시하는 것은 전략적 가족치료의 증상처방에 해당한다.

14 (08-04-26) 전략적 가족치료에서는 가족의 문제가 유지되는 환류고리를 변화시키는 데에 초점을 둔다.

15 (08-04-26) 전략적 가족치료에서는 특정의 문제를 해결하기 위한 다양한 전략을 시도한다.

16 (08-04-26) 전략적 가족치료에서는 가족의 상호작용을 지지하는 가족규칙을 확인하고 변화시킬 방법에 초점을 맞춘다.

17 (08-04-26) 전략적 가족치료에서는 재구성 등을 통해 문제를 바라보는 가족들의 시선을 변화시킨다.

대표기출 확인하기

23-04-14
난이도 ★★★

다음 사례에 해당하는 가족개입 기법은?

> 끊임없는 잔소리로 말다툼이 잦아 갈등을 겪고 있는 부부에게 매일 1회 시간을 정해서 30분 동안 부부싸움을 하도록 하였다.

① 실연
② 재구성
③ 역설적 지시
④ 순환적 질문하기
⑤ 긍정적 의미부여

 알짜확인

- 문제의 원인이 아닌 행동의 변화에 초점을 둔다는 특징을 이해해야 한다.
- 행동의 변화를 위한 다양한 전략을 시도하며, 역설적 지시, 순환적 질문, 재구성 등의 개입기법을 살펴보자.

답 ③

✔ **응시생들의 선택**

① 6%	② 6%	③ 87%	④ 0%	⑤ 1%

③ 끊임없는 잔소리로 말다툼이 잦아 갈등을 겪고 있는 부부에게 오히려 매일 1회 시간을 정해서 30분 동안 부부싸움을 하도록 했기 때문에 역설적 지시에 해당한다. 역설적 지시란 문제행동을 유지하거나 강화하는 행동을 계속 수행하도록 지시하는 기법이다. 이 사례는 증상행동을 계속하라는 지시와 과제를 주었기 때문에 역설적 지시 중에서도 증상처방에 해당한다.

관련기출 더 보기

22-04-16
난이도 ★★★

다음과 같은 기법을 사용하는 가족치료모델은?

> - 가족구성원들 사이 힘의 우위에 따라 대칭적이거나 보완적 관계가 형성된다.
> - 비언어적 의사소통이 가족의 욕구를 나타내므로 메타 의사소통이 중요하다.
> - 가족이 문제행동을 유지하도록 지시함으로써 클라이언트가 통제력을 발휘한다.

① 전략적 가족치료모델
② 해결중심 가족치료모델
③ 구조적 가족치료모델
④ 다세대 가족치료모델
⑤ 경험적 가족치료모델

답 ①

✔ **응시생들의 선택**

① 54%	② 5%	③ 24%	④ 3%	⑤ 14%

헤일리는 의사소통이론을 기반으로 전략적 가족치료모델을 발전시켜 나가면서 의사소통이 가진 내용과 관계라는 두 가지 측면을 살펴보았다.
- 내용 면에서 표면적 메시지 외에 행간의 의미와 비언어적 내용, 말하는 방식이 중요함을 강조하면서 메시지의 질(=메타 의사소통)에 따라 역기능적 관계가 형성된다고 보았다.
- 관계는 대칭적 관계와 보완적 관계가 있다. 대칭적 관계는 두 사람이 대등하게 소통하는 관계로 서로 비판이나 충고를 하지만 경쟁적이고 갈등적인 관계로 흐를 수 있다. 보완적 관계는 한 사람이 우위에 있는 지배와 순종의 관계로 상호보완적인 측면도 있지만 역기능적 관계가 될 수 있다.

가족개입의 전략적 모델에 관한 설명으로 옳은 것은?

① 역기능적인 구조의 재구조화를 개입목표로 한다.
② 증상처방이나 고된 체험기법을 비지시적으로 활용한다.
③ 가족문제가 왜 일어났는지 파악하여 원인 제거에 필요한 전략을 사용한다.
④ 가족 내 편중된 권력으로 인해 고착된 불평등한 위계구조를 재배치한다.
⑤ 문제를 보는 시각을 변화시키고 새로운 의미를 발견하는 재명명기법을 사용한다.

답 ⑤

✔ 응시생들의 선택

① 11%	② 14%	③ 41%	④ 6%	⑤ 28%

①④ 역기능적인 가족구조를 재구조화하여 기능적인 구조로 변화시키는 것은 구조적 가족치료에 해당한다.
② 증상처방이나 고된 체험기법은 지시적 기법이다. 사회복지사가 가족에게 특정 행동을 할 것 혹은 특정 행동을 하지 말고 다른 행동을 할 것 등의 방식으로 지시한다.
③ 전략적 모델은 문제가 일어난 이유나 그 행동의 원인을 파악하는 것보다 어떻게 하면 행동의 변화를 일으킬 수 있는지에 초점을 둔다.

전략적 가족치료의 치료적 이중구속에 관한 설명으로 옳지 않은 것은?

① 증상을 이용한다.
② 빙산기법을 이용한다.
③ 지시적 기법을 이용한다.
④ 역설적 기법을 이용한다.
⑤ 치료자의 지시를 따르지 않아도 문제가 해결될 수 있다.

답 ②

✔ 응시생들의 선택

① 2%	② 25%	③ 8%	④ 2%	⑤ 63%

② 빙산기법은 경험적 치료모델의 사티어가 제시한 것으로, 겉으로 보이는 인간의 행동은 수면 위에 드러난 빙산의 한 부분에 불과하다고 본 관점이다. 그래서 사티어는 클라이언트의 표면적 문제만 볼 것이 아니라 수면 아래에 있는 경험을 탐색하여 표면화하는 것이 중요하다고 설명하였다.

역설적 개입에 관한 설명으로 옳은 것을 모두 고른 것은?

ㄱ. 가족이 변화에 대한 저항이 클 때 사용할 수 있다.
ㄴ. 문제와 관련된 가족의 행동체계를 정확히 파악하여 증상처방기법을 활용한다.
ㄷ. 원가족 분석을 중시하는 개입방법이다.
ㄹ. 치료적 이중구속을 활용하여 문제를 해결하는 것이다.

① ㄱ, ㄴ　　　　　　② ㄷ, ㄹ
③ ㄱ, ㄴ, ㄷ　　　　④ ㄱ, ㄴ, ㄹ
⑤ ㄱ, ㄴ, ㄷ, ㄹ

답 ④

✔ 응시생들의 선택

① 11%	② 9%	③ 6%	④ 61%	⑤ 13%

ㄷ. 역설적 개입은 전략적 가족치료모델의 방법이다. 이 모델은 행동의 이유보다는 행동의 변화에 관심을 갖고 문제를 해결하고자 한다. 따라서 원가족 분석이나 문제 분석을 강조하기보다는 문제해결을 위한 다양한 전략을 시도한다.

다음 사례에 나타난 가족 개입기법은?

사소한 말다툼이 큰 싸움이 되는 과정에서 서로 상처를 주는 말이 쌓여 부부관계가 악화되었고, 끝내는 이혼을 고려하고 있는 부부를 상담 중인 사회복지사는 다음과 같은 과제를 주었다.
"잘 알겠습니다. 그럼 이렇게 해보시죠. 집으로 돌아가셔서 일주일에 이틀을 정해, 두 분이 싸울 거리를 한 가지씩 찾아내서 부부싸움을 30분간 하시는 겁니다."

① 실연　　　　　　　② 코칭
③ 증상처방　　　　　④ 가족조각
⑤ 역할연습

답 ③

✔ 응시생들의 선택

① 19%	② 24%	③ 52%	④ 2%	⑤ 2%

③ 사례에서는 부부싸움이 문제이고 증상인데, 이를 계속하도록 처방을 내렸다. 이러한 증상처방의 방식은 전략적 가족치료기법인데, 증상을 없애기 위해서 증상을 지속하게 하거나 증상을 과장 혹은 심지어 자발적으로 증상을 일으키라고 처방하는 것이다.

다음 내용이 **왜 틀렸는지**를 확인해보자

01 전략적 가족치료모델에서는 <u>가족구성원이 삼각관계에서 벗어나도록 정서적 체계를 수정</u>하는 데에 초점을 둔다.

> 탈삼각화는 다세대 가족치료모델의 대표적 기법이다.

`20-04-23`

02 전략적 모델은 가족 내에서 <u>문제를 일으키는 성원이 자신의 문제를 인식하고 왜 그런 행동을 하는지를 깨닫도록</u> 하는 데에 초점을 둔다.

> 전략적 모델은 인간의 행동이 왜 일어났는지에 초점을 두지 않기 때문에 왜 그런 행동을 하는지를 따지지 않는다.

03 전략적 가족치료모델에서는 <u>가족항상성의 유지에 초점을 둔 가족은 병리적 증상이 일어나지 않는다</u>고 본다.

> 변화보다 가족항상성의 유지에 초점을 두면 가족문제가 발생해도 변화를 거부하기 때문에 병리적이게 된다.

04 전략적 모델의 개입방법 중 하나인 <u>재구성은 치료적 이중구속의 상황을 만들어 진행</u>된다.

> 재구성은 문제를 다른 관점에서 이해하도록 돕는 기법이다.
> 치료적 이중구속의 상황에서 진행되는 것은 역설적 지시이다.

05 증상처방은 클라이언트에게 <u>증상행동을 중단하도록</u> 하는 지시나 과제를 주는 기법이다.

> 증상처방은 클라이언트에게 증상행동을 계속하도록 격려하는 지시나 과제를 주는 기법이다. 클라이언트는 사회복지사의 지시를 거부하고 증상을 버리거나 혹은 지시에 순응하여 증상을 조절할 수 있는 통제권이 자신에게 있음을 인정하게 되는 원리를 이용하는 것이다.

06 전략적 가족치료모델에서는 증상처방, 제지, 시련 등 역설적 개입기법과 순환 질문, <u>예외 질문, 기적 질문</u> 등 다양한 질문 기법을 활용한다.

> 예외 질문, 기적 질문 등은 해결중심모델에서 활용하는 질문 기법이다.

빈칸에 들어갈 알맞은 말을 채워보자

20-04-23
01 전략적 가족치료에서는 문제에 대한 관점을 바꾸는 (   ) 기법을 활용한다.

13-04-24
02 전략적 가족치료에서는 문제의 해결 혹은 변화를 유도하기 위해서 오히려 문제행동을 계속 유지시키라고 지시하는 (   ) 지시를 활용한다.

19-04-21
03 (   ) 기법은 가족의 문제가 개선될 때 변화의 속도가 빠르다고 지적하며 조금 천천히 변화하라고 하는 것이다.

 답 **01** 재구성(재명명) **02** 역설적 **03** 제지

다음 내용이 옳은지 그른지 판단해보자

01 전략적 가족치료에서는 가족문제를 단선적 인과관계에서 살펴본다.

02 전략적 가족치료는 가족 문제의 해결을 위해 행동의 원인보다 행동의 변화에 관심을 둔다.

15-04-23
03 가족이 변화에 대한 저항이 클 때 역설적 개입을 사용해서는 안 된다.

04 전략적 가족치료모델의 대표적인 학자인 헤일리는 대부분의 가족문제는 역기능적 위계관계에서 비롯된다고 보고 이러한 가족 간의 역기능적 상호작용을 전략적으로 변화시키는 데 초점을 두었다.

답 **01** ✕ **02** ○ **03** ✕ **04** ○

해설 **01** 전략적 가족치료에서는 가족문제를 순환적 인과관계에서 살펴보며, 구체적으로 순환적 질문 기법을 활용한다.
03 가족이 변화에 대한 저항이 클 때 증상행동을 계속하도록 하는 역설적 개입을 통해 저항을 줄일 수 있다.

해결중심 가족치료

강의 QR코드

1회독	2회독	3회독
월 일	월 일	월 일

최근 10년간 **14문항** 출제

복습
1 이론요약

주요 원칙 및 특징

기본개념

사회복지실천기술론
pp.208~

- **탈이론적, 비규범적 모델**
- 클라이언트의 견해 존중, **협력관계** 강조
- 가족이 원하는 해결에 초점을 둔 **단기개입**
- 미래지향적 모델: 과거가 아닌 **현재와 미래에 초점**
- 클라이언트에 대한 **'알지 못함'의 자세** 강조
- 건강한 것에 초점: **장애나 결함 등은 되도록 다루지 않음**
- **'반복적으로 잘못 다룬 것'**을 문제로 봄
- **파문 효과**를 통해 가족문제가 해결될 수 있다고 봄
- 클라이언트의 강점, 자원, 기술, 개성 등을 발견하여 치료에 활용
- 변화를 해결책으로 활용: **변화는 불가피한 것**
- 클라이언트는 이미 해결책을 갖고 있음: 성공 경험, 예외 상황 등을 해결책으로 활용
- 사회복지사는 방문형 클리이언트, 불평형 클리이언트가 고객형 클라이언트로 전환될 수 있도록 해야 함
- 치료목표는 달성할 수 있는 작은 것부터 세워나가며, 그 방법도 단순하고 간단한 것에서부터 시작
- 단기간에 경제적인 해결을 추구하기 때문에 **임시대응적이라는 비판**도 있음

중심철학

- 내담자가 문제 삼지 않는 것은 건드리지 말라.
- 일단 무엇이 효과가 있는지를 알면 그것을 더 많이 하라.
- 그것이 효과가 없다면 다시는 그것을 하지 말고 다른 것을 행하라.

개입목표와 원조방향

- 개입목표는 도움을 받으러 온 가족으로 하여금 그들 자신의 생활을 보다 만족스럽게 하기 위해서 **현재하고 있는 것과는 다른 것을 하거나 생각해내도록** 하여 현재 가족이 가지고 있는 문제를 해결하는 것이다.
- 사회복지사는 직접적으로 무엇을 하라고 지시하고 가르치기보다는 **가족들 스스로 문제해결의 방안을 찾아내고 사용할 수 있도록 원조**한다.

목표설정의 원칙

- 클라이언트에게 중요한 것
- 쉽게 성취할 수 있는 작은 것
- 구체적이고 명확하고 **행동적인 것**
- 문제를 없애는 것이 아닌 **조금 더 나아지는 것**
- 지금-여기에서 시작. 즉 **현재 단계에서 필요한 것**
- 실현가능하고 성취가능한 것
- **목표를 수행하기 위한 노력 그 자체가 성공의 시작**

대표적인 질문 기법

- **치료면담 전 변화에 대한 질문**: 면담 예약 후 당일 사이의 변화 확인 → 변화를 **스스로 파악**할 수 있게 함
- **예외질문**: 실패경험이 아닌 **성공경험을 확인**하기 위해 실시 → 성공경험을 확장하도록 해야 함
- **대처질문(극복질문)**: 상황이 더 나빠지지 않게 했던 클라이언트의 **노력을 확인**하는 질문 → **강점과 자원** 파악
- **기적질문**: 문제가 해결된 **상태를 상상**하게 하는 질문 → 상상을 현실로 연결할 수 있게 해야 함
- **척도질문**: **구체적인 숫자**로 문제의 심각도, 변화의지 등을 표현하게 함 → 과거가 아닌 현재와 미래에 초점을 둘 수 있게 해야 함
- **관계성 질문**: 클라이언트와 **중요한 관계에 있는 사람(부모, 친구 등)의 시각에서** 클라이언트의 문제를 보게 하는 질문 → 새로운 가능성을 탐색할 수 있게 함

기출문장 CHECK

01 (23-04-07) 해결중심모델은 탈이론적이며 비규범적이다.

02 (22-04-03) 해결중심모델은 개입목표 설정에 있어 클라이언트에게 중요한 것을 목표로 하기, 작은 것을 목표로 하기, 목표를 시작으로 간주하기, 목표수행은 힘든 일이라고 인식하기 등의 원칙을 갖는다.

03 (22-04-13) 해결중심 가족치료는 문제가 일어나지 않는 예외상황을 찾아서 확대해 나간다.

04 (21-04-03) 해결중심모델은 탈이론적이고 비규범적이며 클라이언트의 견해를 존중한다.

05 (21-04-08) 재혼하신 아버지는 이 문제를 어떻게 생각하실까요? – 관계성 질문

06 (20-04-11) 해결중심모델의 전제: 삶에서 변화는 불가피하며 작은 변화가 더 큰 변화로 이어진다. 모든 문제에는 예외가 존재한다. 클라이언트는 자기 삶의 주체이며, 자신에게 중요한 사람과 일에 대해 가장 잘 아는 전문가이다.

07 (20-04-22) 상담신청 후 지금까지 어떤 변화가 있었나요? – 첫 상담 이전의 변화에 대한 질문

08 (20-04-22) 밤새 기적이 일어나서 문제가 다 해결됐는데, 자느라고 기적이 일어난 걸 몰라요. 아침에 뭘 보면 기적이 일어났다는 걸 알 수 있을까요? – 기적질문

09 (20-04-22) 매일 싸운다고 하셨는데, 안 싸운 날은 없나요? – 예외질문

10 (20-04-22) 자녀에게 잔소리하는 횟수를 어떻게 줄일 수 있었나요? – 대처질문

11 (19-04-09) 해결중심모델에서 사회복지사는 변화에 도움을 주는 자문가 역할을 한다.

12 (19-04-09) 해결중심모델은 클라이언트의 견해를 존중한다.

13 (19-04-09) 해결중심모델은 문제의 원인과 발전과정에 관심을 두기보다 문제해결 방안을 모색하는 것이 더 효과적이라고 본다.

14 (19-04-09) 해결중심모델은 모든 사람은 강점과 자원, 능력을 가지고 있다고 가정한다.

15 (19-04-12) 남편이 여기 있다면 당신이 어떻게 하는 것이 문제 해결에 도움이 된다고 할까요? – 관계성질문

16 (18-04-20) 해결중심모델은 다양한 질문기법들을 활용하여 클라이언트와 대화한다.

17 (17-04-11) 해결중심모델은 클라이언트 지향적 모델이다.

18 (17-04-11) 해결중심모델은 사회복지사와 클라이언트 간 협력적 관계를 중시한다.

19 (17-04-11) 해결중심모델은 메시지 작성과 전달, 과제를 활용한다.

20 (17-04-11) 해결중심모델은 임시대응적 기법이라는 비판이 있다.

21 (17-04-19) "어머니가 여기 계신다고 가정하고 제가 어머니께 당신의 문제가 해결되면 무엇이 달라지겠냐고 묻는다면 어머니는 뭐라고 말씀하실까요?" – 관계성질문

22 (16-04-14) 해결중심모델에서의 목표설정: 클라이언트가 중요하다고 생각하는 것, 클라이언트가 갖지 않은 것보다 갖고 있는 것에 초점을 둠, 긍정적이며 과정의 형태로 정의, 목표를 문제해결의 시작으로 간주

23 (15-04-05) 해결중심모델에서는 변화는 항상 일어나며 불가피하나고 본다.

24 (14-04-04) 해결중심모델에서는 문제가 발생되지 않았던 예외적인 상황을 중요시한다.

25 (14-04-04) 해결중심모델에서는 클라이언트의 자원과 과거의 성공경험을 중요시한다.

26 (14-04-06) 당신 아버지께서는 문제가 해결된 상황에 대해 어떤 말씀을 하실까요? – 관계성질문

27 (13-04-10) 해결중심모델은 변화를 불가피한 것으로 인식한다. 현재와 미래를 지향한다.

28 (13-04-10) 해결중심모델은 클라이언트와의 협동작업을 중시한다.

29 (13-04-10) 해결중심모델에서 사회복지사는 변화 촉진을 위한 질문자 역할을 수행한다.

30 (12-04-02) 어려운 상황 속에서도 더 나빠지지 않고 견뎌낼 수 있었던 것은 무엇 때문이라고 생각하십니까? – 대처질문

31 (11-04-10) 밤새 기적이 일어나서 모든 문제가 해결되었다고 한다면 아침에 일어나서 무엇을 보고 기적이 일어났는지 알 수 있을까요? – 기적질문

32 (10-04-10) 해결중심모델은 탈이론적, 비규범적이며 현재와 미래지향적이다.

33 (10-04-10) 해결중심모델은 클라이언트의 자원, 건강성, 성공경험에 초점을 둔다.

34 (10-04-10) 해결중심모델에서는 사회복지사의 자문가 역할이 강조된다.

35 (10-04-11) 아드님과의 관계가 지금보다 조금이라도 나았을 때는 언제였나요? – 예외질문

36 (07-04-20) 남편이 술을 마시지 않는 때는 언제인가요? – 예외질문

37 (05-04-20) "어느 날 밤 당신이 자고 있을 동안 기적이 일어나 꿈꾸던 대로 결혼생활이 완벽해졌습니다. 아침에 일어났을 때 결혼생활은 어떻게 달라졌을까요?" – 기적질문

대표기출 확인하기

해결중심모델의 주요 원리로 옳지 않은 것은?

① 건강한 것에 초점을 둔다.
② 개입의 목적을 증상 감소에 둔다.
③ 현재에 초점을 맞추며 미래지향적이다.
④ 클라이언트와의 협력관계를 중요시한다.
⑤ 탈이론적이며 비규범적이다.

 알짜확인

- 탈이론적, 비규범적 모델이라는 점은 꾸준히 출제된 내용으로 꼭 기억해두자.
- 이름처럼 '해결'에 초점을 두기 때문에 문제의 원인이나 내용에 초점을 두지 않는다는 점도 중요한 특징이다.
- 개입기법으로서 다양한 질문기법을 사용하기 때문에 이를 꼼꼼히 살펴보는 것은 필수이며, 이 모델에서의 목표설정 원칙도 이따금씩 출제되고 있다.

답 ②

✔ **응시생들의 선택**

① 11%	② 59%	③ 6%	④ 4%	⑤ 20%

② 개입의 목적을 증상 감소에 두는 것은 병리적 관점이다. 해결중심모델은 강점관점으로 문제 중심에서 벗어나 문제가 나타나지 않은 예외 상황을 발견하고, 이를 확대하여 해결로 나아가는 것을 개입의 목표와 방향으로 삼는다.

관련기출 더 보기

해결중심모델의 개입목표 설정 원칙에 관한 설명으로 옳지 않은 것은?

① 클라이언트에게 중요한 것을 목표로 하기
② 작은 것을 목표로 하기
③ 목표를 종료보다는 시작으로 간주하기
④ 있는 것 보다 없는 것에 관심두기
⑤ 목표수행은 힘든 일이라고 인식하기

답 ④

✔ **응시생들의 선택**

① 0%	② 3%	③ 3%	④ 51%	⑤ 43%

④ 해결중심모델은 병리적인 것보다 건강한 것에 초점을 두고 장애나 결함 등은 되도록 다루지 않는다. 이러한 특징으로 인해 목표를 설정함에 있어서도 없는 것보다는 있는 것, 지금 상황에서 할 수 있는 것 등에 초점을 둔다.

➕ **덧붙임**

⑤와 관련하여, 해결중심모델에서는 클라이언트가 목표를 수행하는 것이 힘든 일임을 인식하며 목표를 수행하기 위한 노력 그 자체를 성공의 시작으로 본다.

해결중심모델에 관한 설명으로 옳은 것은?

① 클라이언트에게 대처행동을 가르치고 훈련함으로써 부적응을 해소하도록 한다.
② 탈이론적이고 비규범적이며 클라이언트의 견해를 존중한다.
③ 문제의 원인을 클라이언트의 심리 내적 요인에서 찾는다.
④ 클라이언트의 문제를 자원 혹은 기술 부족으로 본다.
⑤ 문제와 관련이 있는 환경과 자원을 사정하고 개입 방안을 강조한다.

답 ②

✔ 응시생들의 선택

① 20%	② 43%	③ 7%	④ 11%	⑤ 19%

① 해결중심모델에서 사회복지사는 클라이언트에게 어떻게 할 것을 지시하고 가르치는 것보다 클라이언트 스스로 문제해결 방안을 찾아내고 사용할 수 있도록 돕는다.
③ 해결중심모델은 클라이언트의 문제에 대해 반복적으로 잘못 다룬 것이라고 볼 뿐이기 때문에 문제 및 문제의 원인을 밝힐 필요는 없다고 본다.
④ 해결중심모델은 클라이언트의 자원과 기술을 발견하여 치료에 활용하기는 하지만 자원과 기술의 부족을 문제로 보는 것은 아니다.
⑤ 해결중심모델은 진단이나 사정을 강조하지 않는다. 클라이언트가 이미 가지고 있는 것, 할 수 있는 것에서 시작하며 이를 알아내기 위해 예외질문, 극복질문 등의 다양한 질문방식을 사용한다. 클라이언트의 이야기에서 문제해결의 실마리를 찾으며 이를 과제로 연결해 제안하는 방식으로 진행된다.

다음 전제에 해당되는 사회복지실천모델은?

- 삶에서 변화는 불가피하며 작은 변화가 더 큰 변화로 이어진다.
- 모든 문제에는 예외가 존재한다.
- 클라이언트는 자기 삶의 주체이며, 자신에게 중요한 사람과 일에 대해 가장 잘 아는 전문가이다.

① 클라이언트중심모델 ② 해결중심모델
③ 문제해결모델 ④ 정신역동모델
⑤ 동기상담모델

답 ②

✔ 응시생들의 선택

① 56%	② 26%	③ 14%	④ 2%	⑤ 2%

② 해결중심모델에 해당한다.

해결중심모델의 질문기법 예시로 옳지 않은 것은?

① 관계성질문: 두 분이 싸우지 않을 때는 어떠세요?
② 예외질문: 매일 싸운다고 하셨는데, 안 싸운 날은 없었나요?
③ 대처질문: 자녀에게 잔소리하는 횟수를 어떻게 줄일 수 있었나요?
④ 첫 상담 이전의 변화에 대한 질문: 상담신청 후 지금까지 어떤 변화가 있었나요?
⑤ 기적질문: 밤새 기적이 일어나서 문제가 다 해결됐는데, 자느라고 기적이 일어난 걸 몰라요. 아침에 뭘 보면 기적이 일어났다는 걸 알 수 있을까요?

답 ①

✔ 응시생들의 선택

① 49%	② 3%	③ 17%	④ 8%	⑤ 23%

① 관계성질문은 클라이언트와 중요한 관계에 있는 다른 사람들의 시각에서 클라이언트를 보게 하는 질문이다. 예를 들면, "어머니가 여기 계시다면, 두 분이 싸우지 않으려면 어떻게 하는 것이 도움이 된다고 말씀하실까요?"라고 질문할 수 있다.

해결중심모델에 관한 설명으로 옳지 않은 것은?

① 사회복지사는 클라이언트를 변화시키는 전문가가 아니라 변화에 도움을 주는 자문가 역할을 한다.
② 문제의 원인과 발전과정에 관심을 두기보다 문제해결 방안을 모색하는 것이 더 효과적이라고 본다.
③ 모든 사람은 강점과 자원, 능력을 가지고 있다고 가정한다.
④ 클라이언트의 견해를 존중한다.
⑤ 클라이언트의 과거에 관해 깊이 탐색하여 현재와 미래에 적응하도록 돕는데 관심을 둔다.

답 ⑤

✔ 응시생들의 선택

① 10%	② 11%	③ 12%	④ 1%	⑤ 66%

⑤ 해결중심모델은 과거가 아닌 현재와 미래에 초점을 맞추는 미래지향적 모델로, 과거에 대해 깊이 탐색하지는 않는다.

17-04-11 난이도 ★★★

해결중심모델에 관한 설명으로 옳지 않은 것은?

① 클라이언트 지향적 모델이다.
② 임시대응적 기법이라는 비판이 있다.
③ 메시지 작성과 전달, 과제를 활용한다.
④ 사회복지사와 클라이언트 간 협력적 관계를 중시한다.
⑤ 문제가 해결된 상태를 가정하는 대처질문을 활용할 수 있다.

답 ⑤

✅ 응시생들의 선택

① 14%	② 24%	③ 24%	④ 7%	⑤ 31%

⑤ 문제가 해결된 상태를 가정하고 이루어지는 질문은 기적질문에 해당한다. 대처질문은 클라이언트가 절망적인 상황에서도 잘 견뎌내어 상황이 나빠지지 않은 것을 강조하고, 위기에서 살아남기 위해 적용한 방법을 파악하는 질문이다.

14-04-06 난이도 ★★☆

해결지향적 질문 유형 중 '관계성 질문'에 해당하는 것은?

① "문제가 발생되지 않을 때는 언제인가요?"
② "문제와 가장 관련이 있는 상황은 어떤 경우였나요?"
③ "문제가 해결되면 당신의 생활에 어떤 변화가 있을까요?"
④ "이런 문제는 누구와의 관계에서 더 심각하게 느껴지나요?"
⑤ "당신 아버지께서는 문제가 해결된 상황에 대해 어떤 말씀을 하실까요?"

답 ⑤

✅ 응시생들의 선택

① 1%	② 13%	③ 8%	④ 34%	⑤ 44%

⑤ 관계성 질문은 클라이언트와 중요한 관계에 있는 사람들의 시각에서 클라이언트를 보게 하는 질문방식이다.

11-04-10 난이도 ★★★

해결중심모델에서 사용되는 질문기법의 예로 옳지 않은 것은?

① 예외질문 – "두 분이 매일 싸우신다고 말씀하셨는데, 혹시 싸우지 않은 날은 없었나요?"
② 대처질문 – "이렇게 힘들고 어려운 상황을 이겨내기 위해 가족들이 어떻게 대처해야 할까요?"
③ 관계성질문 – "당신의 어머니는 이 상황에서 당신이 무엇을 해야 문제해결에 도움이 된다고 말씀하실까요?"
④ 기적질문 – "밤새 기적이 일어나서 모든 문제가 해결되었다고 한다면 아침에 일어나서 무엇을 보고 기적이 일어났는지를 알 수 있을까요?"
⑤ 상담 전 변화질문 – "상담예약을 하신 후부터 지금까지 시간이 좀 지났는데 그동안 상황이 좀 바뀌었나요? 그렇다면 무엇이 어떻게 달라졌는지 말씀해주세요."

답 ②

✅ 응시생들의 선택

① 3%	② 35%	③ 45%	④ 6%	⑤ 11%

② 대처질문은 "이렇게 힘들고 어려운 상황을 이겨내기 위해 가족들이 어떻게 오늘까지 견뎌왔나요?"라고 할 수 있다.

➕ 덧붙임

대처질문은 앞으로 어떻게 대처할 것인가를 묻는 것이 아니라 지금까지 어떻게 대처해왔는지, 어떤 노력을 해왔는지를 질문하는 것이다.

15-04-05 난이도 ★★★

해결중심모델에 관한 설명으로 옳은 것은?

① 규범적이다.
② 과거를 지향한다.
③ 병리적인 것에 초점을 둔다.
④ 문제의 원인규명에 초점을 둔다.
⑤ 변화는 항상 일어나며 불가피하다.

답 ⑤

✅ 응시생들의 선택

① 6%	② 2%	③ 8%	④ 25%	⑤ 59%

① 비규범적이다.
② 미래지향적인 모델이다.
③ 병리적인 것보다 건강한 것에 초점을 둔다.
④ 문제의 원인이나 내용보다 해결에 초점을 둔다.

다음 내용이 **왜 틀렸는지**를 확인해보자

01 해결중심모델은 문제해결을 위해 **장기적 개입**을 강조한다.

> 해결중심모델은 특정 목표에 초점을 두고 단기적으로 이루어진다.

02 해결중심모델은 **클라이언트가 생각하지 못한 근본적인 문제**에 초점을 둔다.

> 해결중심모델은 '클라이언트가 문제 삼지 않는 것은 건드리지 않는다'는 것이 중심 철학인 만큼 클라이언트가 제시한 문제에 초점을 둔다.

`21-04-03`

03 해결중심모델에 따른 사회복지사는 문제해결을 위해 **구체적인 문제해결 방법을 지시하고 가르칠 수 있어야 한다.**

> 해결중심모델에서 사회복지사는 가족이 스스로 다양한 문제해결 방법을 찾아갈 수 있도록 원조한다.

`18-04-20`

04 해결중심모델은 **문제의 원인을 심리내부에서 찾는다.**

> 해결중심모델에서는 문제의 원인을 찾는 데에 주력하지 않는다.

05 해결중심모델은 클라이언트의 **병리적** 측면에 초점을 두면서 예외상황을 살펴본다.

> 클라이언트의 병리적 측면이 아닌 강점과 자원에 초점을 둔다.

`21-04-08`

06 "당신은 그 어려운 상황에서 어떻게 견딜 수 있었나요?"라는 질문은 **기적질문**에 해당한다.

> 대처질문에 해당한다. 기적질문은 문제가 해결된 상태를 상상하게 하는 질문이다.

빈칸에 들어갈 알맞은 말을 채워보자

※ 각각에 해당하는 해결중심모델의 질문 유형은?

12-04-02

01 "어려운 상황 속에서도 더 나빠지지 않고 견뎌낼 수 있었던 것은 무엇 때문이라고 생각하십니까?"
– (   )질문

07-04-20

02 남편이 매일 술을 마신다고 상담해 온 클라이언트에게 "남편이 술을 마시지 않는 때는 언제인가요?"
– (   )질문

10-04-11

03 "이처럼 어려운 상황에서도 어떻게 지금까지 견디어 올 수 있었나요?" – (   )질문

10-04-11

04 "처음 상담에 오셨을 때가 0점이고 개입목표가 달성된 상태를 10점이라고 한다면, 지금 당신의 상태는 몇 점입니까?" – (   )질문

10-04-11

05 "문제가 해결된다면 이를 어떻게 알 수 있나요?" – (   )질문

14-04-06

06 "당신 아버지께서는 문제가 해결된 상황에 대해 어떤 말씀을 하실까요?" – (   )질문

05-04-20

07 "어느 날 밤, 당신이 자고 있을 동안 기적이 일어나 꿈꾸던 대로 결혼생활이 완벽해졌습니다. 아침에 일어났을 때 결혼생활은 어떻게 달라졌을까요?" – (   )질문

09-04-09

08 "아버지가 술만 마시면 심하게 때리고, 그게 너무 고통스럽고 견디기 어려워 그 수준이 10점인 날들의 연속이라고 했지? 그런데 혹시 때리지 않는 날도 있니?" – (   )질문

답 **01** 대처(극복) **02** 예외 **03** 대처 **04** 척도 **05** 기적 **06** 관계성 **07** 기적 **08** 예외

다음 내용이 옳은지 그른지 판단해보자

01 해결중심모델은 단기개입을 추구한다. ◎ ✕

02 해결중심모델은 이론적 바탕을 강조한다. ◎ ✕

`15-04-05`
03 해결중심모델에서는 변화는 항상 일어나며 불가피한 것으로 간주한다. ◎ ✕

04 해결중심모델은 해결방안을 발견하고 구축하는 개입과정에서 클라이언트의 협력을 중시한다. ◎ ✕

05 해결중심모델에서는 목표를 크게 잡아 성공에 따른 성취감을 극대화하는 데에 초점을 둔다. ◎ ✕

`16-04-14`
06 해결중심모델에서는 목표를 문제해결의 시작으로 간주한다. ◎ ✕

`15-04-05`
07 해결중심모델은 문제의 원인 규명에 초점을 둔다. ◎ ✕

08 해결중심모델은 지금 현재에 필요한 것, 할 수 있는 것을 강조한다. ◎ ✕

`10-04-10`
09 해결중심모델은 클라이언트의 자원, 성공경험에 초점을 두며, 사회복지사의 자문가 역할이 강조된다. ◎ ✕

`19-04-12`
10 "잠이 안 와서 힘들다고 하셨는데, 잠을 잘 잤다고 느낄 때는 언제일까요?"라는 질문은 기적질문에 해당한다. ◎ ✕

`19-04-12`
11 "그 어려운 상황 속에서도 견딜 수 있었던 것은 무엇이라 생각합니까?"라는 질문은 예외질문에 해당한다. ◎ ✕

답 01 ○ 02 ✕ 03 ○ 04 ○ 05 ✕ 06 ○ 07 ✕ 08 ○ 09 ○ 10 ✕ 11 ✕

해설 02 해결중심모델은 탈이론적인 특징을 갖는다.
05 해결중심모델에서는 쉽게 성취할 수 있는 작은 것부터 목표로 잡는다.
07 해결중심모델은 과거보다는 현재와 미래를 강조하기 때문에 문제의 원인 규명에 초점을 두는 것이 아니라 현재 불편한 점이 무엇인지에 초점을 두어 해결책을 발견하고 변화를 이끌어 현재와 미래에 적응하도록 돕는다.
10 예외질문에 해당한다.
11 대처질문에 해당한다.

KEYWORD

116

이야기치료모델과
문제의 외현화

강의 QR코드

1회독 월 일
2회독 월 일
3회독 월 일

최근 10년간 **1문항** 출제

복습
1

이론요약

이야기치료모델

- **사회구성주의 관점**에 기초
  - 사회구성주의는 복잡한 사회현실이란 객관적으로 존재하는 것이 아니라 그 문제를 바라보는 관점에 따라 다르다는 관점이다.
  - 어떤 사회현상은 그것을 경험하는 사람이 그것을 어떻게 구성하느냐에 따라 달라지며 해결방법도 다양해질 수 있다는 관점이다.
- 내담자도 가족도 문제가 아니며, **문제 자체가 바로 문제**라고 보는 관점
- 문제 자체를 해결하는 것보다는 내담자가 가지고 있는 관점이나 의미 등을 재해석하여 새로운 이야기를 써나감으로써 자신들의 삶에 책임을 지는 적극적인 주체가 되도록 돕는 데 초점을 둠
- **문제의 외현화**(표출대화)
  - 가족문제를 가족 내부에 있는 것이 아닌 외부에 있는 존재이자 가족을 괴롭히는 존재로 봄
  - 치료자와 클라이언트와의 관계를 통한 이야기 속에서 문제의 초점을 찾음
  - 클라이언트가 스스로를 병리적이라고 생각하는 것에서 자유롭게 함
  - 클라이언트의 잠재력과 가능성을 인식하고 강점 개발을 촉진함

기본개념

사회복지실천기술론
pp.214~

기출문장 CHECK

01 (23-04-16) 이야기 가족치료모델은 가족의 상호작용 유형을 확인하고 문제를 외현화한다.

02 (09-04-14) 문제의 외현화는 이야기치료에서 사용되는 기법으로서 문제가 개인의 속성이나 내부에 존재하는 것이 아니라 외부에 존재하는 것으로 보고 가족을 괴롭히는 하나의 별개 존재로서 문제를 이야기하는 기법이다.

대표기출 확인하기

17-04-09   난이도 ★★☆

다음 대화에서 사회복지사 B가 클라이언트 A에게 사용한 기법에 해당하는 것은?

> A: "저는 조그마한 어려움이 있어도 쉽게 좌절하는 사람이에요."
> B: "좌절감이 당신으로 하여금 새로운 일을 하는 것을 방해하네요."

① 문제의 외현화
② 재보증
③ 코칭(coaching)
④ 가족지도
⑤ 체험기법

 알짜확인

• 사회구성주의 관점에 기초하여 문제와 클라이언트를 분리시키는 문제의 외현화 기법을 살펴보자.

답 ①

✓ **응시생들의 선택**

① 75%	② 18%	③ 6%	④ 0%	⑤ 1%

문제의 외현화
• 문제를 개인의 **속성으로** 보는 것이 아니라 외부에 존재하는 것으로 보는 방법이다.
• 이 기법은 클라이언트가 스스로를 병리적이라고 생각하는 것에서 벗어날 수 있도록 해준다.

관련기출 더 보기

13-04-12   난이도 ★★★

다음 각각의 가족 사정 내용과 관련이 없는 가족 개입모델은?

> • 가족 의사소통 유형의 파악
> • 가족 내 하위체계 간 경계 속성의 파악
> • 가계도를 활용하여 통합적인 가족속성을 종단·횡단으로 파악
> • 문제를 둘러싼 파괴적이고 역기능적인 악순환 고리의 파악

① 전략적 모델
② 구조적 모델
③ 다세대 모델(M. Bowen)
④ 경험적 모델(V. Satir)
⑤ 이야기치료 모델

답 ⑤

✓ **응시생들의 선택**

① 7%	② 13%	③ 13%	④ 36%	⑤ 31%

• 가족 의사소통 유형을 살펴보는 것은 경험적 모델에 해당한다.
• 가족 내 하위체계 간 경계 속성을 파악하는 데에 초점을 두는 것은 구조적 모델이다.
• 가계도를 활용하여 통합적인 가족속성을 종단·횡단으로 파악하는 것은 다세대 모델에 해당한다.
• 문제를 둘러싼 파괴적이고 역기능적인 악순환 고리를 파악하는 데에 초점을 두는 것은 전략적 모델이다.

이야기치료 모델
이야기치료에서는 내담자에 대한 사정이나 병리적 분류를 하지 않는다. 또한 문제를 클라이언트 개인과 가족과는 분리된 외부적 존재, 실체로 본다. 또한 직접적으로 문제를 다루고 해결하는 것을 목표로 삼지 않는 대신 클라이언트를 사회정치적으로 구성된 관점과 개념, 억압적인 문화의 구성으로부터 해방시키고 내담자의 자아상을 약한 것에서 강한 것으로 변화시키는 것에 초점을 둔다.

다음 내용이 옳은지 그른지 판단해보자

01 이야기치료에서는 클라이언트의 이야기를 통해 가족문제의 원인을 파악해나간다. ⊙ ✕

02 사회구성주의적 관점에서 문제는 누가 그 문제에 대해 어떻게 인식하느냐에 따라 달라진다고 본다. ⊙ ✕

03 해결중심 가족치료, 이야기치료 등은 사회구성주의 관점을 기초로 한다. ⊙ ✕

04 이야기치료에서는 가족의 의사소통 유형에 관심을 둔다. ⊙ ✕

05 문제의 외현화는 클라이언트의 문제를 개인적 속성으로 본다. ⊙ ✕

답 **01** ✕ **02** ○ **03** ○ **04** ✕ **05** ✕

해설 **01** 이야기치료모델은 클라이언트 혹은 가족이 문제가 있는 것이 아니라, 문제 자체가 바로 문제라고 본다. 따라서 문제의 원인을 찾는 데에 초점을 두지 않는다.

04 가족의 의사소통 유형에 관심을 두는 모델은 경험적 가족치료모델이다.

05 문제의 외현화는 클라이언트의 문제를 개인적인 속성으로 보지 않고, 외부에 있는 어떤 것으로 본다.

CHAPTER 10

집단 대상 실천기법

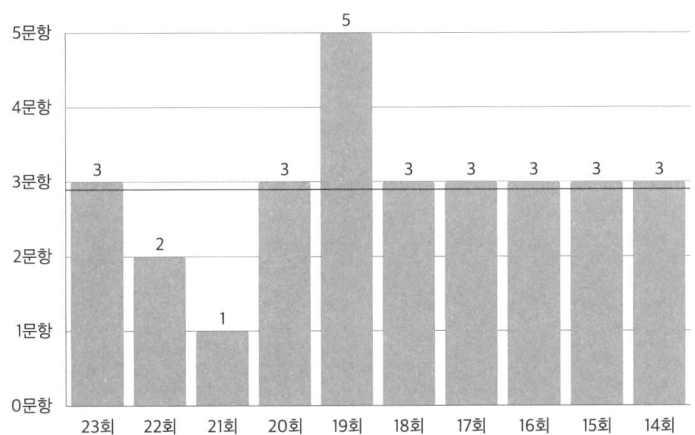

KEYWORD

117

집단의 유형

강의 QR코드

1회독
월 일

2회독
월 일

3회독
월 일

최근 10년간 **9문항** 출제

복습 **1**

이론요약

 23회 기출 20회 기출 19회 기출

치료집단

기본개념

사회복지실천기술론
pp.220~

▶ **지지집단**
- 목적: 생활 사건, 삶의 위기 등에 대한 대처 능력 향상
- **유대감 형성**이 용이하며, **자기개방 수준이 높음**
- 이혼한 부부의 자녀로 구성된 집단, 양육의 어려움을 공유하는 한부모집단 등

▶ **교육집단**
- 목적: 성원들이 그들 자신과 사회에 대해 배우는 것이 주요 목적인 집단
- **정보의 전달과 교육을 목적**으로 하기 때문에 강의 형태를 띠며, 집단지도자는 교사의 기능을 수행
- 보통 소수로 구성되면서도 성원 간 자기노출이 낮음
- 청소년 성교육 집단, 부모역할 훈련집단, 위탁부모집단 등

▶ **성장집단**
- 목적: 능력과 자의식을 넓히고 개인적 변화를 끌어낼 수 있는 기회 제공. 자아 향상
- 질병의 치료보다는 **심리적 · 사회정서적 건강 증진**이 중요
- 성원 간 자기노출의 정도가 높으며, 상호간 지지적 피드백을 통해 성장
- 부부의 결혼생활 향상집단, 참만남집단, 잠재력 개발 집단 등

▶ **치유(치료)집단**
- 목적: 성원 스스로 행동을 변화하고 개인적인 문제의 완화나 제거(치료 중심)
- 다소 심한 정서적 · 개인적 문제를 가진 성원들로 구성됨
- **상호지지 강조, 치유와 회복에 초점**
- 자기개방 수준이 높은 편이지만 개인차가 있기도 함
- 외래환자 대상의 정신치료집단, 금연집단, 약물중독자 집단 등

▶ **사회화집단**
- 목적: **사회적 기술을 습득**하고 사회생활에 효과적으로 기능할 수 있도록 원조
- 과잉행동주의력 결핍아동 대상의 집단, 퇴원한 정신장애인을 위한 사교집단 등

과업집단

- **과업 달성**을 위해, 성과물을 산출해내기 위해, 명령을 수행하기 위해 만들어진 집단
- 문제에 대한 해결책을 찾고 새로운 아이디어를 만들어내며 결정을 내림
- 특별사업팀 등의 임시조직, 이사회, 사회행동집단, 연합체, 자문위원회, 대표위원회 등

자조집단

- 비슷한 관심사를 공유하는 사람들로 구성된다는 점에서 지지집단과 유사하지만, **구성원들이 서로 도움을 주고받으며 주도적으로 집단을 이끌어감**
- **사회복지사는 지지와 상담, 필요한 자원의 의뢰 및 연결 등 최소한의 역할을 함**

기출문장 CHECK

01 (23-04-20) 집단의 성원모집 방법에서 노아방주의 원칙이란 성원을 모집할 때 한 십난 안에 나양한 **특성**을 가진 사람들을 포함시키는 것이다.

02 (20-04-02) 지지집단의 주요 목적은 동병상련의 경험으로 해결책을 모색하는 것이다.

03 (19-04-03) 지지집단은 유사한 문제와 욕구를 가진 사람들로 구성하여 유대가 빨리 형성된다.

04 (19-04-03) 성장집단은 집단 참여자의 자기인식을 증가시켜 개인의 잠재력을 최대화하는 데 초점을 둔다.

05 (19-04-03) 교육집단은 지도자가 집단 성원의 문제와 욕구를 해결하기 위해 필요한 기술과 정보를 제공한다.

06 (18-04-04) '치료집단 < 교육집단 < 성장집단 < 자조집단'의 순으로 집단성원의 주도성이 높게 나타난다.

07 (14-04-11) 지지집단의 특징: 비슷한 문제를 경험한 사람들로 집단을 구성한다. 유대감 형성이 쉽고 자기 개방성이 높다. 상호 원조하면서 대처기술을 형성하도록 돕는다.

08 (14-04-12) 자조모임은 집단성원 간의 학습을 통해 모델링 효과를 얻는다.

09 (13-04-11) 치료집단의 예: 장애인복지관에서 발달장애아동의 비장애 형제를 대상으로 주 1회 8회기 집단을 운영하였다. 집단의 목적은 비장애 형제의 장애 형제와 관련한 부적응적 사고와 신념의 변화였다. 이를 위해 자기 모니터링, 인지재구성, 의사소통훈련, 문제해결훈련을 활용하였다.

10 (12-04-16) 은퇴준비 노인 집단, 청소년을 위한 가치명료화 집단, 여성을 위한 의식고양 집단, 부부를 위한 참만남 집단 등은 병리의 치료보다 사회심리적 기능 향상에 초점을 둔 성장집단으로 구성될 수 있다.

11 (10-04-24) 지지집단의 예: 알코올중독치료를 받은 후 퇴원한 A는 지역 알코올상담기관에서 매주 운영하는 알코올중독회복자자조모임에서 만나게 된 동료들의 도움으로 단주를 유지하며 회복에 대한 희망을 갖게 되었다.

12 (10-04-29) 집단성원 간의 유대감 강화를 강조하는 집단의 리더는 모든 성원이 집단과정에 참여하도록 촉진하고, 개별성원들의 부정적 감정을 표현하도록 격려하며, 성원 간 갈등을 해결하고 긴장을 완화할 수 있도록 해야 한다.

13 (09-04-21) 장애아동부모 대상 자조집단은 아동의 권리보호, 가족치료, 가족관계 증진을 위한 정보 습득 등을 목적으로 한다.

14 (08-04-21) 명예퇴직을 준비하는 50대 클라이언트는 성장집단이 적합하다.

15 (08-04-21) 최근 부모의 이혼을 경험한 중학생 클라이언트에게는 지지집단이 적합하다.

16 (08-04-12) 사회복지사 없이 주기적인 만남을 통해 자녀양육에 대한 정보를 교환하고 경험을 공유하는 집단은 자조집단이다.

17 (06-04-19) 병원의 외래환자집단과 금연자집단은 치료집단으로 구성할 수 있다.

18 (05-04-16) 교육집단은 강의나 토론이 주로 이루어지는 집단으로 집단을 통해 새로운 정보를 습득하는 데 초점을 둔다.

19 (03-04-15) 성장집단은 구성원의 잠재력 발견, 자의식 고취, 자아성장 강조, 개인발달 유도 등을 목표로 한다.

대표기출 확인하기

23-04-20 　　　　　　난이도 ★★☆

자조집단이 갖는 특징으로 옳은 것을 모두 고른 것은?

> ㄱ. 동병상련의 경험에 기반을 둔다.
> ㄴ. 집단사회복지사의 주요 역할은 변화매개인이다.
> ㄷ. 집단 내 원활한 의사소통과 상호작용을 위해 공동지도자를 둔다.
> ㄹ. 노아방주의 원칙(Noah's ark principle)에 따라 성원을 모집한다.

① ㄱ
② ㄴ, ㄷ
③ ㄴ, ㄹ
④ ㄴ, ㄷ, ㄹ
⑤ ㄱ, ㄴ, ㄷ, ㄹ

▶ **알짜확인**

• 다양한 집단의 유형에 대해 살펴보자. 각 집단의 목적 및 특징에 따라 사회복지사가 수행할 과업의 범위도 조금씩 다르다.

답 ①

✅ **응시생들의 선택**

① 53%	② 7%	③ 4%	④ 7%	⑤ 29%

ㄴ. 자조집단은 참여하는 성원들이 주체가 되는 상호원조집단이므로 사회복지사는 변화매개인의 주도적 역할을 하지 않고 보조적이고 지지적인 역할만을 담당한다.
ㄷ. 자조집단은 유사한 어려움이나 관심사를 가진 성원들의 자발적 모임이기 때문에 동료끼리의 상호원조가 중요하므로 별도의 전문지도자나 공동지도자를 두지 않는다.
ㄹ. 집단의 성원모집 방법 중 노아방주의 원칙이란 성원을 모집할 때 한 집단 안에 다양한 특성을 가진 사람들을 포함시키는 것이다. 따라서 공통의 어려움과 관심을 가진 사람들이 모이는 자조집단의 성원모집에 대한 특징에는 맞지 않는다.

관련기출 더 보기

20-04-02 　　　　　　난이도 ★★★

지지집단의 주요 목적으로 옳은 것은?

① 구성원의 자기인식 증진
② 클라이언트의 병리적 행동 치료
③ 구성원에게 기술과 정보 제공
④ 사회적응 지원
⑤ 동병상련의 경험으로 해결책 모색

답 ⑤

✅ **응시생들의 선택**

① 28%	② 5%	③ 6%	④ 13%	⑤ 48%

① 구성원의 자기인식 증진 – 성장집단
② 클라이언트의 병리적 행동 치료 – 치료집단
③ 구성원에게 기술과 정보 제공 – 교육집단
④ 사회적응 지원 – 사회화집단

19-04-03 　　　　　　난이도 ★☆☆

집단유형별 특성에 관한 설명으로 옳지 않은 것은?

① 지지집단은 유사한 문제와 욕구를 가진 사람들로 구성하여 유대가 빨리 형성된다.
② 성장집단은 집단 참여자의 자기인식을 증가시켜 개인의 잠재력을 최대화하는 데 초점을 둔다.
③ 치료집단은 성원의 병리적 행동과 외상 후 상실된 기능을 회복하는 데 초점을 둔다.
④ 교육집단은 지도자가 집단 성원의 문제와 욕구를 해결하기 위해 필요한 기술과 정보를 제공한다.
⑤ 자조집단에서는 전문가가 의도적으로 집단을 구성하여 정서적 지지와 문제 해결을 지원한다.

답 ⑤

✅ **응시생들의 선택**

① 3%	② 3%	③ 1%	④ 3%	⑤ 90%

⑤ 자조집단에서 전문가의 역할은 매우 제한적이다. 자조집단은 보통 전문가가 개입하지 않고 집단 구성원끼리 집단 활동을 이끌어가며 전문가는 이들의 활동을 돕는 정도에 그친다.

토스랜드와 리바스(R. Toseland & R. Rivas)가 분류한 성장집단에 관한 설명으로 옳지 않은 것은?

① 촉진자로서의 전문가 역할이 강조된다.
② 성원 간의 상호작용이 중요한 도구가 된다.
③ 개별 성원의 자기표출을 긍정적으로 인식한다.
④ 공동과업의 성공적 수행이 일차적 목표이다.
⑤ 공감과 지지를 얻기 위해 동질성이 높은 성원으로 구성한다.

답 ④

✅ **응시생들의 선택**

① 15%	② 1%	③ 6%	④ 55%	⑤ 23%

④ 공동과업의 성공적 수행을 일차적 목표로 하는 집단은 과업집단이다.

집단 프로그램 유형별 지도자의 역할로 옳지 않은 것은?

① 한부모가족 자조모임 − 감정이입적 이해와 상호원조의 촉진자
② 중간관리자 역량강화 프로그램 − 집단토의를 위한 구조 제공자
③ 애니어그램을 통한 자기인식향상 프로그램 − 통찰력 발달의 촉진자
④ 우울증 인지행동집단치료 프로그램 − 무력감 극복을 위한 옹호자
⑤ 중도입국자녀들의 한국사회적응 프로그램 − 프로그램 디렉터

답 ④

✅ **응시생들의 선택**

① 9%	② 15%	③ 6%	④ 53%	⑤ 17%

④ 우울증 인지행동집단치료 프로그램 등 치유집단(therapy group)에서 사회복지사는 구성원들의 행동변화, 개인적인 문제의 개선 또는 상실된 기능의 회복을 원조하기 위해 전문가, 변화매개인으로서의 역할을 한다.

집단유형별 특성에 관한 설명으로 옳지 않은 것은?

① 치료집단은 자기노출정도가 높아서 비밀보장이 중요하다.
② 과업집단은 구성원의 발달과업 완수를 위해 조직구조의 영향을 최소화한다.
③ 자발적 형성집단은 구성원들이 설정한 목적을 보호하는 것이 중요하다.
④ 자조집단에서 사회복지사의 역할은 공유된 문제에 대한 지지를 하는 것이다.
⑤ 비자발적 집단에서는 협상 불가능영역이 있음을 분명히 한다.

답 ②

✅ **응시생들의 선택**

① 13%	② 33%	③ 8%	④ 28%	⑤ 18%

② 과업집단은 조직의 과업을 달성하기 위한 목적으로 구성되기 때문에 구성원 선정, 역할, 활동 등 모든 범위에서 조직구조의 영향 아래에 놓이게 된다.

치료집단에 관한 설명으로 옳은 것을 모두 고른 것은?

ㄱ. 자기표출의 정도가 높은 편이다.
ㄴ. 정서적·개인적 문제를 가진 성원들로 구성된다.
ㄷ. 행동변화 및 재활을 목표로 한다.
ㄹ. 집단지도자는 권위적인 인물의 역할을 수행한다.

① ㄱ, ㄴ, ㄷ　　　　　② ㄱ, ㄷ
③ ㄴ, ㄹ　　　　　　④ ㄹ
⑤ ㄱ, ㄴ, ㄷ, ㄹ

답 ⑤

✅ **응시생들의 선택**

① 50%	② 6%	③ 7%	④ 1%	⑤ 36%

치료집단에 관한 설명으로 모두 옳은 내용이다.

➕ **덧붙임**

'권위적 인물'이라는 표현 때문에 정답을 놓친 응시생들이 많았는데, 여기서 권위라는 말은 전문가로서 갖는 권위를 뜻한다. 치료집단에서 지도자는 성원들의 회복이나 증상 완화 등을 위한 지식을 갖추고 변화를 이끌어가는 전문적 권위를 갖는다.

다음 내용이 왜 틀렸는지를 확인해보자

01 성장집단은 **문제에 대한 해결책을 찾고 새로운 아이디어를 만들어내며 결정들을 내리는 것**을 목적으로 한다.

> 과업집단에 대한 설명이다.
> 성장집단은 사회정서적 건강의 증진에 초점을 둔다.

`14-04-12`
02 자조모임에서는 과업을 달성할 수 있도록 **집단 사회복지사가 주도적인 역할을 수행**해야 한다.

> 자조모임은 구성원들이 상호지지, 옹호 등의 기능을 하며 모임을 이끌어가기 때문에 집단사회복지사가 주도하지 않는다.

03 지지집단에서는 구성원 간 **유대감 형성이 어렵다**.

> 지지집단은 비슷한 문제를 경험하거나 고민하는 사람들로 구성되기 때문에 유대감 형성이 쉽다.

`04-04-04`
04 지역사회 내 문제해결을 위해 논의할 수 있는 임시위원회를 만들었는데, 이 위원회에서는 지역사회에서 문제가 되고 있는 현안들을 해결하기 위해 효과적으로 문제를 해결할 수 있는 방법과 자원동원의 방법에 대해 대책을 마련하여 이를 실행에 옮겼다. – **사회화집단의 사례에 해당**한다.

> 과업집단의 사례이다.
> 사회화집단은 사회적 기술을 가르치고 증진시키는 것을 목적으로 하는 집단이다.

`12-04-12`
05 치료집단은 행동변화 및 재활을 목표로 하며, 이때 **집단지도자는 권위적인 인물로서 역할을 수행해서는 안 된다**.

> 치료집단의 집단지도자는 권위적인 인물로서 역할을 수행한다.

`08-04-21`
06 퇴원을 앞둔 사회기술훈련이 필요한 만성질환자 클라이언트는 **교육집단이 적합**하다.

> 사회기술훈련이 필요한 클라이언트에 대해서는 사회적 기술 향상에 초점을 두게 되므로 사회화집단이 적합하다.

빈칸에 들어갈 알맞은 말을 채워보자

19-04-03
01 (   )집단은 집단 참여자의 자기인식을 증가시켜 개인의 잠재력을 최대화하는 데 초점을 둔다.

19-04-03
02 (   )집단은 성원의 병리적 행동과 외상 후 상실된 기능을 회복하는 데 초점을 둔다.

19-04-03
03 (   )집단은 지도자가 집단 성원의 문제와 욕구를 해결하기 위해 필요한 기술과 정보를 제공한다.

답 **01** 성장 **02** 치료 **03** 교육

다음 내용이 옳은지 그른지 판단해보자

18-04-06
01 성장집단은 성원 간의 상호작용이 중요한 도구가 된다.

12-04-12
02 치료집단의 성원들은 자기표출 정도가 낮은 편이다.

18-04-04
03 '치료집단 < 교육집단 < 성장집단 < 자조집단'의 순으로 집단성원의 주도성이 높게 나타난다.

19-04-03
04 지지집단은 유사한 문제와 욕구를 가진 사람들로 구성하여 유대가 빨리 형성된다. ○ ⊗

14-04-12
05 자조모임에서는 자기노출을 통해 문제의 보편성을 경험한다. ○ ⊗

답 **01** ○ **02** × **03** ○ **04** ○ **05** ○

해설 **02** 치료집단의 성원들은 자기표출 정도가 높은 편이다.

집단역동성(집단역학)

강의 QR코드

1회독	2회독	3회독
월 일	월 일	월 일

최근 10년간 **8문항** 출제

복습
1

이론요약

 23회 기출 22회 기출 20회 기출 19회 기출

집단역동성의 개념 및 특징

- 집단성원들의 상호작용으로 나오는 특성이나 힘
- 집단의 역동을 적절히 활용하게 되면 집단과 집단구성원 모두에게 긍정적인 영향을 미치지만, 그 반대로 집단역동이 집단 발전에 역기능적인 영향을 미치기도 함

기본개념

사회복지실천기술론
pp.244~

집단역동성의 구성요소

집단규범, 지위와 역할, **집단응집력**, 집단의사소통과 상호작용(정서적 유대, 하위집단, 집단의 크기와 물리적 환경), **집단문화**, 피드백 등

▶ 집단목적

- 사회복지사는 집단의 목적을 설정하고 이를 고려하여 집단크기, 선발기준, 활동내용 등을 구성함
- 집단의 목적과 개인의 목적이 일치하지 않을 수 있으며 **집단의 목적과 개인의 목적이 연결**될 수 있도록 해야 함

▶ 집단응집력

- 성원들이 집단에 대해 느끼는 매력이 클수록 응집력은 높아짐
- 집단응집력이 높을수록 성원들의 자기개방이나 공동체 의식, 친밀감 형성에 용이함
- **집단응집력이 높을수록 갈등해결이 빠르고, 목표달성에 효과적**
- 대체로 집단의 규모가 크면 집단응집력이 약화될 확률이 높음

▶ 하위집단

- 하위집단의 형성은 **자연스러운 현상**이지만 **갈등을 일으킬 수도 있음**
- 하위집단의 형성 여부는 소시오그램을 통해 파악 가능

▶ 집단문화

- 집단문화는 성원들이 공유하는 가치, 신념, 관습 등을 의미
- 구성원들이 동질적일수록 집단문화는 빠르게 형성되며, 한번 수립되면 바꾸기 어려움

▶ 집단규칙

- 집단 내에서 허용되는 행동과 허용되지 않는 행동이 규정되는 것으로, 집단 활동의 과정에서 **암묵적으로 생성되기도 함**
- 사회복지사는 집단규칙이 **역기능적인지를 살펴봐야 함**

▶ **지위와 역할**

- 사회복지사는 개별 성원이 집단 내에서 어떤 역할을 하는지, 역할이 어떻게 변화하고 있는지 등을 살펴야 하며, 성원들 사이에 특정 성원에게 부여된 **특정 역할이 고정화되지 않도록 해야 함**

01 (23-04-19) 집단문화는 성원들이 동질적으로 구성되면 빠르게 형성되며, 다양한 성원들로 구성될 때는 느리게 형성된다.

02 (20-04-06) 구성원이 소속감을 가지면 응집력이 강화되고, 구성원 간 신뢰감이 높을수록 응집력이 높다.

03 (20-04-06) 응집력이 높은 집단이 낮은 집단보다 생산적인 작업에 더 유리하다.

04 (19-04-04) 집단응집력이 강할 경우, 집단성원들 사이에 상호 의존하려는 경향이 강해진다.

05 (19-04-04) 개별성원의 목적과 집단 전체의 목적의 일치 여부 에 따라 집단역동은 달라진다.

06 (19-04-17) 집단응집력 향상 요인: 집단에 대한 자부심 고취, 집단성원간의 다른 인식과 관점의 인정, 집단성원간 공개적이고 활발한 상호작용, 집단의 참여를 통해 얻게 되는 보상, 자원 제공

07 (17-04-12) 집단사회복지실천에서 하위집단은 정서적 유대감을 갖게 된 집단구성원 간에 형성된다.

08 (16-04-23) 집단역학의 구성요소로 긴장과 갈등, 가치와 규범, 집단의 목적, 의사소통 유형 등을 꼽을 수 있다.

09 (12-04-11) 집단성원으로서의 책임성 강조, 집단성원의 기대와 목적의 일치, 집단 참여에 대한 보상 제시, 토의 및 프로그램 활동 활용 등을 통해 집단응집력을 향상시킬 수 있다.

10 (11-04-02) 집단응집력이 강할수록 집단성원의 자기노출이 용이하다.

11 (11-04-13) 집단역동을 증진시키기 위해서는 성원이 다양한 지위와 역할을 경험하도록 해야 한다.

12 (11-04-13) 집단역동을 증진시키기 위해서는 성원이 집단 중심적인 생각과 행동을 보이도록 촉진해야 한다.

13 (08-04-17) 집단문화는 성원들이 공유하는 가치, 신념, 관습 등을 의미한다.

14 (08-04-17) 한 번 형성된 집단문화는 쉽게 바뀌지 않는다.

15 (08-04-18) 집단 구성원들의 출석률을 토대로 집단의 역동성을 살펴볼 수 있다. 대체로 응집력이 높을수록 출석률도 높다.

16 (08-04-18) 집단에서 나타나는 긴장과 갈등은 자연스러운 현상이다.

17 (06-04-29) 하위체계 결속력이 강하면 집단응집력이 강하다.

18 (06-04-29) 집단역동은 집단발전에 역기능적인 영향을 미칠 수도 있다.

19 (04-04-24) 집단에서 얻는 것이 많을 때, 즉 집단에 매력을 느끼고 있을 때 집단응집력이 생긴다.

20 (03-04-07) 집단의 문제해결 방식, 상호 간 정서적 상호작용 등을 통해 집단 내 규칙을 살펴볼 수 있다.

21 (02-04-07) 집단규범, 집단문화, 집단구조, 집단지도력 등을 통해 집단역학을 파악할 수 있다.

대표기출 확인하기

20-04-06 난이도 ★★☆

집단 응집력에 관한 설명으로 옳은 것을 모두 고른 것은?

> ㄱ. 구성원 간 신뢰감이 높을수록 응집력이 높다.
> ㄴ. 응집력이 높은 집단에서는 자기노출을 억제한다.
> ㄷ. 구성원이 소속감을 가지면 응집력이 강화된다.
> ㄹ. 응집력이 높은 집단이 낮은 집단보다 생산적인 작업에 더 유리하다.

① ㄱ
② ㄱ, ㄷ
③ ㄴ, ㄹ
④ ㄱ, ㄷ, ㄹ
⑤ ㄱ, ㄴ, ㄷ, ㄹ

▶ **알짜확인**

• 집단역동성의 요소 및 특징, 집단응집력의 향상, 하위집단의 형성 등에 대해 살펴보자.
• 개념적 특징을 단순히 외우는 것이 아니라 실제로 집단활동에서 어떤 양상이 일어날 수 있는지를 생각하면서 이해해야 한다.

답 ④

✅ **응시생들의 선택**

① 1%	② 5%	③ 1%	④ 88%	⑤ 5%

ㄴ. 응집력이 높은 집단일수록 구성원들은 집단 내에서 편안함, 소속감, 친밀감 등을 더 강하게 느끼기 때문에 구성원들의 자기노출도 더 자연스럽게 더 활발하게 일어날 수 있다.

관련기출 더 보기

23-04-19 난이도 ★☆☆

집단문화에 관한 설명으로 옳지 않은 것은?

① 집단 고유의 스타일이나 독특성을 만들어낸다.
② 집단응집력은 집단문화 형성에 영향을 미치는 요인이다.
③ 성원들의 가치가 혼합되면서 타 집단과 구분되는 특성이 만들어진다.
④ 다양한 성원들이 참여하는 개방형 집단에서 빠르게 형성된다.
⑤ 고정관념이나 편견이 많은 성원들은 집단문화 형성에 방해가 된다.

답 ④

✅ **응시생들의 선택**

① 0%	② 2%	③ 7%	④ 73%	⑤ 18%

④ 집단문화란 성원들이 공통적으로 가지고 있는 가치, 신념, 관습, 전통 등을 말한다. 집단문화는 성원들이 동질적으로 구성되면 빠르게 형성되며, 다양한 성원들로 구성될 때는 느리게 형성된다.

22-04-22 난이도 ★☆☆

역기능적 집단의 특성으로 옳은 것은?

① 자발적인 자기표출
② 문제 해결 노력의 부족
③ 모든 집단성원의 토론 참여
④ 집단성원 간 직접적인 의사소통
⑤ 집단 사회복지사를 존중

답 ②

✅ **응시생들의 선택**

① 6%	② 86%	③ 2%	④ 5%	⑤ 1%

①③④⑤는 기능적 집단의 특성이다.
② 기능적 집단은 구성원들이 서로 의사소통하며 문제를 해결하기 위해 적극적인 자세로 지속적으로 활동한다.

집단역동에 관한 설명으로 옳지 않은 것은?

① 하위집단은 집단에 부정적인 영향을 미치기 때문에 사회복지사가 개입하여 만들어지지 않도록 한다.
② 집단성원 간 직접적 의사소통을 격려하여 집단역동을 발달시킨다.
③ 집단응집력이 강할 경우, 집단성원들 사이에 상호 의존하려는 경향이 강해진다.
④ 개별성원의 목적과 집단 전체의 목적의 일치 여부에 따라 집단역동은 달라진다.
⑤ 긴장과 갈등을 적절하고 건설적인 방법으로 해결할 때 집단은 더욱 성장할 수 있다.

답 ①

✔ 응시생들의 선택

① 97%	② 2%	③ 1%	④ 0%	⑤ 0%

① 하위집단은 친밀함을 느끼는 구성원들끼리 자연스럽게 생겨나는 것이기 때문에 사회복지사가 하위집단의 형성 자체에 개입하기는 어려운 점이 있으며, 하위집단이 항상 역기능만 있는 것도 아니다. 이를 테면, 소극적인 성격을 가진 성원은 하위집단을 통해 집단 활동에 참여하기도 한다. 다만, 하위집단 간에 경쟁이나 갈등이 심해지거나 하위집단이 집단 활동에 배타적인 모습을 보일 때에는 집단지도자가 개입하는 것이 필요하다.

집단응집력을 향상하는 요인이 아닌 것은?

① 이질적 집단으로 구성
② 집단에 대한 자부심 고취
③ 집단성원간의 다른 인식과 관점의 인정
④ 집단성원간 공개적이고 활발한 상호작용
⑤ 집단의 참여를 통해 얻게 되는 보상, 자원 제공

답 ①

✔ 응시생들의 선택

① 98%	② 1%	③ 0%	④ 0%	⑤ 1%

① 동질성을 중심으로 구성하는 것이 응집력 향상에 더 유리하다.

집단사회복지실천에서 하위집단에 관한 설명으로 옳은 것을 모두 고른 것은?

> ㄱ. 집단 초기단계에 나타나 집단응집력을 촉진한다.
> ㄴ. 정서적 유대감을 갖게 된 집단구성원 간에 형성된다.
> ㄷ. 적게는 한 명에서 많게는 다수로 구성된다.
> ㄹ. 소시오메트리를 통해 측정 가능하다.

① ㄱ, ㄴ   ② ㄴ, ㄹ
③ ㄱ, ㄷ, ㄹ   ④ ㄴ, ㄷ, ㄹ
⑤ ㄱ, ㄴ, ㄷ, ㄹ

답 ②

✔ 응시생들의 선택

① 11%	② 25%	③ 4%	④ 32%	⑤ 28%

ㄱ. 친구나 지인이 함께 집단에 참여하는 경우도 있지만, 보통은 집단 활동이 진행되면서 특별히 공통점을 발견하거나 상호 간에 매력을 느끼는 성원들이 생기면서 하위집단이 형성된다. 하위집단은 자연스럽게 형성되는 것이지만 하위집단이 집단에 배타적인 경우에는 집단응집력에 방해 요인으로 작용할 수도 있다.
ㄷ. 대체로 2~4명으로 이루어진다.

집단역학(group dynamics)의 구성요소가 아닌 것은?

① 긴장과 갈등
② 가치와 규범
③ 집단목적
④ 의사소통유형
⑤ 지식 및 정보습득

답 ⑤

✔ 응시생들의 선택

① 24%	② 5%	③ 8%	④ 13%	⑤ 50%

⑤ 집단역학의 구성요소와 관련하여 학자마다 조금씩 다르게 제시하기는 하지만, 일반적으로 가치와 규범, 지위와 역할, 하위집단, 집단 의사소통과 상호작용(정서적 유대, 하위집단 등), 집단의 크기와 물리적 환경, 집단문화, 피드백, 대인관계, 집단의 목적, 긴장과 갈등, 집단지도력, 집단응집력 등을 꼽을 수 있다.

다음 내용이 **왜 틀렸는지**를 확인해보자

01 사회복지사는 항상 하위집단의 형성에 관심을 두고 **하위집단의 활동에 적극적으로 개입해야 한다.**

> 하위집단이 전체 집단 활동에 배타적이거나 방해가 될 경우에 한정적으로 사회복지사의 개입이 필요하다.

08-04-17

02 물질적 환경은 집단문화에 **영향을 주지 않는다.**

> 물질적 환경은 그 집단이 향유하는 놀이나 분위기 등에 영향을 주고 이는 집단문화로 연결된다.

11-04-13

03 집단응집력이 강할수록 성원들은 **자기노출에 대한 저항감이 증가**한다.

> 집단응집력이 강할수록 집단 성원 간 유대감, 신뢰감이 높기 때문에 자기노출이 용이하다.

12-04-11

04 사회복지사는 집단응집력 향상을 위해 **성원 간 경쟁적 관계가 형성**될 수 있도록 해야 한다.

> 경쟁적 관계에서는 상호 간에 불필요한 견제로 응집력 형성이 저해될 수 있다.

05 집단역동이 강조되는 이유는 **집단발전에 긍정적인 영향을 주기 때문**이다.

> 집단역동은 집단응집력, 집단규범, 집단문화 등의 요소로 구성되는데 이러한 집단역동은 집단의 발전에 역기능적 영향을 주기도 한다. 예를 들어 집단의 규칙이 너무 많다고 생각하는 성원은 집단 활동에 소극적이 될 수 있다.

06 집단규칙은 집단의 활동 과정에서 암묵적으로 자연스럽게 생겨나기도 하는데 **사회복지사는 공식적인 집단규칙에만 관여하면 된다.**

> 집단규칙은 집단이 시작되면서 이미 설정된 것도 있지만 활동 과정에서 집단성원들 사이에 암묵적으로 생겨나기도 한다. 사회복지사는 규칙이 집단에 역기능적으로 작용하는지를 살펴봐야 한다.

다음 내용이 옳은지 그른지 판단해보자

01 하위집단이 항상 집단응집력에 부정적인 것은 아니다. ◎ ⊗

02 집단규범이 너무 많으면 집단 활동에 제약이 많아질 수 있기 때문에 규칙이 많다고 좋은 것은 아니다. ◎ ⊗

11-04-13
03 집단역동을 증진시키기 위해서는 긴장과 갈등을 피해야 한다. ◎ ⊗

17-04-12
04 하위집단은 집단 초기단계에 나타난다. ◎ ⊗

04-04-24
05 집단문화는 서서히 발전하지만 일단 수립되고 나면 수정이 용이하지 않다. ◎ ⊗

06 집단응집력이 높은 집단에서는 성원 간 의견 불일치가 일어나지 않는다. ◎ ⊗

12-04-11
07 집단응집력을 향상시키기 위한 방법으로 집단참여에 대한 보상을 제시할 수 있다. ◎ ⊗

답 **01** ○ **02** ○ **03** × **04** × **05** ○ **06** × **07** ○

해설 **03** 긴장과 갈등 자체가 집단에 부정적 영향을 미치는 것은 아니다. 오히려 긴장과 갈등을 다루고 해결함으로써 집단의 역동성이 증가하고 건강하게 발달할 수 있다.
04 집단 초기단계에는 서로에 대한 탐색이 진행되기 때문에 집단 활동이 어느 정도 진행되면서 하위집단이 뚜렷해진다.
06 집단응집력이 높아도 성원 간 의견 불일치는 일어날 수 있다. 다만 응집력이 낮은 집단에 비해 빠르고 효율적으로 불일치의 문제를 해결해나간다.

강의 QR코드

집단의 치료적 효과

최근 10년간 **6문항** 출제

이론요약

23회 기출 22회 기출 21회 기출 19회 기출

집단을 통해 기대할 수 있는 다양한 효과

- **희망주기**: 희망 자체가 치료적 효과
- **보편성**: 비슷한 문제의 집단성원을 통하여 위로받기
- **정보전달**: 사회복지사의 교육 및 지도, 집단성원 간의 정보교환
- **이타심**: 서로의 문제를 위로하고 도움으로써 자존감 획득
- 사회기술 발달: 성원 간 피드백 교환, 역할극
- **모방행동**: 사회복지사 및 성원들의 행동 관찰
- 대인관계 학습: 상호작용을 통해 자신의 대인관계를 통찰, 새로운 대인관계 방식 적용 및 시험
- **집단응집력**: 집단의 소속감 · 친밀감이 클라이언트에게 큰 위로가 됨
- **감정의 정화(카타르시스)**: 그동안 억압된 감정의 자유로운 표현
- 실존적 요인들: 자기 자신을 인생의 궁극적인 책임자로 인식
- 1차 가족집단의 교정적 반복(재현): 집단의 가족적 성격으로 인해 클라이언트는 집단 과정에서 자신의 가족갈등을 탐색하고 재경험을 통한 성장의 기회를 갖게 됨

기본개념
사회복지실천기술론
pp.251~

01 (23-04-21) 집단대상 실천의 치료적 효과에는 정보습득, 보편성, 이타심, 정화 등 11가지가 있다.

02 (22-04-23) 희망의 고취: 문제가 개선될 수 있다는 희망을 갖게 한다.

03 (22-04-23) 이타심: 위로, 지지 등으로 서로 도움을 주고 받는다.

04 (22-04-23) 사회기술의 발달: 대인관계에 관한 사회기술을 습득한다.

05 (22-04-23) 보편성: 다른 사람들도 비슷한 경험을 하는 것으로 위로를 받는다.

06 (21-04-18) 집단 대상 실천을 통해 타인의 문제에 관심을 갖고 공감하면서 이타심이 커진다.

07 (21-04-18) 집단 대상 실천을 통해 유사 경험을 가진 사람들을 만나면서 문제의 보편성을 경험한다.

08 (21-04-18) 집단 대상 실천에서는 사회복지사나 성원의 행동을 모방하면서 사회기술이 향상된다.

09 (21-04-18) 집단 대상 실천에서는 성원간 관계를 통해 원가족과의 갈등을 탐색하는 기회를 갖는다.

10 (19-04-01) 집단 내 상호작용 과정에서 그동안 해결되지 않은 원가족과의 갈등에 대해 탐색하고 행동패턴을 수정할 재경험의 기회를 갖게 된다.

11 (17-04-16) 사회복지실천에서 집단을 활용함에 따라 얻을 수 있는 치료적 효과 요인으로는 이타성 향상, 실존적 요인, 재경험의 기회 제공, 희망고취 등이 있다.

12 (16-04-19) 집단사회사업의 장점: 타인에게 도움을 줄 수 있는 기회를 통해 이타심이 향상된다. 서로 공통된 문제를 확인함으로써 자신의 문제를 일반화할 수 있다. 타인의 행동을 관찰하는 과정에서 자신의 잘못된 생각을 고쳐나갈 수 있다. 집단 내에서 역기능적인 경험을 재현해보면서 성장의 기회를 가질 수 있다.

13 (12-04-13) 보편성(일반화): 집단성원은 상호 간 유사한 걱정을 공유함으로써 다른 사람도 비슷한 문제를 겪는다는 것을 발견하고 안도감을 얻을 수 있다.

14 (11-04-17) 일반화(보편성), 모방행동, 정보전달, 실존적 요인 등은 집단사회복지실천의 치료적 요소이다.

15 (10-04-14) 보편성의 예: 자신의 성정체감을 숨겨왔던 동성애자 A는 집단모임에 참여하면서 자신과 비슷한 갈등을 경험한 사람들을 만나 위안을 얻었다.

16 (09-04-08) 가정폭력피해여성을 위한 집단프로그램에서는 폭력에 대처할 수 있는 사회기술을 개발하고, 폭력에 압도된 감정을 자유롭게 표현함으로써 카타르시스를 경험하도록 하는 데 초점을 둔다. 가족집단의 재현을 통해 가해상황이나 권위에 압도되지 않도록 하는 것이 필요하다.

17 (08-04-13) 원가족 교정적 반복(1차 가족집단의 교정적 재현)이란 자신의 가속 내에서 경험했던 일 중 만족스럽지 못했던 일들을 가족과 유사점을 가지고 있는 집단 내에서 상호작용을 통해 교정하는 것을 말한다.

18 (07-04-09) 카타르시스의 예: 집단 내 지지적이고 안정적인 분위기 덕분에 억압되고 부정적이었던 감정을 자유롭게 표출할 수 있었다.

19 (05-04-13) 얄롬이 제시한 치료적 요인으로는 모방행동, 집단응집력, 실존적 요인들 등이 있다.

20 (04-04-22) 보편성의 예: 집단경험을 통해, 클라이언트는 이전에는 자신의 문제가 제일 심각하다고 생각했다가 다른 사람을 보면서 "그게 아니구나"라고 생각하고 위로를 얻었다.

21 (03-04-16) 집단사회복지실천을 통해 구성원들은 문제를 일반화하는 효과를 얻을 수 있다.

22 (02-04-27) 클라이언트는 집단에 참여함으로써 정보공유, 희망고취, 보편성, 사회기술발달 등의 효과를 얻을 수 있다.

대표기출 확인하기

23-04-21   난이도 ★★★

집단대상 실천의 치료적 효과에 해당하는 것을 모두 고른 것은?

ㄱ. 정보습득
ㄴ. 보편성
ㄷ. 이타심
ㄹ. 정화

① ㄱ
② ㄴ, ㄷ
③ ㄴ, ㄹ
④ ㄴ, ㄷ, ㄹ
⑤ ㄱ, ㄴ, ㄷ, ㄹ

▶ 알짜확인

- 클라이언트가 집단 활동에 참여함으로써 얻을 수 있는 이점이 무엇인지를 생각하면서 치료적 효과들을 정리해두도록 하자.
- 집단의 치료적 효과가 어떤 것들이 있는지를 확인하는 단순한 문제도 출제된 바 있지만, 사례에서 어떤 치료적 효과를 기대할 수 있는지를 파악하는 문제들도 출제되고 있으므로 각 개념들을 잘 정리해두어야 한다.

답 ⑤

✅ 응시생들의 선택

| ① 2% | ② 4% | ③ 6% | ④ 15% | ⑤ 73% |

얄롬이 제시하는 집단의 치료적 효과는 11가지이며, 문제에서 제시된 정보습득, 보편성, 이타심, 정화 외에 희망증진, 사회기술 발달, 모방행동, 대인관계 학습, 집단응집력, 실존적 요인들, 1차 가족집단의 교정적 재현이 있다.

관련기출 더 보기

21-04-18   난이도 ★★★

집단 대상 실천의 장점으로 옳지 않은 것은?

① 타인의 문제에 관심을 갖고 공감하면서 이타심이 커진다.
② 유사 경험을 가진 사람들을 만나면서 문제의 보편성을 경험한다.
③ 다양한 성원들로부터 새로운 행동을 학습하면서 정화 효과를 얻는다.
④ 사회복지사나 성원의 행동을 모방하면서 사회기술이 향상된다.
⑤ 성원간 관계를 통해 원가족과의 갈등을 탐색하는 기회를 갖는다.

답 ③

✅ 응시생들의 선택

| ① 14% | ② 5% | ③ 35% | ④ 12% | ⑤ 34% |

③ 사회복지사 및 성원들의 행동을 관찰하면서 모방행동의 효과를 얻을 수 있다. 또한 집단 내에서 자신의 감정을 표현하면서 감정의 정화(카타르시스) 효과를 얻을 수 있다.

17-04-16   난이도 ★★☆

집단을 활용한 사회복지실천의 치료적 효과 요인으로 옳지 않은 것은?

① 고유성
② 이타성 향상
③ 실존적 요인
④ 재경험의 기회 제공
⑤ 희망고취

답 ①

✅ 응시생들의 선택

| ① 64% | ② 6% | ③ 17% | ④ 8% | ⑤ 5% |

① 집단의 치료적 효과로 희망주기, 보편성(일반화), 정보전달, 이타심, 사회기술 발달, 모방행동, 대인관계 학습, 집단응집력, 감정의 정화(카타르시스), 실존적 요인들, 1차 가족집단의 교정적 재현 등을 꼽을 수 있다.

다음 내용이 왜 틀렸는지를 확인해보자

01 집단의 장점 중 **이타심**은 집단모임에 참여하면서 자신과 비슷한 갈등을 경험한 사람들을 만나 위안을 얻는 것이다.

> 이타심이 아닌 보편성에 해당한다.

`21-04-18`

02 집단 과정에서 성원들은 서로의 행동을 모방하기도 하는데 이는 **집단의 단점**이다.

> 내가 미처 생각해보지 못한 행동을 다른 성원의 행동을 보면서 따라해보는 것을 모방행동이라고 한다. 이는 집단의 치료적 효과 중 하나이나.

03 집단 내 지지적이고 안정적인 분위기 덕분에 억압되고 부정적이었던 감정을 자유롭게 표출할 수 있게 된 것은 치료적 효과 중 **보편성**에 해당한다.

> 감정의 정화(카타르시스)에 해당한다.

04 집단의 치료적 효과와 집단응집력은 **무관**하다.

> 집단응집력이 강하게 형성되면 집단의 성원은 소속감을 느끼면서 안정감을 갖게 될 수 있다.

05 집단의 치료적 효과 중 정보전달은 사회복지사가 성원들에게 제공하는 **전문적 정보를 의미**한다.

> 정보전달에는 성원들 사이에 이루어지는 정보교환도 포함된다.

`22-04-23`

06 모방행동은 **기존의 행동을 고수**하는 것을 의미한다.

> 다른 사람의 행동을 살펴보면서 새로운 행동을 학습하게 되는 집단의 치료적 효과를 모방행동이라 한다.

빈칸에 들어갈 알맞은 말을 채워보자

12-04-13

01 (　　　　　　　): 집단성원은 상호 간 유사한 걱정을 공유함으로써 다른 사람도 비슷한 문제를 겪는다는 것을 발견하고 안도감을 얻게 된다.

06-04-08

02 (　　　　　　　)의 예: 결혼 이주여성 프로그램에 참가하고 있는 ○○는 자신의 영어실력으로 방과 후 지역아동센터에서 아이들의 영어를 가르칠 수 있다는 동료의 말을 듣고 누군가에게 도움이 될 수 있다는 새로운 자신감이 생겼다.

03 (　　　　　　　): 사회복지사 혹은 다른 성원들의 행동을 관찰함으로써 치료적 효과를 얻을 수 있다.

10-04-14

04 (　　　　　　　)의 예: 자신의 성정체감을 숨겨왔던 동성애자 A는 집단모임에 참여하면서 자신과 비슷한 갈등을 경험한 사람들을 만나 위안을 얻었다.

07-04-09

05 (　　　　　　　)의 예: 집단 내 지지적이고 안정적인 분위기 덕분에 억압되고 부정적이었던 감정을 자유롭게 표출할 수 있었다.

06 다른 성원들의 문제가 해결되어가는 것을 보면서 자신의 문제도 해결될 수 있다는 (　　　　　　　)을/를 갖게 되는 것만으로도 치료적 효과가 된다.

19-04-01

07 집단 내 상호작용 과정에서 그동안 해결되지 않은 원가족과의 갈등에 대해 탐색하고 행동패턴을 수정할 수 있는 (　　　　　　　)의 기회를 갖게 된다.

답 **01** 보편성(일반화) **02** 이타심 **03** 모방행동 **04** 보편성 **05** 카타르시스 **06** 희망 **07** 재경험

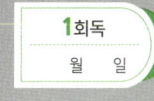
1회독
월   일

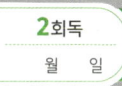
2회독
월   일

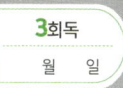
3회독
월   일

최근 10년간 **6문항** 출제

복습
1

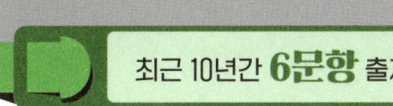
이론요약

19회 기출

집단사회복지사의 역할

• 사회복지사는 집단활동에서 집단의 지도자로서 활동함
• 조력자, 중개자, 중재자, 옹호자, 교육자 등

기본개념

사회복지실천기술론
pp.237~

집단사회복지사의 기술

토스랜드와 리바스(R. Toseland & R. Rivas)는 집단사회복지실천의 기술로 집단과정
촉진기술, 자료수집과 사정 기술, 행동기술 등 3가지를 제시하였다.

▶ 집단과정 촉진기술

• 집단성원 간 이해 증진 및 개방적 의사소통의 형성을 위한 기술
• 집단성원의 참여 촉진, 사회복지사의 자기노출, 집단성원에게 집중하기, 표현기술, 반응기술, 집단 의사소통의 초점유
  지하기, 집단과정을 명확하게 하기, 내용 명료화하기, 집단 상호작용 지도

▶ 자료수집과 사정 기술

• 집단 성원의 문제 분석·이해, 계획 수립·실행을 위한 기술
• 확인 및 묘사하기, 정보를 요청하고 질문하고 탐색하기, 요약 및 세분화하기, 언어적·비언어적 의사소통 통합하기, 정
  보 분석하기

▶ 행동기술

• 집단의 목적 및 과업 성취를 위한 기술
• 지지하기, 재구성(재명명, 재정의), 집단구성원의 의사소통 연결, 지시하기, 조언·제안·교육, 직면, 모델링, 역할극, 예
  행연습, 지도 등

집단지도력

▶ 개념

• 사회복지사는 구성원들로부터 권한을 위임받아 집단지도자가 됨
• 회기가 거듭될수록 구성원 내에서 자생적으로 비공식적인 집단지도자가 생겨나기도 함

▶ **공동지도력**

- 집단의 지도자가 다수인 경우
- 장점: 지도자 간 역할분담, 슈퍼비전, 부재 시 대체, 지도자의 역전이 및 소진 예방 등
- 단점: 지도자 간 과도한 경쟁심, 권력다툼으로 인한 하위집단의 형성 등

기출문장 CHECK

01 (19-04-10) 집단과정 촉진을 위한 직면하기를 통해 말과 행동의 불일치를 밝히고 이를 해결할 수 있도록 원조한다.

02 (19-04-10) 집단과정 촉진을 위한 직면하기 기법에서는 행동을 구체적으로 지적하고 집단에 미치는 영향을 설명한다.

03 (19-04-10) 집단과정 촉진을 위한 직면하기 기법은 집단성원이 아직 인식하지 못했던 부분을 볼 수 있도록 한다.

04 (18-04-25) 집단과정을 촉진하기 위해 공동지도자를 둘 수 있다.

05 (18-04-25) 성원간의 갈등이 심할 때에는 조기종결을 할 수 있다.

06 (18-04-25) 집단 실천에서는 의도적으로 개별성원의 집단 경험을 유도한다.

07 (17-04-06) 집단과정의 명료화기술은 성원들이 어떻게 상호작용하고 있는지를 인식하도록 돕는 기술이다.

08 (16-04-10) 사회복지사는 집단과정을 촉진하기 위해 집단 성원이 전달하는 메시지 사이에 불일치가 있을 경우 이를 확인해야 한다.

09 (14-04-10) 사회복지사는 지지를 통해 집단성원의 참여를 촉진하고, 개인의 욕구에 대응함으로써 성원들의 성장을 돕는다.

10 (13-04-08) 집단지도자는 집단과정 촉진을 위해 집단성원의 요청이 있을 때 적절한 피드백을 제공한다.

11 (13-04-08) 집단지도자는 집단과정 촉진을 위해 구체적인 행동이나 관계에 대한 피드백을 제공한다.

12 (13-04-08) 집단성원 상호간에 피드백이 이루어지도록 하는 것도 집단과정을 촉진하는 방법이 된다.

13 (12-04-14) 집단사회복지사는 성원 간 갈등 해결을 위한 중재자 역할을 한다.

14 (11-04-18) 집단지도자가 여러 명일 때에는 집단 성원들이 다양한 갈등해결방법을 모델링할 수 있다.

15 (07-04-07) 집단지도자는 자료수집 및 사정 단계에서 분석, 탐색, 질문, 세분화 등의 기법을 활용한다.

16 (06-04-07) 집단지도력은 집단목표 달성에 영향을 주는 제반 힘과 과정이다.

대표기출 확인하기

집단과정을 촉진하기 위한 직면하기에 관한 설명으로 옳은 것을 모두 고른 것은?

> ㄱ. 시작단계에서 가장 많이 쓰는 기법이다.
> ㄴ. 집단성원이 아직 인식하지 못했던 부분을 볼 수 있도록 한다.
> ㄷ. 말과 행동의 불일치를 밝히고 이를 해결할 수 있도록 원조한다.
> ㄹ. 행동을 구체적으로 지적하고 집단에 미치는 영향을 설명한다.

① ㄱ, ㄴ
② ㄴ, ㄹ
③ ㄱ, ㄷ, ㄹ
④ ㄴ, ㄷ, ㄹ
⑤ ㄱ, ㄴ, ㄷ, ㄹ

▶ 알짜확인

• 사회복지사가 집단지도자로서 집단을 이끌어가는 데에 필요한 역할 및 기술들을 살펴보고, 공동지도력의 장단점도 확인해두자.

답 ④

✓ 응시생들의 선택

① 3%	② 5%	③ 1%	④ 81%	⑤ 10%

ㄱ. 직면은 사회복지사와 클라이언트가 관계 형성이 미미한 초반에 사용할 경우 클라이언트가 거부감을 보일 수 있으므로 주의할 필요가 있다.

직면하기

• 직면은 클라이언트가 보이는 말과 행위 사이의 불일치를 인식하도록 하는 것이다.
• 집단과정을 촉진하기 위한 기술 중에서도 행동적 차원에 개입하는 기술로, "당신은 이렇게 말하고 있으면서도, 막상 행동은 그렇게 하고 있다"라고 직접적이고 구체적으로 전달하여 자신의 언행이나 태도를 검토할 수 있게 한다.

관련기출 더 보기

집단사회복지실천기술에 관한 설명으로 옳은 것은?

① 집단과정의 명료화기술은 성원들이 어떻게 상호작용하고 있는지를 인식하도록 돕는 기술이다.
② 사회복지사와의 의사소통을 집단성원들 간 의사소통보다 중시해야 한다.
③ 사회복지사는 특정한 집단과정에서 선택적으로 반응해서는 안 된다.
④ 직면은 집단 초반에 구성원의 참여를 촉진하는 기술이다.
⑤ 집단의 목표는 집단과정을 통해 성취하면 되므로 처음부터 설명할 필요는 없다.

답 ①

✓ 응시생들의 선택

① 30%	② 1%	③ 66%	④ 2%	⑤ 1%

② 사회복지사와 성원과의 의사소통, 집단성원들 간 의사소통 모두 중요하다.
③ 집단과정 촉진에 있어 사회복지사가 특정한 집단 과정에 선택적으로 반응함으로써 그 행동을 강화시킬 수 있다. 이를 반응기술이라 한다.
④ 직면은 구성원이 보이는 말과 행동의 불일치를 알아차리도록 하는 것인데, 사회복지사와 클라이언트 간 라포가 형성된 후에 사용하도록 권장되는 기술이다.
⑤ 집단사회복지는 특정한 목표를 달성하기 위한 목표지향적 활동이다. 목표는 집단활동의 이유가 되므로 구성원들에게 명확하게 설명하고 합의해야 집단활동이 더 효율적이고 효과적으로 진행될 수 있다.

집단과정을 촉진하기 위한 사회복지사의 실천 활동으로 옳은 것은?

① 원만한 관계 유지를 위해 추상적이고 우회적인 피드백 제공
② 집단 성원이 전달하는 메시지 사이에 불일치가 있을 경우, 이를 확인
③ 집단 성원의 긍정적 변화를 위해 그의 단점을 중심으로 피드백 제공
④ 자신의 경험, 감정, 생각 등을 집단 성원에게 지속적으로 상세하게 노출
⑤ 다차원적인 내용의 여러 가지 피드백을 한 번에 제공

답 ②

✔ 응시생들의 선택

① 2%	② 93%	③ 2%	④ 2%	⑤ 1%

① 피드백은 구체적으로 명확하게 제공하는 것이 좋다.
③ 단점을 중심으로 피드백을 제공할 경우 해당 성원은 정서적으로 위축되어 집단활동에 소극적이 될 수 있다.
④ 사회복지사는 성원들의 적극적인 활동을 이끌어내는 방법으로 자기개방, 자기노출을 할 수 있지만 경우에 따라 선택적으로 실시하는 것이 좋다.
⑤ 여러 내용을 한번에 전달하면 클라이언트는 혼란을 느낄 수 있다.

토스랜드와 리바스(R. Toseland & R. Rivas)가 분류한 세 가지 집단사회복지실천기술 중 집단과정 촉진기술에 해당하지 않는 것은?

① 성원의 말이나 행동에 집중하는 반응을 한다.
② 개방적 의사소통을 위해 사회복지사가 먼저 자기노출을 할 수 있다.
③ 토론범위를 제한하여 집단목표와 관련 없는 의사소통을 감소시킨다.
④ 성원이 문제상황을 긍정적으로 인식하도록 재정의한다.
⑤ 성원이 의견을 분명하게 표현하도록 의사소통의 내용을 명확히 한다.

답 ④

✔ 응시생들의 선택

① 48%	② 9%	③ 34%	④ 7%	⑤ 2%

④ 토스랜드와 리바스는 집단사회복지기술을 집단과정 촉진기술, 자료수집 및 사정 기술, 행동기술 등 3가지로 구분하였는데, 성원이 문제상황을 긍정적으로 인식하도록 재정의하는 것은 행동기술에 속한다.

집단성원 간의 갈등이나 상반되는 관점 등을 해결할 수 있도록 원조하는 집단사회복지사의 역할은?

① 교육자(educator)
② 중개자(broker)
③ 옹호자(advocate)
④ 중재자(mediator)
⑤ 조성자(enabler)

답 ④

✔ 응시생들의 선택

① 0%	② 1%	③ 2%	④ 94%	⑤ 2%

④ 집단성원 간의 갈등이나 상반되는 관점 등을 해결할 수 있도록 원조하는 집단사회복지사의 역할은 중재자이다. 중재자로서 사회복지사는 한쪽의 편을 들지 않고 중립적인 위치에 서야 하며 개인적인 생각이나 가치를 배제하는 것이 중요하다.

다수의 지도자가 집단을 진행할 때 클라이언트가 공동지도력으로부터 얻을 수 있는 것은?

① 소진 예방
② 역전이 방지
③ 지도자의 전문적 성장 도모
④ 초보 진행자의 훈련에 유리
⑤ 다양한 갈등해결방법의 모델링

답 ⑤

✔ 응시생들의 선택

① 5%	② 7%	③ 5%	④ 3%	⑤ 79%

⑤ 공동지도력의 장점은 여러 가지이다. 이 중에서 소진 예방, 역전이 방지, 지도자의 전문적 성장 도모, 초보 진행자의 훈련에 유리한 점은 지도자가 얻을 수 있는 이점이다. 반면에 다양한 갈등해결방법을 모델링하는 것은 클라이언트가 공동지도력으로부터 얻을 수 있는 이점이다. 공동지도자 간에 논쟁이나 문제를 해결하는 방법 등을 보면서 성원들은 논쟁 해결, 상호작용, 의사소통 등의 적절한 모델을 배울 수 있다.

다음 내용이 왜 틀렸는지를 확인해보자

13-04-08

01 집단과정의 촉진을 위해 사회복지사는 **집단성원의 단점을 변화시키는 데에 초점을 두어야** 한다.

> 집단성원의 문제해결 능력 향상을 위해서 사회복지사는 집단성원들이 자신의 장점과 자원을 발견하고 이를 활성화시킬 수 있도록 해야 한다.

05-04-01

02 직면 기술, 갈등해결 기술, 문제해결 기술, **자기소개 기술**, 모델링과 코치 등은 집단사회사업에서 사회복지사가 활용하는 핵심적인 기술이다.

> 집단과정에서 자기소개가 이루어지기는 하지만 이것이 사회복지사의 핵심 기술이라고 볼 수는 없다.

---

03 집단 사회복지사는 교육자로서 정보를 알려주는 역할도 수행하지만, 구성원 사이에 일어난 갈등에 중립적 입장에서 개입하여 원조하는 **옹호자로서의 역할도 수행**한다.

> 구성원 사이에 일어난 갈등 문제에 개입하여 원조하는 것은 중재자로서의 역할에 해당한다.

07-04-07

04 집단지도자는 자료수집 및 사정을 하는 과정에서 질문, 탐색, 분석, **직면** 등의 기술을 활용한다.

> 직면은 사정 단계에서 활용되는 기술은 아니다. 클라이언트로 하여금 자신의 모순에 대해 주목하도록 하는 기술로 서로 간에 신뢰 관계가 쌓인 이후에 사용할 수 있다.

13-04-23

05 토스랜드와 리바스가 구분한 집단사회복지실천의 기술 중 성원이 문제상황을 긍정적으로 인식하도록 재정의하는 것은 **집단과정 촉진기술에 속한다.**

> 재정의(재구성, 재명명)는 행동기술에 해당한다.

다음 내용이 옳은지 그른지 판단해보자

01 사회복지사는 집단과정을 촉진하기 위해 먼저 자기노출을 하기도 한다. ◎ ✕

`16-04-10`
02 집단과정을 촉진하기 위해 사회복지사는 성원 간의 원만한 관계 유지를 위해 추상적이고 우회적인 ◎ ✕
피드백을 제공해야 한다.

`18-04-25`
03 집단과정을 촉진하기 위해서는 공동지도자를 두어야 한다. ◎ ✕

`17-04-06`
04 집단 사회복지실천에서 사회복지사는 특정 성원에게만 선별적으로 반응해서는 안 된다. ◎ ✕

`09-04-05`
05 집단지도자가 지도력을 발휘할 때에는 개별 성원들에게 공평하게 관심을 표현해야 한다. ◎ ✕

06 집단 지도자가 다수일 경우 지도자 간 슈퍼비전이 가능하다. ◎ ✕

07 집단 지도자가 다수일 경우 각 지도자를 따르는 하위집단이 형성될 수도 있다. ◎ ✕

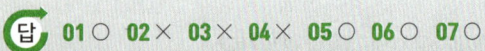 **01** ○ **02** ✕ **03** ✕ **04** ✕ **05** ○ **06** ○ **07** ○

(해설) **02** 피드백은 구체적이고 직접적으로 제공하는 것이 더 좋다.
03 둘 사이에 뚜렷한 상관관계는 없다. 즉 꼭 공동지도자를 두어야 집단과정이 촉진되는 것은 아니다.
04 사회복지사는 의도적으로 특정 성원에게만 선별적으로 반응하기도 한다. 이러한 사회복지사의 행동은 집단 성원들에게 영향을 미치게 된다. 즉 한 집단 성원의 노력을 지지하는 반응은 다른 성원들의 노력을 촉진시킬 수 있다. 반대로 한 성원이 집단 과정의 집중력을 흐리는 행동을 한다면 그에 반응하지 않음으로써 다른 성원들이 그와 같은 행동을 하지 않게 할 수 있다.

집단발달단계

이 장에서는

준비단계 → 초기단계 → 사정단계 → 중간단계 → 종결단계로 이어지는 집단발달단계에서 사회복지사의 과업을 정리해두어야 한다.
※ 알림: 기출회독은 키워드별 출제빈도에 따라 구성하여, 이 책에서는 준비, 사정, 초기, 중간, 종결의 순서로 학습한다.

10년간 출제분포도

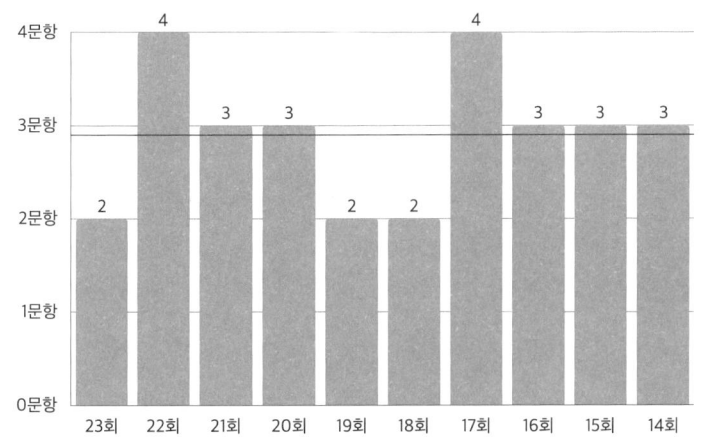

2.9
문항

평균 출제문항수

KEYWORD

121

집단 준비단계(계획단계)

강의 QR코드

1회독	2회독	3회독
월 일	월 일	월 일

최근 10년간 **8문항** 출제

이론요약

 22회 기출 21회 기출 19회 기출

준비단계의 과업

- 집단이 형성되기 이전에 사회복지사가 **집단에 대한 계획과 구성에 대해 준비**
- 집단목적의 설정
- 잠재적 성원 확인 및 정보수집
- 집단의 회합빈도 및 지속시간 정하기
- **성원모집 및 집단구성**
- **집단의 환경적 요소 마련하기**

기본개념

사회복지실천기술론
pp.258~

집단구성 시 고려할 사항

- **동질성과 이질성**
  - 동질성이 높은 경우 의사소통이 원활하고, 문제 및 과업을 규명하기에 용이함
  - 이질성이 높은 경우 서로 다른 관점의 차이를 통해 열린 사고를 배울 수 있음
- **개방집단과 폐쇄집단**
  - 개방집단은 새로운 성원이 유입되면서 새로운 아이디어와 분위기가 쇄신되는 효과를 얻을 수도 있지만 집단응집력이나 집단문화 등이 변동될 수 있음
  - 폐쇄집단은 새로운 성원의 유입이 없기 때문에 성원들 간 자기개방 및 응집력을 높일 수 있지만 중간에 이탈자가 발생하면 집단활동을 이어가기 어려울 수도 있음
- **집단의 크기**
  - 집단의 내용 및 성격, 구성원 간 상호작용, 구성원의 만족도 등을 고려하여 구성
  - 집단이 너무 크면 결속력이 떨어질 수 있고, 집단이 너무 작으면 상호작용이 작아 기대하는 효과를 거두지 못할 수 있음
- 인구사회학적 특성과 다양성: 연령, 성별, 사회·문화적 요소 등 다양성을 고려해야 함

01 (22-04-19) 폐쇄형 집단은 개방형 집단에 비해 집단 규범이 안정적이다.

02 (21-04-19) 집단을 준비 또는 계획하는 단계에서는 집단성원의 참여 자격, 공동지도자 참여 여부, 집단성원 모집방식과 절차, 집단의 회기별 주제 등을 고려해야 한다.

03 (19-04-22) 개방집단은 새로운 정보와 자원의 유입을 허용한다.

04 (17-04-04) 아동집단은 성인집단에 비해 모임 시간은 더 짧게 빈도는 더 자주 설정한다.

05 (17-04-04) 개방형집단이 폐쇄형집단에 비해 위기상황에 처한 사람들에게 더 융통성 있는 참여기회를 제공한다.

06 (16-04-21) 집단이 개방적일 경우, 집단에 대한 유입과 이탈이 쉽게 발생하기 때문에 집단의 발달단계를 예측하는 것이 어렵다.

07 (15-04-15) 집단을 구성할 때에는 인구학적 특성, 문제 유형 간의 동질성과 이질성의 균형을 고려한다.

08 (15-04-15) 집단을 구성할 때에는 응집력과 신뢰감을 발달시킬 만큼 충분한 회기로 계획한다.

09 (15-04-15) 회합의 빈도구성은 구성원들의 욕구나 문제를 다루기에 적절해야 한다.

10 (15-04-15) 집단크기는 목적을 달성할 만큼 작고 경험의 다양성을 제공할 만큼 크게 구성하는 것이 좋다.

11 (14-04-16) 집단의 응집력을 높이기 위해 참여 동기가 유사한 성원을 모집한다.

12 (14-04-16) 다양한 집단성원의 참여를 유도하기 위해 개방형 집단으로 구성한다.

13 (14-04-16) 집단성원의 동질성을 높이기 위해 사전에 욕구수준을 파악한다.

14 (14-04-16) 집단의 목표에 따라 집단의 크기를 융통성있게 정한다.

15 (14-04-16) 집단의 정서적 안정감을 높이기 위해 쾌적한 장소를 선정한다.

16 (13-04-05) 집단프로그램 활동을 선택할 때 사회복지사는 집단규범과의 적합성, 집단성원의 동의, 수행의 안전성, 시기의 적절성 등을 고려해야 한다.

17 (10-04-03) 집단을 구성할 때에는 목표달성을 위해 집단모임의 기간을 정하고, 상호작용을 촉진하기 위해 집단의 크기를 고려해야 한다.

18 (10-04-03) 구성원들의 공감대 형성을 위해서는 동질적인 성원들로 구성하는 것이 유리하다.

19 (10-04-03) 집단연속성을 높이기 위해서는 폐쇄집단으로 운영하는 것이 좋다.

20 (09-04-06) 집단사회복지실천의 계획단계에서는 집단구성원의 동질성과 이질성, 집단의 개방수준, 집단의 크기 등을 고려해야 한다.

21 (07-04-13) 집단을 계획하는 단계에서는 기관의 승인, 집단의 목적, 집단의 물리적 환경, 집단모임의 시간과 횟수 등을 고려해야 한다.

22 (05-04-17) 집단의 응집력, 결속력, 협동력을 높이기 위해서는 동질성을 우선적으로 고려한다.

23 (05-04-17) 집단 활동에서 반론이나 이의제기가 요구될 때에는 이질성을 고려한다.

24 (03-04-05) 치료과정이 단계별로 진행되는 알코올 중독자 치료모임은 보통 폐쇄형으로 운영된다.

25 (03-04-05) 정신과 병동에서 이루어지는 사회기술훈련 집단은 입퇴원에 따라 구성원이 교체되기 때문에 개방형으로 운영된다.

대표기출 확인하기

집단에 관한 설명으로 옳은 것은?

① 개방형 집단은 폐쇄형 집단에 비해 집단 성원의 중도 가입이 어렵다.
② 개방형 집단은 폐쇄형 집단에 비해 응집력이 강하다.
③ 개방형 집단은 폐쇄형 집단에 비해 집단 성원의 역할이 안정적이다.
④ 폐쇄형 집단은 개방형 집단에 비해 집단 발달단계를 예측하기 어렵다.
⑤ 폐쇄형 집단은 개방형 집단에 비해 집단 규범이 안정적이다.

 알짜확인

- 준비단계(계획단계)에서 이루어져야 할 과업들에 대해 살펴보자.
- 집단을 구성할 때에 고려해야 할 사항 중 동질성과 이질성, 개방 집단과 폐쇄집단, 집단의 크기 등이 어떻게 집단 활동에 영향을 미칠지를 생각해보자.

답 ⑤

✔ **응시생들의 선택**

① 2%	② 6%	③ 8%	④ 2%	⑤ 82%

- 개방형 집단은 집단 과정 중간에 새로운 성원이 합류할 수 있다. 이로 인해 새로운 성원의 가입으로 기존 성원들의 역할도 바뀔 수 있으며, 폐쇄형 집단보다 응집력이 약하다.
- 폐쇄형 집단은 집단 과정 중에 새로운 성원을 받지 않기 때문에 집단 발달단계를 예측하여 그 과정에 따라 집단활동을 진행해야 할 경우에 적합하다.

관련기출 더 보기

집단을 준비 또는 계획하는 단계에서 고려할 사항으로 옳은 것을 모두 고른 것은?

ㄱ. 집단성원의 참여 자격
ㄴ. 공동지도자 참여 여부
ㄷ. 집단성원 모집방식과 절차
ㄹ. 집단의 회기별 주제

① ㄱ
② ㄱ, ㄷ
③ ㄴ, ㄹ
④ ㄱ, ㄷ, ㄹ
⑤ ㄱ, ㄴ, ㄷ, ㄹ

답 ⑤

✔ **응시생들의 선택**

① 0%	② 17%	③ 4%	④ 15%	⑤ 64%

집단을 준비하는 단계에서는 집단의 목적 및 성격을 바탕으로 어떤 특성을 가진 사람들로 집단을 구성할 것인지, 어떤 방식으로 운영할 것인지 등을 결정해야 한다. 또한 집단의 과정, 지속기간, 주제, 활동사항 등을 계획하여 구성원 모집에 공고해야 한다.

집단사회복지실천에서 집단구성과 구조에 관한 설명으로 옳지 않은 것은?

① 일반적으로 사회적 목표모델보다 치료모델의 집단 규모가 더 작다.
② 아동집단은 성인집단에 비해 모임 시간은 더 짧게 빈도는 더 자주 설정한다.
③ 집단구성원의 동질성이 강할수록 성원 간 방어와 저항도 더 많이 발생한다.
④ 물리적 공간을 결정할 때 좌석배치까지 고려한다.
⑤ 개방형집단이 폐쇄형집단에 비해 위기상황에 처한 사람들에게 더 융통성 있는 참여기회를 제공한다.

답 ③

✅ **응시생들의 선택**

① 5%	② 2%	③ 82%	④ 4%	⑤ 7%

③ 집단을 구성함에 있어 성원들의 동질성이 강하면, 서로에 대한 관심도가 높고 의사소통이 원활하게 이루어질 수 있고 문제 및 과업을 규명하기에도 용이하다.

초등학교 학교사회복지사가 학교폭력 피해아동의 외상(trauma) 치유를 위한 소집단을 구성할 때, 집단 구조에 관한 설명으로 옳은 것은?

① 한 학급 정원 20~30명을 하나의 단위로 운영한다.
② 아동의 기능수준을 고려하여 매 회기 3시간으로 운영한다.
③ 아동의 참여가 가능한 방과 후에 모임시간을 가진다.
④ 아동 행동의 의미 있는 변화를 위해 개방형 집단으로 한다.
⑤ 개별아동과의 눈 맞춤과 상호작용을 위해 사회복지사는 아동들을 일렬로 앉히고 마주 본다.

답 ③

✅ **응시생들의 선택**

① 14%	② 2%	③ 62%	④ 4%	⑤ 18%

① 치료집단의 경우 5~7명 정도로 구성되는 것이 가장 적절하다.
② 아동들은 집중력이 낮아 약 30분 내외로 하는 것이 적절하다.
④ 폐쇄집단은 새로운 성원의 유입이 없어 회기에 더 집중할 수 있고, 집단성원의 일정 틀 내에서 집단활동을 하기 때문에 더욱 기능적이다.
⑤ 일렬로 배치하면 강압적이거나 위계적인 분위기가 조성될 수 있기 때문에 동그랗게 둘러앉는 것이 더 편안한 자리 배치가 될 수 있다.

집단 구성단계에서 유의할 점으로 옳지 않은 것은?

① 인구학적 특성, 문제 유형 간의 동질성과 이질성의 균형을 고려한다.
② 의사결정의 역효과 예방을 위해 구성원들의 집단의사결정방법을 확인한다.
③ 응집력과 신뢰감을 발달시킬 만큼 충분한 회기로 계획한다.
④ 회합의 빈도구성은 구성원들의 욕구나 문제를 다루기에 적절해야 한다.
⑤ 집단크기는 목적을 달성할 만큼 작고 경험의 다양성을 제공할 만큼 크게 구성하는 것이 좋다.

답 ②

✅ **응시생들의 선택**

① 2%	② 25%	③ 9%	④ 1%	⑤ 63%

② 의사결정 방법은 집단활동이 시작되는 과정에서 집단규칙을 설정할 때 결정한다.

집단을 구성하는 단계에서 고려할 내용으로 옳지 않은 것은?

① 목표달성을 위해 집단모임의 기간을 정한다.
② 상호작용을 촉진하기 위해 집단크기를 고려한다.
③ 참여자 만족도를 높이기 위해 모임회기를 늘린다.
④ 집단연속성을 높이기 위해 폐쇄집단으로 운영한다.
⑤ 공감대 형성을 위해 동질적인 성원들로 구성한다.

답 ③

✅ **응시생들의 선택**

① 1%	② 1%	③ 55%	④ 35%	⑤ 8%

③ 모임회기가 늘어난다고 참여자 만족도가 높아지는 것은 아니다. 모임회기는 모임의 목적에 따라 조절되어야 한다. 모임이 장기화되면 오히려 참여자의 집중도와 만족도는 낮아질 수 있다.

다음 내용이 왜 틀렸는지를 확인해보자

01 동질성이 높은 성원들로 집단을 구성하는 경우 성원 간 **친밀도나 결속력이 낮게 나타날 수 있다.**

> 동질성이 높은 경우에 친밀도나 결속력이 더 강하게 나타난다.

`08-04-20`

02 이주노동자들을 위한 집단교육프로그램을 준비하는 단계에서 사회복지사는 **집단의 역동성을 파악**해야 한다.

> 집단역동성은 집단이 본격적으로 시작한 후 일어나는 현상이기 때문에 준비단계에서는 파악할 수 없다.

`14-04-16`

03 다양한 집단성원의 참여를 유도하기 위해 **폐쇄형 집단으로 구성**한다.

> 다양한 집단성원의 참여를 유도하기 위해서는 개방형 집단이 적절하다.

04 집단의 크기는 **되도록 작은 것이 좋다.**

> 집단의 크기는 효과적이고 만족스러운 상호작용이 일어날 수 있는 수준에서 적절히 설정해야 한다. 집단의 크기가 너무 작으면, 성원 간 상호작용이 충분히 일어나지 않으며 중간에 이탈자가 발생했을 때 활동을 이어가기 어려울 수 있다.

`05-04-17`

05 집단을 구성함에 있어 성원 간의 방어와 저항을 줄이기 위해서는 **이질성을 우선적으로** 고려하여야 한다.

> 성원 간의 방어와 저항을 줄이기 위해서는 이질성보다 동질성을 우선적으로 고려하여야 한다.

06 단계별로 성취해야 할 목표가 있는 집단의 경우 **개방집단으로 구성**하는 것이 더 효과적이다.

> 단계별로 성취해야 할 목표가 있는 집단을 개방집단으로 구성할 경우 새로운 성원이 적응하기 어렵기 때문에 폐쇄집단으로 구성하는 것이 적절하다.

07 집단의 크기가 작을 때에는 **탈퇴를 막고 폐쇄집단으로 운영해야 한다.**

집단활동에서 탈퇴를 강제로 막기는 어렵다. 한편, 집단이 소규모일 때에는 한두 명의 탈퇴로도 집단활동에 지장이 생길 수 있기 때문에 폐쇄집단으로 운영하는 것이 적절하지 않을 수 있다.

`19-04-22`
08 집단의 크기가 클수록 **참여의식이 증가하고 통제와 개입이 쉽다.**

성원의 수가 많을수록 참여의식은 감소할 수 있고, 통제와 개입도 어려울 수 있다.

`13-04-05`
09 사회복지사사 집단활동을 계획함에 있어서는 **집단지도자가 추구하는 가치가 우선적으로 고려되어야 한다.**

집단형성에서 고려할 내용은 집단의 목적, 잠재적 성원의 모집과 사정, 집단의 구성, 집단의 지속기간과 회합 빈도, 물리적 환경, 기관의 승인에 관한 것이다.

빈칸에 들어갈 **알맞은 말**을 채워보자

`05-04-17`
01 집단을 구성함에 있어 성원 간의 방어와 저항을 줄이기 위해서는 동질성과 이질성 중 (   )을 우선적으로 고려하여야 한다.

`19-04-22`
02 (   )집단은 새로운 정보와 자원의 유입을 허용하지 않는다.

`19-04-22`
03 집단성원의 동질성은 집단소속감을 (   ) 시킨다.

04 집단의 크기, 회합빈도 등은 집단(   ) 형성에 영향을 미치기 때문에 집단을 구성함에 있어 중요하게 고려해야 한다.

 답 **01** 동질성 **02** 폐쇄 **03** 증가 **04** 응집력

다음 내용이 옳은지 그른지 판단해보자

16-04-21
01 집단이 개방적일 경우, 발달단계를 예측하는 것이 용이하다. ⊙ⓧ

14-04-16
02 집단의 응집력을 높이기 위해 참여 동기가 유사한 성원을 모집한다. ⊙ⓧ

03 집단의 활동시간은 참여자들의 성격, 연령 등에 따라 달라질 수 있다. ⊙ⓧ

04 집단의 크기가 크면 목적을 달성하는 데에 유리하다. ⊙ⓧ

07-04-13
05 사회복지사는 집단을 계획하는 단계에서 집단의 목적, 물리적 환경 등을 파악하며 집단 활동을 모 ⊙ⓧ
니터링한다.

06 집단의 크기가 클 경우 집단활동에 있어 소극적이거나 위축감을 느끼는 참여자가 발생할 수 있다. ⊙ⓧ

09-04-26
07 집단 프로그램은 언어적 의사소통 위주의 프로그램으로 구성될 수 있도록 해야 한다. ⊙ⓧ

13-04-05
08 집단 활동을 계획할 때에는 프로그램 수행에 있어서의 안정성이나 시기적 적절성 등을 고려해야 한다. ⊙ⓧ

답  **01**✕ **02**〇 **03**〇 **04**✕ **05**✕ **06**〇 **07**✕ **08**〇

해설 **01** 개방집단은 집단이 시작된 이후 이탈하는 성원도 생기고 새롭게 참여하는 성원도 생기기 때문에 개방집단의 발달단계를 예측하는
것은 어렵다. 계획에 따라 집단을 발달시키려고 하는 경우에는 폐쇄집단으로 운용하는 것이 더 적절할 수 있다.
04 집단의 크기가 크다고 해서 목적 달성에 유리한 것은 아니다. 오히려 구성원들마다 원하는 바가 달라 갈등이 발생할 우려도 있기 때
문이다.
05 집단 활동에 대한 모니터링은 집단 활동이 시작된 이후에 활동의 진행상황을 점검하기 위해 진행되므로 보통 중간단계에서 이루어
진다.
07 집단 프로그램은 언어적 프로그램으로 진행되기도 하지만, 미술치료, 놀이치료, 스포츠 등 다양한 비언어적 활동으로 진행되는
경우도 많다.

122 집단 사정단계

강의 QR코드

최근 10년간 **7문항** 출제

복습 1 이론요약

 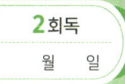 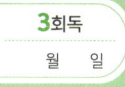

집단사정의 개념
- 집단이 갖는 목적과 성격 등에 따라 사정의 초점이나 내용이 달라지게 된다.
- 집단역동이 일어나면서 집단은 변화하기 때문에 집단발달에 따라 재사정이 필요하다.

기본개념
사회복지실천기술론
pp.266~

집단사정의 수준

▶ **개별성원에 대한 사정**
- 사회복지사는 집단에 참여한 개별성원들이 자신의 행동패턴을 인식하고 잘못된 행동을 변화시키도록 원조
- 개별성원의 기능적 행동과 역기능적 행동을 사정

▶ **집단에 대한 사정**
- 집단의 행동양식, 하위집단, 집단의 규범 등을 확인

▶ **집단환경에 대한 사정**
- 기관 및 시설의 환경에 대한 사정, 시설 간 환경에 대한 사정, 지역사회환경에 대한 사정 등

집단사정도구

▶ **의의차별척도(의미분화척도)**
- 두 개의 상반된 입장 중에서 하나를 선택하도록 요청하는 척도
- 5개 혹은 7개의 응답범주를 제시
- 동료성원에 대한 평가, 동료성원의 잠재력에 대한 인식, 성원의 활동력에 대한 인식 등을 사정
- 집단의 평균점수를 다른 집단과 비교하여 활용할 수 있음

▶ **소시오그램(사회도, 모레노와 제닝스)**
- 상징을 사용해서 집단 내 성원 간 상호작용을 도식화하는 방식
- 집단 내에서 **성원들 간의 수용과 거부 등의 질적인 관계**를 파악
- 성원 간에 느끼는 **친밀감 혹은 반감**의 유형 및 방향을 알 수 있음
- **하위집단 형성, 소외된 성원, 삼각관계 형성** 등을 알 수 있음
- 친밀한 성원은 가깝게, 소원한 성원은 멀게 그림으로써 **결속의 강도**가 나타남

▶ 소시오메트리
- 한 성원이 다른 성원들에게 느끼는 **호감도 평가**
- 각 성원에게 **점수를 부여하거나 순위를 매기는 방식**으로 진행
- 소시오그램을 소시오메트리의 한 방법으로 보기도 함

▶ 상호작용차트
- 집단성원들 사이의 상호작용 또는 집단성원과 사회복지사 사이에 일어나는 **상호작용의 빈도를 기록**
- 집단활동이 진행되는 동안 성원들 사이에 특정 행동이 나타날 때마다 표시

기출문장 CHECK

01 (23-04-22) 상호작용차트의 활용 목적은 성원의 집단참여 수준을 분석하는 것이다.

02 (22-04-18) 집단 사정에서는 집단 사회복지사의 관찰, 외부 전문가의 보고, 표준화된 사정도구, 집단성원의 자기관찰 등을 활용한다.

03 (18-04-03) 소시오그램은 성원 간의 관계를 표현한 것으로 하위집단의 유무를 알 수 있다.

04 (17-04-23) 전체집단 사정에서는 하위집단 형성, 집단 내 상호작용 방식 등을 살펴본다.

05 (16-04-16) 소시오그램을 활용하여 집단 성원 간 결탁, 수용, 거부 등을 파악한다.

06 (16-04-16) 상호작용차트를 활용하여 일정시간 동안 집단 성원 간 발생한 특정 행동의 빈도를 측정한다.

07 (16-04-16) 집단 사정에서는 집단에서 허용되지 않은 감정표현이나 이야기 주제, 그리고 집단활동에 대한 성원의 태도 등을 통해 집단의 규범을 확인한다.

08 (12-04-17) 소시오메트리: 집단성원 간 관심 정도를 측정하기 위한 방법으로 각 성원에 대한 호감도를 1점(가장 싫어함)에서 5점(가장 좋아함)으로 평가한다.

09 (09-04-29) 소시오그램은 집단구성원의 선호도와 무관심, 배척 등의 상호관계를 선으로 표시하여 나타낸다.

10 (08-04-29) 소시오그램을 통해 하위집단의 형성 여부, 소외된 성원, 삼각관계 형성 여부, 성원 간 친화력 방향 등을 알 수 있다.

11 (08-04-28) 의미분화척도를 통해 집단 내 성원들의 의사소통이나 상호작용의 의미를 측정한다.

12 (06-04-18) 소시오그램에서 소원한 관계는 (--------▶)으로 표시한다.

13 (03-04-24) 사정단계에서는 성원간 의사소통 유형을 관찰하여 집단 기능을 평가한다.

대표기출 확인하기

23-04-22 　　　　난이도 ★★★

집단 사정도구의 활용 목적으로 옳은 것은?

① 소시오메트리: 개별 성원의 행동패턴 분석
② 소시오그램: 성원 간 상호작용 빈도 측정
③ 사회적 관계망표: 집단성원 활동에 대한 상호 평가
④ 상호작용차트: 성원의 집단참여 수준 분석
⑤ 의의차별척도: 하위집단의 구성여부 파악

 알짜확인

• 사정단계에서는 집단을 사정하는 데에 활용되는 다양한 사정도구를 살펴보자.
• 사정단계에서의 과업과 관련하여 집단에 대한 사정만 진행되는 것이 아니라 개별 성원에 대한 사정도 진행된다는 점 같이 기억해두자.

답 ④

✅ 응시생들의 선택

① 18%	② 44%	③ 19%	④ 17%	⑤ 2%

① 소시오메트리는 개별 성원의 행동패턴 분석도구가 아니고 성원들이 상호 간의 관계에 대해 인식하는 정도를 사정하는 도구이다.
② 성원 간 상호작용 빈도를 측정하는 도구는 상호작용차트이다. 소시오그램은 집단성원 간의 사회적 유대를 측정하여 성원 간의 수용과 거부, 집단 내의 대인관계를 살펴보는 도구이다.
③ 사회적 관계망표는 집단사정 도구가 아니고 개인이나 가족에 대한 사회적 지지를 알아보는 도구이다.
⑤ 하위집단의 구성여부를 파악하는 도구는 소시오그램이다. 의의차별척도는 동료성원에 대한 인식을 알아보는 도구로서 두 개의 상반된 입장 중에서 하나를 선택하도록 하는 척도이다.

관련기출 더 보기

22-04-18 　　　　난이도 ★★☆

집단 사회복지실천 사정에 활용되는 것을 모두 고른 것은?

> ㄱ. 집단 사회복지사의 관찰
> ㄴ. 외부 전문가의 보고
> ㄷ. 표준화된 사정도구
> ㄹ. 집단성원의 자기관찰

① ㄱ, ㄴ 　　　　② ㄱ, ㄹ
③ ㄴ, ㄷ 　　　　④ ㄱ, ㄷ, ㄹ
⑤ ㄱ, ㄴ, ㄷ, ㄹ

답 ⑤

✅ 응시생들의 선택

① 1%	② 7%	③ 3%	④ 28%	⑤ 61%

모두 사정을 위한 자료로 활용될 수 있다.

20-04-05 　　　　난이도 ★★★

집단 사정을 위한 소시오그램에 관한 설명으로 옳은 것은?

① 구성원 간 호감도 질문은 하위집단을 형성하므로 피한다.
② 구성원 모두가 관심을 갖는 주제를 발견하는 데 목적이 있다.
③ 소시오메트리 질문을 활용하여 정보를 파악한다.
④ 구성원 간 상호작용을 문장으로 표현한다.
⑤ 특정 구성원에 대한 상반된 입장 중 하나를 선택하는 것이다.

답 ③

✅ 응시생들의 선택

① 2%	② 26%	③ 53%	④ 12%	⑤ 7%

① 구성원 간 호감도 질문을 통해 하위집단의 형성을 파악할 수 있다.
② 소시오그램의 목적은 집단 내 성원 간의 관계를 살펴보기 위한 것이다.
④ 구성원 간 상호작용을 그림으로 표현한다.
⑤ 특정 구성원에 대한 상반된 입장 중 하나를 선택하는 방식의 사정도구는 의의차별척도이다.

난이도 ★★☆

집단성원 간의 관계를 파악하는 사정도구에 관한 설명으로 옳은 것은?

① 소시오메트리: 성원 간의 상호작용 빈도를 기록한다.
② 상호작용차트: 집단성원에 대한 다양한 측면의 인식 정도를 평가한다.
③ 소시오그램: 성원 간의 관계를 표현한 것으로 하위집단의 유무를 알 수 있다.
④ 목적달성척도: 목적달성을 위한 집단성원들의 협력과 지지정도를 측정한다.
⑤ 의의차별척도: 가장 호감도가 높은 성원과 호감도가 낮은 성원을 파악할 수 있다.

답 ③

✔ 응시생들의 선택

① 6%	② 3%	③ 67%	④ 13%	⑤ 11%

① 소시오메트리: 성원 간 정서적 관계를 파악하기 위한 도구이다.
② 상호작용차트: 집단성원들 사이의 상호작용 또는 집단성원과 사회복지사 사이에 일어나는 상호작용의 빈도를 기록한다.
④ 목적달성척도: 목표를 설정한 후 그 목표를 얼마나 달성했는지를 측정하는 평가도구이다.
⑤ 의의차별척도: 두 개의 상반된 입장 중에서 하나를 선택하도록 요청하는 척도이다. 보통 5개 혹은 7개의 응답범주를 제시한다.

난이도 ★★★

다음 설명에 해당되는 집단사정도구는?

- 집단성원이 동료성원에 대하여 평가하는 것이다.
- 5개 혹은 7개의 응답 범주를 갖는다.
- 두 개의 상반된 입장에서 하나를 선택하도록 요청한다.

① 상호작용차트   ② PIE분류체계
③ 의의차별척도   ④ 소시오그램
⑤ 생활주기표

답 ③

✔ 응시생들의 선택

① 31%	② 14%	③ 37%	④ 17%	⑤ 1%

③ 의의차별척도(의미분화척도)는 두 개의 상반된 입장 중에서 하나를 선택하도록 요청하는 척도인데 5개 혹은 7개의 응답범주를 가지고 있다. 동료 성원에 대한 평가, 동료성원의 잠재력에 대한 인식, 성원의 활동력에 대한 인식 등 집단성원이 동료 집단성원을 사정하는 데 활용될 수 있다.

난이도 ★★★

집단사정이 개별성원 − 전체집단 − 집단외부환경 차원에서 수행될 때 '전체집단' 사정에 해당하는 것을 모두 고른 것은?

ㄱ. 집단을 인가하고 지원하는 기관의 목표
ㄴ. 하위집단 형성
ㄷ. 집단구성원의 변화와 성장
ㄹ. 집단 내 상호작용 방식

① ㄱ   ② ㄴ
③ ㄴ, ㄹ   ④ ㄴ, ㄷ, ㄹ
⑤ ㄱ, ㄴ, ㄷ, ㄹ

답 ③

✔ 응시생들의 선택

① 4%	② 2%	③ 30%	④ 42%	⑤ 22%

ㄱ. 집단외부환경에 대한 사정에 해당한다.
ㄷ. 개별성원에 대한 사정에 해당한다.

난이도 ★★★

집단사정도구인 소시오그램(sociogram)을 통해 알 수 있는 내용으로 옳은 것을 모두 고른 것은?

ㄱ. 성원 간 호감도
ㄴ. 하위집단의 존재
ㄷ. 성원 간 갈등관계
ㄹ. 성원 간 의사소통 방식

① ㄱ, ㄴ, ㄷ   ② ㄱ, ㄷ
③ ㄴ, ㄹ   ④ ㄹ
⑤ ㄱ, ㄴ, ㄷ, ㄹ

답 ①

✔ 응시생들의 선택

① 56%	② 13%	③ 3%	④ 1%	⑤ 27%

소시오그램은 집단사정도구로서 집단의 구성원이 서로 가지고 있는 감정이나 태도를 바탕으로 하여 구성원 상호 간의 선택, 거부, 무관심 따위의 관계를 나타낸다. 성원 간 의사소통 방식을 알 수는 없다.

다음 내용이 왜 틀렸는지를 확인해보자

14-04-15

01 초기사정 단계에서는 **재구조화에 초점**을 둔다.

> 집단을 재구조화하는 것은 개입이 진행되면서 점검을 통해 이루어진다.

02 소시오그램은 친밀한 성원에 초점을 두기 때문에 **어떤 구성원이 소외되고 있는지를 알 수는 없다.**

> 소시오그램에서는 친밀도, 하위집단 형성, 삼각관계 형성 여부 외에 어떤 성원이 소외되고 있는지, 성원 간의 감정이 쌍방적인지 일방적인지 등이 나타난다.

08-04-28

03 집단을 사정할 때에는 **집단지도자의 주관적인 관찰은 배제**해야 한다.

> 정보수집이나 사정에서 집단지도자, 사회복지사의 주관적인 관찰 내용도 중요한 자료이다.

08-04-29

04 소시오그램을 통해 **집단과 집단 외부와의 경계가 갖는 유연성 정도**를 알 수 있다.

> 소시오그램은 집단 내 성원 간 상호작용을 표현하는 그림으로 집단 외부는 표현하지 않는다.

09-04-29

05 집단 구성원의 선호도와 무관심, 배척 등의 상호관계를 선으로 표시하는 것은 **의의차별척도**이다.

> 소시오그램에 해당한다.
> 의의차별척도는 두 개의 상반된 입장을 제시하고 5개 혹은 7개 응답범주 중에서 선택하도록 하는 방식이다.

06 사정단계에서는 **개인에 대한 사정을 지양하고** 전체 집단에 대한 사정에 집중해야 한다.

> 개인에 대한 사정도 진행해야 한다.

빈칸에 들어갈 알맞은 말을 채워보자

01 `12-04-17` ( ): 집단성원 간 관심 정도를 측정하기 위한 방법으로 각 성원에 대한 호감도를 1점(가장 싫어함)에서 5점(가장 좋아함)으로 평가한다.

02 `11-04-24` ( ): 5개 혹은 7개의 응답 범주를 갖는다. 두 개의 상반된 입장에서 하나를 선택하도록 요청한다.

03 `09-04-29` ( ): 집단구성원의 선호도와 무관심, 배척 등의 상호관계를 선으로 표시하여 나타냄으로써 하위집단의 형성을 알 수 있다.

답 **01** 소시오메트리 **02** 의의차별척도 **03** 소시오그램

다음 내용이 옳은지 그른지 판단해보자

01 집단 사정에서는 객관성과 타당성을 위해 검증된 사정도구나 척도만을 이용해야 한다.

02 `08-04-28` 성원들의 상호작용 빈도를 사정할 때는 의미분화척도가 유용하다.

03 `08-04-29` 소시오그램을 통해 성원 간 친화력 방향, 삼각관계 형성 등을 알 수 있다.

04 사정은 특정 단계에 일회적으로 진행되는 것은 아니며, 특히 집단 중간과정에서 진행되는 사정에 따라 개입계획을 수정할 수 있다.

05 집단 전체에 대한 사정을 위해 시설의 환경에 대한 사정을 진행한다.

06 집단을 사정할 때에는 현재 나타나고 있는 집단의 규범이 기능적인지 역기능적인지를 살펴봐야 한다.

답 **01** ✕ **02** ✕ **03** ○ **04** ○ **05** ✕ **06** ○

해설 **01** 개별성원의 자기관찰 내용이나 사회복지사가 관찰한 내용도 사정에 포함된다.
02 성원들의 상호작용 빈도를 사정하는 도구는 상호작용차트이다. 의미분화척도는 5점 혹은 7점 척도로 된 사정도구로 이 척도를 통해 성원은 자신에 대한 평가, 능력에 대한 지각, 대상이나 개념, 활동에 대한 지각 등을 사정한다.
05 시설의 환경에 대한 사정은 '집단 전체'에 대한 사정이 아닌 '집단 환경'에 대한 사정에 해당한다.

복습
1

이론요약

 21회 기출 20회 기출 19회 기출

초기단계의 과업

- 사회복지사 소개 및 성원소개
- 비밀보장의 한계 정하기
- 개별 목표설정
- 집단참여에 대한 동기부여

- 집단목적의 명확화
- 성원들의 집단소속감을 위해 원조
- 계약하기
- 장애물 예측

기본개념
사회복지실천기술론
pp.262~

기출문장 CHECK

01 (21-04-22) 집단발달의 초기단계에서는 집단성원이 신뢰감을 갖고 참여할 수 있는 분위기를 조성한다.

02 (20-04-03) 집단 초기단계에서 사회복지사의 과업: 자기소개 및 신뢰감 형성, 집단과 구성원의 목표 설정, 구성원 간 응집력 형성 등

03 (19-04-16) 집단 초기단계에서는 오리엔테이션이 필요하며, 집단성원의 불안감과 저항이 높을 수 있다.

04 (16-04-12) 집단 초기단계에서 사회복지사는 집단 성원의 불안감, 저항감을 감소시키기 위해 노력해야 한다.

05 (16-04-12) 집단 성원 간 공통점을 찾아 연결키시며, 집단의 목적이 공유될 수 있도록 해야 한다.

06 (10-04-28) 집단 초기단계에서 사회복지사는 집단성원의 의무와 책임을 명확히 하고, 집단활동에 대한 참여동기를 확인하며, 집단목표에 대해 성원들의 의견을 수렴한다.

07 (07-04-10) 초기단계에서 사회복지사는 성원들의 불안감을 감소시키고, 비밀보장에 대해 설명하는 시간을 갖는다.

08 (07-04-10) 초기단계에서 사회복지사는 집단의 목적을 공유하며, 성원들이 갖는 기대에 대해 파악한다.

09 (05-04-12) 초기단계에서는 집단의 규칙을 설정하고 성원 간 자기소개 시간을 갖는다.

10 (03-04-14) 초기단계에서는 집단규범 및 집단문화 등을 다루며, 목표에 도달하지 못할 수도 있다는 점을 설명한다.

대표기출 확인하기

21-04-22 　　　　　 난이도 ★★★

집단발달의 초기단계에 적합한 실천기술에 해당하는 것을 모두 고른 것은?

> ㄱ. 집단성원이 신뢰감을 갖고 참여할 수 있는 분위기를 조성한다.
> ㄴ. 집단성원이 수행한 과제에 대해 솔직하고 구체적인 피드백을 준다.
> ㄷ. 집단역동을 촉진하기 위해 사회복지사가 의도적인 자기노출을 한다.
> ㄹ. 집단성원의 행동과 태도가 불일치하는 경우에 직면을 통해 지적한다.

① ㄱ
② ㄱ, ㄷ
③ ㄴ, ㄹ
④ ㄱ, ㄷ, ㄹ
⑤ ㄱ, ㄴ, ㄷ, ㄹ

▶ **알짜확인**

• 본격적인 집단활동에 앞서 오리엔테이션이 이루어지는 초기단계의 과업에 대해 정리해두자.

답 ①

✔ **응시생들의 선택**

① 28%	② 60%	③ 3%	④ 4%	⑤ 5%

ㄴ. 과제에 대한 피드백은 과제가 주어지고 수행된 이후에 진행되기 때문에 중간단계에 해당한다.
ㄷ. 집단 활동이 본격적으로 시작된 이후에 성원들의 참여가 소극적인 경우 사회복지사는 자기노출을 통해 성원들의 적극적 참여를 촉진할 수 있다.
ㄹ. 직면은 사회복지사와 클라이언트의 관계가 미처 형성되지 못했을 때 사용하면 클라이언트를 위축시킬 수 있기 때문에 초기 과정에서 사용하는 기술은 아니다.

관련기출 더 보기

20-04-03 　　　　　 난이도 ★★☆

집단 초기단계에서 사회복지사의 역할을 모두 고른 것은?

> ㄱ. 집단과 구성원의 목표를 설정한다.
> ㄴ. 지도자인 사회복지사를 소개하며 신뢰감을 형성한다.
> ㄷ. 구성원 간 유사성을 토대로 응집력을 형성한다.
> ㄹ. 구성원이 집단에 의존하는 정도를 감소시킨다.

① ㄱ, ㄴ
② ㄴ, ㄷ
③ ㄷ, ㄹ
④ ㄱ, ㄴ, ㄷ
⑤ ㄱ, ㄴ, ㄷ, ㄹ

답 ④

✔ **응시생들의 선택**

① 24%	② 11%	③ 2%	④ 61%	⑤ 2%

ㄹ. 종결단계에서의 과업이다. 집단에 대한 의존도가 높은 성원일수록 집단 프로그램이 종결된 이후 혼자서도 잘해나갈 수 있을까에 대한 불안감이 크게 나타날 수 있다. 종결단계에서는 성원들의 이러한 불안감을 다루어야 하며, 이후 자조모임 등으로 이어질 수 있도록 안내하는 것도 필요하다.

16-04-12 　　　　　 난이도 ★★☆

다음의 집단사회복지사의 활동이 주로 나타나는 단계는?

> • 집단 성원의 불안감, 저항감을 감소시키기 위해 노력
> • 집단 성원 간 공통점을 찾아 연결시킴
> • 집단의 목적을 집단 성원 모두가 공유하게 함

① 준비단계
② 초기단계
③ 중간단계
④ 종결단계
⑤ 사후관리단계

답 ②

✔ **응시생들의 선택**

① 7%	② 78%	③ 14%	④ 1%	⑤ 0%

② 집단 초기단계에서는 집단성원을 소개하면서 성원들이 집단에 소속감을 가질 수 있도록 원조하며, 집단참여에 대한 동기를 부여한다.

다음 내용이 옳은지 그른지 판단해보자

01 집단활동에 있어 계약은 대체로 초기단계에 진행된다.

`03-04-14`
02 초기단계에서는 집단불안감을 해소해주는 한편 목표에 도달하지 못할 수도 있다는 점을 설명할 필요가 있다.

`10-04-28`
03 집단의 초기단계에서는 집단의 구성요소를 고려하여 집단을 계획한다.

`12-04-15`
04 초기단계에서 집단사회복지사는 집단의 목적 및 성원의 역할을 명확히 하고, 집단의 규칙을 수립한다.

`05-04-12`
05 초기단계에서 집단사회복지사는 집단의 규칙을 설정하고 집단 의존성을 감소시키는 데에 초점을 둔다.

`16-04-12`
06 초기단계에서 집단사회복지사는 집단 성원 간 공통점을 찾아 연결시키도록 한다.

`19-04-16`
07 집단 초기단계에서 성원들은 사회복지사보다는 다른 성원과 대화하려고 시도하는 특징이 있다.

답 01 ○ 02 ○ 03 × 04 ○ 05 × 06 ○ 07 ×

해설 **03** 집단을 계획하는 것은 준비단계(계획단계)의 과업이다.
05 집단 의존성 감소는 종결단계의 과업이다.
07 집단 초기단계에서는 아직 성원 간 서로에 대한 정보가 없고 친밀감이 형성되지 않아 다른 성원과의 대화에 소극적인 경우가 더 많다.

KEYWORD

124 집단 중간단계

강의 QR코드

최근 10년간 **4문항** 출제

1회독	2회독	3회독
월 일	월 일	월 일

복습 **1**

이론요약

22회 기출 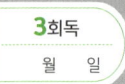 20회 기출

중간단계의 과업

- 집단 모임(회합) 준비
- 집단구조화
- 성원의 목적달성 원조
- 성원의 참여유도와 능력고취
- **저항하는 집단성원 다루기**
- **모니터링**: 집단진행과정 점검 및 평가

기본개념

사회복지실천기술론
pp.273~

기출문장 CHECK

01 (22-04-20) 집단 중간단계에서는 집단성원 간 상호작용 향상, 집단의 목표 달성, 집단의 응집력 향상, 집단성원의 적극적 활동 촉진 등을 고려한다.

02 (20-04-04) 집단활동 중 구성원의 저항은 구성원이 피하고 싶은 주제가 논의될 때, 사회복지사가 제안한 과업의 실행방법을 모를 때 발생할 수 있다.

03 (20-04-04) 집단활동 중 구성원의 저항은 다른 구성원의 의견을 통해 해결방안을 찾을 수 있다.

04 (20-04-04) 집단 성원의 저항이 효과적으로 해결되면 집단활동이 촉진될 수 있다.

05 (17-04-14) 집단회기를 마무리할 때에는 사회복지사의 관찰과 생각을 전달한다.

06 (17-04-14) 회기 중 제기된 이슈를 다 마무리하지 않고 회기를 마쳐도 된다.

07 (17-04-14) 집단회기에서 다룬 내용을 집단 밖에서 어떻게 적용할지에 대한 계획을 물으며 회기를 마친다.

08 (17-04-14) 집단회기를 마무리할 때에는 다음 회기에 다루기 원하는 주제나 문제를 질문한다.

09 (13-04-02) 중간단계에서는 집단성원 간의 공통점과 차이점을 파악한다.

10 (13-04-02) 중간단계에서는 집단의 상호작용, 갈등, 진행상황, 협조체계 등을 파악한다.

11 (08-04-22) 중간단계에서 사회복지사는 집단성원의 참여를 촉진해야 하며 집단참여 감소가 일어날 경우 그에 대해 탐색해야 한다.

대표기출 확인하기

18-04-02 　　　　난이도 ★★☆

집단사회복지실천의 중간 단계에 해당하는 내용으로 옳은 것을 모두 고른 것은?

ㄱ. 성원의 내적 변화를 파악하기 위해 개별상담을 한다.
ㄴ. 성원들의 참여를 촉진하기 위해 집단의 목적을 상기시킨다.
ㄷ. 하위집단의 의사소통과 상호작용 빈도를 평가한다.
ㄹ. 집단에 대한 의존성을 감소시키기 위해 모임주기를 조절한다.

① ㄱ, ㄷ　　　　　　② ㄴ, ㄹ
③ ㄱ, ㄴ, ㄷ　　　　④ ㄴ, ㄷ, ㄹ
⑤ ㄱ, ㄴ, ㄷ, ㄹ

▶ **알짜확인**

• 중간단계는 실제 회기가 이루어지는 단계이다. 사회복지사의 과업을 정리해두되 집단에 개입할 때 고려해야 할 사항들을 생각해보자.

답 ③

✓ **응시생들의 선택**

① 26%	② 10%	③ 43%	④ 6%	⑤ 15%

ㄹ. 집단에 대한 의존성을 감소시키기 위해 모임주기를 조절하는 것은 종결단계에 해당한다.

관련기출 더 보기

17-04-14 　　　　난이도 ★★★

집단회기를 마무리하는 방식으로 옳은 것을 모두 고른 것은?

ㄱ. 회기에 대한 사회복지사의 관찰과 생각을 전달한다.
ㄴ. 회기 중 제기된 이슈를 다 마무리하지 않고 회기를 마쳐도 된다.
ㄷ. 회기에서 다룬 내용을 집단 밖에서 어떻게 적용할지에 대한 계획을 묻는다.
ㄹ. 다음 회기에 다루기 원하는 주제나 문제를 질문한다.

① ㄱ, ㄷ　　　　　　② ㄱ, ㄹ
③ ㄷ, ㄹ　　　　　　④ ㄱ, ㄷ, ㄹ
⑤ ㄱ, ㄴ, ㄷ, ㄹ

답 ⑤

✓ **응시생들의 선택**

① 20%	② 3%	③ 6%	④ 59%	⑤ 12%

ㄱ. 그날 있었던 대화나 일들에 대해 간단히 정리하면서 사회복지사와 클라이언트의 생각과 기분을 나누는 시간을 갖는다.
ㄴ. 1회기에 정해진 시간이 있으므로 제기된 이슈를 다 마무리하기에 현실적 제약이 발생할 수 있다.
ㄷ. 실제 클라이언트가 자기 생활에서 어떤 방식으로 적용할 수 있는지를 확인함으로써 집단활동에 대한 이해 및 습득 정도를 파악할 수 있다. 또한 다음 회기에서 계획을 얼마나 실행했는지를 물음으로써 시작할 수 있다.
ㄹ. 회기별로 정해진 주제나 문제가 미리 있는 경우도 있지만 그렇지 않은 경우에는 미리 주제를 확인하고 준비해올 수 있도록 하는 것도 필요하다.

다음 내용이 **왜 틀렸는지**를 확인해보자

---

01 중간단계에서는 **집단을 구성하고** 구성원의 목적 성취를 원조한다.

> 집단을 구성하는 것은 준비단계에 해당한다.

---

02 중간단계에서는 **집단에 참여하는 불안감을 해소해주는 한편, 목표에 도달하지 못할 수도 있다는 점을 미리 설명**할 필요가 있다.

> 초기단계의 과업에 해당한다.

04-04-16

03 중간단계에서 사회복지사는 집단에 대한 **개별 성원들의 의존성을 감소시키는 데에 초점**을 둔다.

> 종결단계에서의 과업이다.

---

04 집단 성원들의 불안이나 긴장을 가중시킬 수 있으므로 중간단계에서는 **되도록 평가를 진행하지 않는다.**

> 중간단계에서는 모니터링을 통해 개별성원의 태도, 관계, 행동, 동기, 목표 등에 대한 점검 차원의 평가를 진행할 수 있다.

---

05 모니터링은 프로그램이 원래 의도했던 **목표를 달성했는지를 평가하기 위한** 것이다.

> 모니터링은 중간단계에서 프로그램이 원래 의도된 대로 진행되고 있는지, 미흡한 점이나 수정할 점은 없는지 등을 점검하기 위한 것이다.

20-04-04

06 집단활동 중 특정 성원이 저항을 보일 때에는 목표 달성을 위해 **저항의 이유를 무시해야** 한다.

> 집단 성원의 저항 정도와 이유를 확인해보고 집단 활동에의 참여를 이끄는 것이 필요하다.

1회독	2회독	3회독
월 일	월 일	월 일

최근 10년간 **6문항** 출제

 이론요약

23회 기출 22회 기출 21회 기출

종결단계의 과제

- <u>변화의 유지 및 일반화</u>
- 개별성원의 독립적인 기능 촉진
- 의존성 감소
- <u>종결에 대한 감정다루기</u>
- 의뢰하기
- 평가하기

기본개념

사회복지실천기술론
pp.275~

계획되지 않은 종결

▶ **집단이 종결되기 전에 성원들이 참여를 중단하는 경우**
- 이사 등으로 인해 참여가 어려운 경우도 있지만 성원들 간 갈등이 있거나 만족도가 낮아서 중단하는 경우도 있음
- 문제의 원인을 탐색할 필요가 있음
- **참여자의 자기견정권을 존중해야 함**

▶ **집단지도자의 사정에 따른 종결**
- **새로운 집단지도자가 있을 경우는 미리 소개**하거나 얼마 간 공동으로 진행하는 것도 고려할 수 있음
- **새로운 집단지도자가 없을 경우 집단이 종결됨을 미리 고지**하고 종결을 준비해야 함

계획된 종결

▶ **성공적인 종결**
- 집단과 성원들이 대체적으로 목표 성취, 만족감과 자존감 높아짐
- **성공에도 불구하고 이별에 대한 상실감을 경험할 수 있으며** 이때에는 종결에 대한 감정적 반응을 다룸

▶ **성공적이지 않은 종결**
- 집단과 성원의 목표의 대부분 또는 모두를 이루지 못한 경우 결과에 대해 분노, 좌절, 실망, 절망, 죄책감, 책임전가, 비난 등이 발생할 수 있음
- **성공적이지 못하더라도 종결의 시간이 필요함.** 어떤 활동들이 있었는지, 어떤 점이 아쉬운지, 다른 대안적인 시도들은 없을지 등에 대해 이야기를 나눔

※ 집단사회복지실천의 단계 정리
- 준비 단계(계획 단계): 집단이 형성되기 이전에 사회복지사가 집단에 대해 계획하고 구성하는 단계
- 초기 단계: 오리엔테이션을 통해 서로를 소개하고 집단의 목적을 설명하고 개별 성원의 목표를 설정하고 집단의 규칙을 정하며 불안감이나 저항감을 다루며 신뢰감을 조성하는 단계
- 사정 단계: 개별 성원 및 집단 전체에 대한 사정을 진행하는 단계
- 중간 단계: 실질적인 프로그램이 진행되는 단계
- 종결 단계: 종결 시기를 정하고 종결로 인해 나타날 수 있는 감정적 문제를 다루는 단계

기출문장 CHECK

01 (23-04-23) 집단의 종결단계에서는 집단경험을 통해 학습한 내용의 활용계획을 세운다.

02 (23-04-23) 집단의 종결단계에서는 측정도구를 통해 성원 개인별 변화를 평가한다.

03 (22-04-21) 집단 종결단계에서 사회복지사는 성원들이 집단과정에서 성취한 변화를 지속적으로 유지하도록 돕는다.

04 (22-04-21) 집단 종결단계에서 사회복지사는 집단에 대한 성원들의 의존성을 서서히 감소시켜 나간다.

05 (21-04-20) 집단의 성과를 평가하기 위해 사전사후 검사, 개별인터뷰, 단일사례설계, 초점집단면접 등을 활용할 수 있다.

06 (17-04-05) 집단 종결단계의 과업: 집단 의존성 감소, 의뢰의 필요성 검토, 변화노력의 일반화, 구성원 간 피드백 교환 등

07 (15-04-25) 집단의 종결단계에서 사회복지사는 종결에 대한 양가감정을 이해하고 이를 반영하여 다룬다.

08 (14-04-13) 종결단계에서는 미래에 대한 계획, 변화유지 능력의 확인, 변화 결과를 생활영역으로 일반화하기, 종결에 따른 감정 다루기 등의 과업을 진행한다.

09 (14-04-13) 종결단계에서는 집단경험을 평가한다.

10 (09-04-12) 집단프로그램 진행 중 사회복지사의 이직이 결정된 경우 사회복지사는 구성원의 정서적 반응과 혼란을 수용하고 다룬다.

11 (09-04-12) 집단프로그램 진행 중 사회복지사의 이직이 결정된 경우 사회복지사는 집단과정을 통해 획득한 변화나 기술, 기법 등이 유지되도록 지지하는 동시에 남아 있는 문제와 목표들을 재점검한다.

12 (09-04-12) 집단프로그램 진행 중 사회복지사의 이직이 결정된 경우 사회복지사는 새로운 지도자를 맞이할 수 있도록 한다.

13 (01-04-07) 집단사회복지실천 과정: 모집 → 오리엔테이션→ 탐색과 시험→ 문제해결 → 종결

대표기출 확인하기

집단의 종결단계에서 수행하는 과업으로 옳은 것을 모두 고른 것은?

ㄱ. 성원 간의 이해를 돕기 위해 자기노출의 기회를 갖는다.
ㄴ. 집단경험을 통해 학습한 내용의 활용계획을 세운다.
ㄷ. 공통의 관심사를 찾기 위해 개방적 토론 시간을 늘린다.
ㄹ. 측정도구를 통해 성원 개인별 변화를 평가한다.

① ㄱ
② ㄴ, ㄷ
③ ㄴ, ㄹ
④ ㄴ, ㄷ, ㄹ
⑤ ㄱ, ㄴ, ㄷ, ㄹ

> ▶ **알짜확인**

• 종결단계에서는 집단에 대한 의존성을 감소시켜 나가면서 변화의 지속성이 유지될 수 있도록 돕는 것이 주요 과업이다.

답 ③

✅ **응시생들의 선택**

① 2%	② 2%	③ 90%	④ 4%	⑤ 2%

ㄱ. 성원 간의 이해를 돕기 위해 자기노출의 기회를 갖는 것은 집단의 변화를 이루어가는 중간단계에서 주로 이루어지며, 초기단계에서도 성원 간의 자기노출을 촉진하기 위해 사회복지사가 먼저 자기노출(혹은 자기개방)을 의도적으로 하기도 한다.
ㄷ. 공통의 관심사를 찾기 위해 개방적인 토론 시간을 늘리는 것은 변화를 이루어가는 집단 진행단계 중에 이루어진다. 초기단계에 공통의 관심사를 찾는 것은 긴장을 완화하는 데 도움이 되며, 중간단계에 공통의 관심사를 토론을 통해 발전해 나가는 것은 집단응집력을 증진하는 데 도움이 된다.

관련기출 더 보기

집단 종결단계에서 사회복지사의 역할로 옳은 것을 모두 고른 것은?

ㄱ. 집단과정에서 성취한 변화를 지속적으로 유지하도록 돕는다.
ㄴ. 집단성원의 개별 목표를 설정한다.
ㄷ. 종결을 앞두고 나타나는 다양한 감정을 토론하도록 격려한다.
ㄹ. 집단에 대한 의존성을 서서히 감소시켜 나간다.

① ㄱ, ㄴ
② ㄷ, ㄹ
③ ㄱ, ㄴ, ㄹ
④ ㄱ, ㄷ, ㄹ
⑤ ㄴ, ㄷ, ㄹ

답 ④

✅ **응시생들의 선택**

① 2%	② 3%	③ 3%	④ 91%	⑤ 1%

ㄴ. 집단성원의 개별 목표를 설정하는 것은 초기단계의 과업이다.

집단의 성과를 평가하는 방법으로 옳지 않은 것은?

① 사전사후 검사
② 개별인터뷰
③ 단일사례설계
④ 델파이조사
⑤ 초점집단면접

답 ④

✅ **응시생들의 선택**

① 3%	② 14%	③ 19%	④ 59%	⑤ 5%

④ 델파이조사는 전문가들에게 우편으로 의견이나 정보를 수집하여 분석한 결과를 다시 응답자들에게 보내 의견을 묻는 방식으로 진행된다. 문답의 과정을 만족스러운 결과를 얻을 때까지 반복한다. 어떤 문제의 변화 상황을 예측하거나 해결방법을 모색하는 과정에서 전문가의 의견을 구하기 위해 사용한다.

다음 내용이 **옳은지 그른지** 판단해보자

01 집단활동이 종결되기 전 중도 하차를 요구하는 참여자에 대해서는 자기결정의 원칙이 적용되지 않는다.

15-04-25

02 종결 시 계획된 목표달성 여부에 집중하며 의도하지 않았던 결과에 대해서도 확인하고 적절하게 다루어야 한다.

03 종결단계에서는 성원들이 집단에 대해 갖는 의존성을 감소시켜나갈 수 있도록 한다.

04 결과가 성공적이지 못한 경우에는 종결을 위한 별도의 시간을 갖지 않는 것이 바람직하다.

05 종결단계에서 목표달성 정도가 높은 경우 성원들의 감정적 문제가 발생하지 않는다.

01-04-07

06 집단사회복지실천 과정: 모집 → 오리엔테이션 → 탐색과 시험 → 문제해결 → 종결

15-04-25

07 종결단계에서 사회복지사는 집단의 목적에 따른 집단구성과 구성원의 목적 성취를 원조한다.

답 **01** ✕ **02** ○ **03** ○ **04** ✕ **05** ✕ **06** ○ **07** ✕

해설 **01** 중도 하차를 요구하는 참여자에 대해서도 자기결정을 존중해줄 필요가 있다. 다만, 법원의 판결에 따라 의뢰된 경우 등에는 클라이언트의 자기결정에 따라 중도 하차를 할 수 없다.
04 결과가 성공적이지 않더라도 활동 내용 및 실패 이유, 감정적 문제들을 이야기하면서 종결을 위한 시간을 갖는 것이 필요하다.
05 목표달성 정도가 높다고 해서 감정적 문제가 발생하지 않는 것은 아니다. 집단이 종료됨에 따른 상실감이나 불안감 등은 목표달성 정도가 높더라도 나타날 수 있는 현상이다.
07 집단을 구성하는 것은 준비단계의 과업이고 구성원의 목적 성취를 원조하는 것은 중간단계의 과업이다.

사회복지실천 기록

이전에는 기록의 목적이 주로 다뤄졌다면 최근에는 기록 유형이 출제되면서 좀 더 출제빈도도 높아지고 다뤄지는 내용도 더 깊어졌다. 실제 어떻게 활용될 수 있는지를 생각하면서 각 기록유형의 특징을 잘 정리해두도록 하자.

─ 10년간 출제분포도

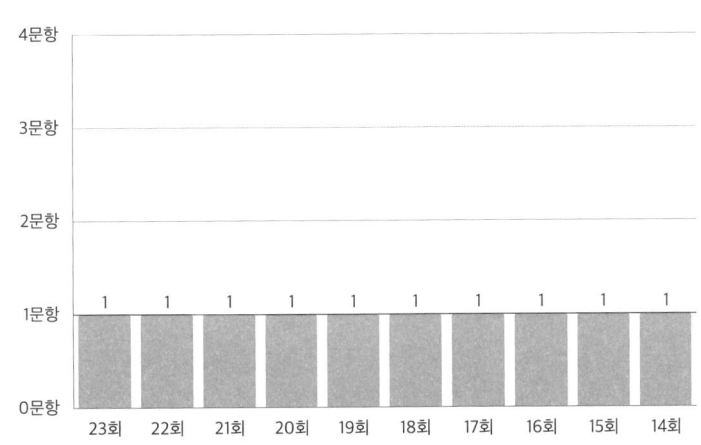

1.0
문항

평균 출제문항수

KEYWORD

126

기록의 유형

강의 QR코드

1회독 월 일   2회독 월 일   3회독 월 일

최근 10년간 **4문항** 출제

복습 1

이론요약

 21회 기출   20회 기출

과정기록

- 클라이언트와 면담하면서 이야기한 내용, 클라이언트의 행동, 사회복지사가 관찰한 것과 판단한 것 등 **클라이언트와 사회복지사의 상호작용을 있는 그대로 세밀하게 기록**
- 사회복지실습이나 교육방법으로 유용
- 기록하는 데에 시간과 비용이 너무 많이 소요됨

기본개념
사회복지실천기술론
pp.286~

요약기록

- 사회복지기관에서 가장 많이 사용되는 기록형태
- **시간의 경과에 따라 변화된 상황, 개입활동, 중요한 정보 등을 요약하여 기록**
- 일시와 클라이언트에 대해 간단한 내용을 적은 후 서비스나 개입 내용, 클라이언트의 변화에 대해 짧게 요약함
- **지나치게 요약될 경우 단순화되어 초점이 분명하지 않을 수 있음**
- 기록자의 주관이나 성향에 따라 기록 내용이나 질이 달라짐

문제중심기록

- 문제를 중심으로 기록
- **각 문제를 해결하기 위한 개입계획을 기록**하여 문제해결 접근방법이 제시됨
- 동일한 기록지에 기록함으로써 **다양한 전문직 간의 의사소통 및 정보교환에 유용함**
- 의학 및 보건분야에서 학제 간 협력을 증진시키기 위해 개발됨
- 클라이언트의 자원이나 강점, 개인과 환경 간의 상호작용 등이 무시되는 경향
- 구성: 자료수집 및 DB구축 → 문제목록 작성 → 목표설정 및 계획수립 → 진행 및 결과 기록
- SOAP 기록
  - S(주관적 정보): 클라이언트가 스스로 보고한 내용으로서 클라이언트가 상황을 어떻게 인식하고 느끼는가를 나타낸다.
  - O(객관적 정보): 전문가의 직접 관찰, 임상적 실험, 체계적인 자료수집 등을 통해 얻어진 정보를 말한다.
  - A(사정): 전문가가 주관적 정보 및 객관적 정보를 검토하여 추론해낸 견해와 결론을 의미한다.
  - P(계획): 전문가가 특정한 문제를 제기하거나 해결하는 방법을 말한다.

녹화 및 녹음

- 대체로 보충적으로 사용됨
- 클라이언트의 사전 동의가 필수적임
- 클라이언트가 녹음이나 녹화를 지나치게 의식해서 긴장하거나 부자연스러울 수 있음

이야기체 기록

- 기록하는 문체 유형의 하나로 이야기하듯이 풀어서 서술하는 방식
- 직접인용 방식의 과정기록이 대화체 서술이라면, 간접인용 방식의 과정기록이나 요약기록은 이야기체 서술

01 (21-04-24) 과정기록: 면담전개 과정을 시간의 흐름에 따라 기술하는 방식. 교육과 훈련의 중요한 수단이며, 자문의 근거자료로 유용. 사회복지사 자신의 행동분석을 통해 사례에 대한 개입능력 향상에 도움.

02 (20-04-24) 요약기록: 날짜와 클라이언트의 기본사항을 기입하고 개입 내용과 변화를 간단히 기록함. 시간 흐름에 따라 변화된 상황, 개입 활동, 주요 정보 등의 요점을 기록함

03 (18-04-22) 문제중심기록은 클라이언트의 주관적 진술과 사회복지사의 관찰과 같은 객관적 자료를 구분하여 기록한다.

04 (18-04-22) 문제중심기록의 특징: 슈퍼바이저, 조사연구자, 외부자문가 등이 함께 검토하는데 용이하다. 문제유형의 파악이 용이하며 책무성이 명확해진다. 현상의 복잡성을 단순화시키고 부분화를 강조하는 단점이 있다.

05 (12-04-09) 과정기록은 사회복지 실습이나 교육수단으로 유용하다.

06 (11-04-15) 과정기록은 사회복지사와 클라이언트 사이의 활동을 개념화·조직화함으로써 사례에 대한 개입기술을 향상시키는 데 도움이 된다.

07 (11-04-15) 문제중심기록은 문제의 목록화와 진행을 중심으로 기록하는데, 서비스 전달의 복잡성을 간과하는 경향이 있다.

08 (08-04-19) SOAP기록: S-주관적 정보, O-객관적 정보, A-사정, P-계획

09 (07-04-30) SOAP 기록은 심리사회적 관심보다는 생의학적 관심에 초점을 맞춘다.

10 (04-04-03) 일정한 간격이나 특정 행동 및 사실 등에 관한 중요한 정보를 조직화해서 기록하는 것으로 장기간의 사례에 유용한 기록방법은 요약기록이다.

11 (04-04-08) 과정기록은 사회복지사와 클라이언트 사이에 있었던 일을 있는 그대로 기록한다.

12 (04-04-08) 과정기록은 의사소통의 내용 외에 비언어적 표현까지 포함한다.

13 (04-04-08) 과정기록은 사회복지사와 클라이언트와의 상호작용에 대한 이해를 높일 수 있다.

14 (04-04-08) 과정기록은 사회복지사가 동료직원이나 슈퍼바이저에게 클라이언트의 사례를 의논하려고 할 때 기초자료로 사용한다.

15 (03-04-25) 문제중심기록은 목표달성정도를 점검하고 사후관리를 진행하는 데에 적합하다.

16 (02-04-03) 과정기록은 사회복지실습, 교육 및 슈퍼비전 등에서 유용하다.

17 (02-04-25) 요약기록은 개입기간 동안 계속적인 진행에 대해 요약하여 기록하는 것이다.

대표기출 확인하기

21-04-24 난이도 ★☆☆

다음에 해당되는 기록방법은?

- 교육과 훈련의 중요한 수단이며, 자문의 근거자료로 유용
- 면담전개 과정을 시간의 흐름에 따라 기술하는 방식
- 사회복지사 자신의 행동분석을 통해 사례에 대한 개입능력 향상에 도움

① 과정기록
② 문제중심기록
③ 이야기체기록
④ 정보시스템을 이용한 기록
⑤ 요약기록

▶ 알짜확인

- 과정기록의 장단점, 요약기록의 특징, SOAP 기록 방식 등이 출제되고 있다. <사회복지실천론> 영역에서도 간헐적으로 출제되기도 한다.

답 ①

✓ 응시생들의 선택

① 88%	② 3%	③ 5%	④ 1%	⑤ 3%

과정기록
- 클라이언트와 나눈 이야기뿐만 아니라 클라이언트의 행동, 사회복지사의 상호작용 등을 있는 그대로 세밀하게 기록하는 방식이다.
- 모든 사항을 기록하기 때문에 기록에 걸리는 시간이 너무 많이 소요된다는 단점이 있지만, 모든 내용을 담고 있기 때문에 사례회의나 슈퍼비전 등에서는 유용한 자료가 될 수 있다.

관련기출 더 보기

20-04-24 난이도 ★☆☆

다음 설명에 해당하는 기록방법은?

- 날짜와 클라이언트의 기본사항을 기입하고 개입 내용과 변화를 간단히 기록함
- 시간 흐름에 따라 변화된 상황, 개입 활동, 주요 정보 등의 요점을 기록함

① 과정기록
② 요약기록
③ 이야기체기록
④ 문제중심기록
⑤ 최소기본기록

답 ②

✓ 응시생들의 선택

① 10%	② 83%	③ 2%	④ 3%	⑤ 2%

요약기록
- 면담에서 중요한 내용만 간추려 간략하게 작성하는 것으로 세부적인 내용들은 제외한다.
- 사회복지사가 무엇을 제공했는지보다는 클라이언트에게 어떤 변화가 일어났는지를 더 중점적으로 기록한다.
- 기준은 정해진 것은 없으나 대체로 시간의 흐름에 따라 기록하거나 주제별로 구분하여 기록한다.

➕ 덧붙임

과정기록은 과정을 모두 기록!
요약기록은 요점만 기록!
문제중심기록은 문제목록에 따라 기록(+SOAP)!

문제중심기록의 특성으로 옳지 않은 것은?

① 현상의 복잡성을 단순화시키고 부분화를 강조하는 단점이 있다.
② 문제유형의 파악이 용이하며 책무성이 명확해진다.
③ 클라이언트의 주관적 진술과 사회복지사의 관찰과 같은 객관적 자료를 구분한다.
④ 클라이언트의 문제 상황을 진단하고 개입계획을 제외한 문제의 목록을 작성한다.
⑤ 슈퍼바이저, 조사연구자, 외부자문가 등이 함께 검토하는 데 용이하다.

답 ④

✔ **응시생들의 선택**

① 13%	② 6%	③ 31%	④ 40%	⑤ 10%

④ 문제중심기록은 자료를 수집하여 문제목록을 작성하고 문제목록에 있는 각 문제마다 개별적으로 계획과 목표를 설정한다.

다음을 문제중심기록의 S—O—A—P 순서대로 배치한 것은?

> ㄱ. 질문에만 겨우 답하고 눈물을 보이며 시선을 제대로 마주치지 못함
> ㄴ. "저는 이 문제를 해결할 수 없어요. 저를 도와줄 사람도 없고요."
> ㄷ. 우울증 검사와 욕구에 따른 인적, 물적 자원연결이 필요함
> ㄹ. 자기효능감이 저하된 상태로 지지체계가 빈약함

① ㄱ—ㄴ—ㄷ—ㄹ
② ㄱ—ㄹ—ㄴ—ㄷ
③ ㄴ—ㄱ—ㄷ—ㄹ
④ ㄴ—ㄱ—ㄹ—ㄷ
⑤ ㄴ—ㄹ—ㄱ—ㄷ

답 ④

✔ **응시생들의 선택**

① 4%	② 8%	③ 8%	④ 73%	⑤ 7%

ㄴ. S: 주관적 정보
ㄱ. O: 객관적 정보
ㄹ. A: 사정
ㄷ. P: 계획

과정기록에 관한 설명으로 옳은 것은?

① 문제를 목록화한다.
② 시간 및 비용 측면에서 효율적이다.
③ 사회복지 실습이나 교육수단으로 유용하다.
④ 클라이언트와의 면담 내용을 요약체로 기록한다.
⑤ 면담에 대하여 클라이언트가 분석한 내용을 기록한다.

답 ③

✔ **응시생들의 선택**

① 3%	② 2%	③ 84%	④ 9%	⑤ 2%

① 문제를 목록화하는 것은 문제중심기록에 해당한다. 문제중심기록은 문제목록을 작성하는 것으로 시작된다.
② 과정기록은 면담 내용을 있는 그대로 모두 기록하므로 시간 및 비용 측면에서 매우 비효율적이다.
④ 과정기록은 요약하지 않고 대화 내용을 모두 기록한다.
⑤ 과정기록에서는 면담 내용에 대해 사회복지사의 의견 및 슈퍼바이저가 분석한 내용이나 코멘트를 기록한다.

사회복지실천 기록에 관한 설명으로 옳지 않은 것은?

① 과정기록은 사회복지 실습이나 교육수단으로 유용하다.
② 과정기록은 시간과 비용이 너무 많이 소요되어 비효율적이다.
③ 이야기체기록은 사회복지사의 재량에 의존하기 때문에 추후에 원하는 정보를 찾기 어렵다.
④ 문제중심기록은 기록이 간결하고 통일성이 있어 팀 접근 시 활용이 용이하다.
⑤ 문제중심기록은 사회복지사와 클라이언트의 상호작용을 구체적으로 기록한다.

답 ⑤

✔ **응시생들의 선택**

① 1%	② 5%	③ 13%	④ 3%	⑤ 78%

⑤ 사회복지사와 클라이언트의 상호작용을 구체적으로 기록하는 것은 과정기록이다.

다음 내용이 왜 틀렸는지를 확인해보자

`10-04-26`

01 문제중심기록은 **사회복지사와 클라이언트의 상호작용을 구체적으로** 기록한다.

> 사회복지사와 클라이언트의 상호작용을 있는 그대로 구체적으로 작성하는 것은 과정기록에 해당한다.
> 문제중심기록은 문제를 중심으로 개입의 초점을 명확히 보여주는 데에 초점을 두기 때문에 단순하게 기록된다.

02 SOAP기록에서 객관적 자료는 **사회복지사의 판단이 아닌** 검사 결과 등을 통한 자료를 의미한다.

> SOAP기록에서 객관적 자료는 검사 결과 외에 사회복지사가 관찰한 내용을 포함한다.

`12-04-09`

03 과정기록은 **시간 및 비용 측면에서 효율적**이다.

> 과정기록은 기록에 드는 시간과 비용이 비효율적이라는 단점이 있다.

`11-04-15`

04 이야기체 기록은 이후에 정보를 복구하거나 필요한 정보를 찾는 데에 **용이하다**.

> 이야기체 기록은 대화를 그대로 기록하는 것이 아니라 기록자가 이야기하듯 풀어서 쓰기 때문에 정보를 복구하거나 필요한 정보를 찾는 데에는 불리하다는 단점이 있다.

`17-04-25`

05 SOAP 기록: S(객관적 정보) → O(주관적 정보) → A(사정) → P(계획)

> S(주관적 정보) → O(객관적 정보) → A(사정) → P(계획)

06 과정기록은 클라이언트의 표정이나 몸짓 등 **비언어적 의사표현까지 다 기록하지는 않는다**.

> 과정기록은 사회복지사와 클라이언트 사이에 일어나는 모든 상호작용을 전부 기록한다. 따라서 클라이언트의 표정이나 몸짓 등 비언어적 의사표현도 모두 기록에 포함한다.

다음 내용이 옳은지 그른지 판단해보자

01 SOAP 기록 방식은 과정기록의 유형이다. ◎⊗

12-04-09
02 과정기록은 사회복지 실습이나 교육수단으로 유용하다. ◎⊗

03-04-25
03 문제중심기록은 목표달성의 정도를 점검하는 데에 용이하다. ◎⊗

04 문제중심기록은 클라이언트의 문제 목록을 작성하여 그 각각에 대한 목표와 계획을 설정하는 방식이다. ◎⊗

05 문제중심기록은 다양한 분야의 전문가들과 함께하기에 적절하지 않다. ◎⊗

06 SOAP 기록에서 A는 '사정'을 의미하며, 전문가가 주관적 정보와 객관적 정보를 분석하여 결론을 도출해내는 것을 말한다. ◎⊗

07 요약기록은 클라이언트의 언어적, 비언어적 표현이 사실적으로 전달된다는 장점이 있다. ◎⊗

08 요약기록은 사례가 장기간 지속될 경우에 유용하다. ◎⊗

09 요약기록은 이야기체 기록 방식을 사용할 수 있지만, 과정기록은 이야기체 기록 방식을 사용할 수 없다. ◎⊗

20-04-24
10 요약기록은 클라인언트의 특정 행동 및 사실 혹은 일정한 기간의 간격을 두고 중요한 정보를 중심으로 기록하는 방식이다. ◎⊗

답 **01**× **02**○ **03**○ **04**○ **05**× **06**○ **07**× **08**○ **09**× **10**○

해설 **01** SOAP 기록은 문제중심기록의 방법이다.
05 문제중심기록은 어떤 문제에 대해 무엇을 했는지가 기록되기 때문에 참여하는 전문가들의 역할이 하나의 기록지에 정리된다.
07 요약기록은 사회복지사가 중요하다고 판단한 것을 선택적으로 기록하게 되기 때문에 클라이언트의 표현이 사실적으로 전달되지는 않는다.
09 이야기체 기록 방식은 기록을 서술하는 방식으로, 과정기록에서도 사용할 수 있다.

최근 10년간 **6문항** 출제

1회독 월 일
2회독 월 일
3회독 월 일

이론요약

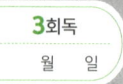
23회 기출 22회 기출 19회 기출

기록의 목적 및 용도

- 클라이언트 및 가족에게 필요한 정보 제공(기록을 공개할 수 있음)
- 책임성 제고, 실천활동에 대한 입증자료, 과정 점검 및 평가
- 클라이언트에 대한 이해
- 슈퍼비전, 지도·감독 및 교육 활성화
- 예산배분을 위한 근거자료
- 효과적인 사례관리, 전문직 간 의사소통

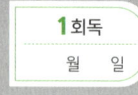
기본개념

사회복지실천기술론
pp.282~

좋은 기록

- 클라이언트에 대한 정보 및 서비스에 관한 정보 등을 포함하여 작성
- 객관적 사실과 기록자의 견해를 구분하여 작성
- 긴 내용을 구조화하여 정리: 소제목 달기 등을 통해 필요한 내용을 쉽게 찾아볼 수 있도록 해야 함
- 내용과 절차 혹은 과정에 있어 전문가의 윤리를 준수
- 전문가의 관점에 기초를 두되, 클라이언트의 관점도 포함
- 구체적이고 명료한 문장과 쉬운 단어로 작성

기출문장 CHECK

01 (23-04-25) 클라이언트의 개인정보 보호를 위해서는 클라이언트의 사생활이나 비밀스러운 내용은 일반적인 용어로 바꾸어 기록한다.

02 (23-04-25) 클라이언트의 개인정보 보호를 위해서는 전산화된 기록에 대한 접근 권한을 제한하기 위해 암호화한다.

03 (16-04-03) 기록의 목적으로 지도감독 및 교육의 활성화, 책임성의 확보, 정보제공, 클라이언트에 대한 이해 증진 등을 꼽을 수 있다.

04 (15-04-09) 좋은 기록은 서비스의 결정과 실행에 초점을 둔다.

05 (14-04-09) 기록을 통해 클라이언트와 목표 및 개입방법을 공유할 수 있다.

06 (13-04-20) 기록의 목적 및 용도: 수급자격 입증자료, 슈퍼비전의 활성화, 프로그램 예산 확보, 클라이언트 당사자와 정보 공유

대표기출 확인하기

19-04-18 난이도 ★★☆

기록의 목적과 용도에 관한 설명으로 옳은 것을 모두 고른 것은?

> ㄱ. 사회복지사의 전문적 활동을 입증하는 자료로 활용한다.
> ㄴ. 기관 내에서만 활용하고 다른 전문직과는 공유하지 않는다.
> ㄷ. 기관의 프로그램 수행 자료로 보고하며 기금을 조성하는 근거로 활용한다.
> ㄹ. 클라이언트와 정보를 공유하고 의사소통하는 도구로 활용한다.

① ㄷ
② ㄱ, ㄹ
③ ㄱ, ㄷ, ㄹ
④ ㄴ, ㄷ, ㄹ
⑤ ㄱ, ㄴ, ㄷ, ㄹ

알짜확인

- 기록의 목적 및 용도, 포함되어야 할 내용 등을 정리해두자.
- 기록 내용은 클라이언트 혹은 가족들에 공개할 수 있다는 점 기억해둘 필요가 있다.

답 ③

✔ **응시생들의 선택**

① 3%	② 15%	③ 72%	④ 4%	⑤ 6%

ㄴ. 기록 내용은 사례관리, 연계, 의뢰 등의 과정에서 다른 전문직과 공유하기도 한다.

관련기출 더 보기

23-04-25 난이도 ★★★

클라이언트의 개인정보 보호를 위한 기록 방법으로 옳지 않은 것은?

① 정확한 정보를 기록하고, 부정확한 것으로 확인되면 삭제나 수정할 수 있다.
② 서비스 신청에 필요하더라도 민감한 사적 정보는 제외한다.
③ 개인정보가 담긴 사례기록을 방치하는 것은 위법 행위이다.
④ 클라이언트의 사생활이나 비밀스러운 내용은 일반적인 용어로 비꾸어 기록한다.
⑤ 전산화된 기록에 대한 접근 권한을 제한하기 위해 암호화한다.

답 ②

✔ **응시생들의 선택**

① 7%	② 63%	③ 2%	④ 26%	⑤ 2%

② 서비스 신청 시 부득이하게 경제 상황, 질병 상황 등의 개인정보가 필요할 수 있다. 이 경우 반드시 사전동의를 구하고 개인정보를 얻되 그 정보는 정해진 목적 이외에는 절대 사용해서는 안 된다.

15-04-09 난이도 ★★☆

좋은 기록의 특징으로 옳은 것은?

① 서비스의 결정과 실행에 초점을 둔다.
② 상황묘사와 사회복지사의 견해를 구분하지 않는다.
③ 비밀보장을 위해 정보를 쉽게 분류할 수 없게 한다.
④ 모든 문제나 상황을 가능한 자세하고 풍부하게 기술한다.
⑤ 클라이언트의 관점은 배제하고 전문적 견해를 강조한다.

답 ①

✔ **응시생들의 선택**

① 22%	② 2%	③ 41%	④ 33%	⑤ 2%

② 객관적인 사실과 기록자의 사적인 견해가 구분되어 혼돈되지 않게 정리되어야 한다.
③ 클라이언트에 대한 기본적인 정보뿐만 아니라 각 단계의 목적, 목표, 계획, 진행 등에 대한 정보를 포함해야 하며 필요할 때 유용하게 찾아볼 수 있도록 정리해야 한다.
④ 내용이 너무 길고 복잡하면 핵심을 파악하기 어렵기 때문에 긴 내용을 구조화하여 효과적으로 작성하도록 한다.
⑤ 전문가의 관점에 기초를 두되, 클라이언트의 관점을 배제해서는 안 된다.

다음 내용이 **옳은지 그른지** 판단해보자

14-04-09

01 사회복지사가 기록한 내용은 클라이언트에게 공개되지 않도록 해야 한다. ◎⊗

02 기록은 전문적인 표현을 위주로 작성하여 기록자의 전문성이 드러나도록 해야 한다. ◎⊗

14-04-09

03 기록은 학제 간 원활한 의사소통을 위해 필요하다. ◎⊗

04 기록은 사회복지실천에 있어 효과성 및 책임성을 제고하는 수단이기도 하다. ◎⊗

05-04-25

05 간결하고 논리적이어 핵심을 잘 파악할 수 있도록 표현하는 것이 좋은 기록이다. ◎⊗

02-04-24

06 정확한 기록을 위해 면담시간을 최대한 활용해야 한다. ◎⊗

07 녹음이나 녹화 등을 진행한다고 해서 클라이언트의 동의를 반드시 구해야 하는 것은 아니다. ◎⊗

16-04-03

08 기록은 사회복지사가 개인적으로 보관하거나 활용해서는 안 된다.

답 **01** ✕ **02** ✕ **03** ○ **04** ○ **05** ○ **06** ✕ **07** ✕ **08** ○

해설 **01** 사회복지사가 기록한 내용은 클라이언트에게 공개할 수 있다. 기록한 내용을 되짚어보면서 클라이언트가 자신을 되돌아 볼 수 있으며, 사회복지사가 기록한 내용의 오류가 없는지를 확인할 수도 있다.

02 기록은 사회복지 전문가들만 보는 것이 아니라 클라이언트와 그 가족들 혹은 다른 분야의 전문가에게 공개되기도 하므로 쉽게 이해할 수 있도록 작성하는 것이 좋은 기록이다.

06 면담시간에는 클라이언트와의 대화 내용에 집중해야 한다. 사회복지사가 기록에만 너무 몰두하면, 클라이언트 입장에서는 면담에 집중하기 어려울 수 있고 자신에게 관심이 없다고 생각하거나 사회복지사를 신뢰하지 않을 수도 있다.

07 녹음이나 녹화를 진행할 때에는 반드시 클라이언트의 동의를 받아야 하며, 클라이언트가 동의하지 않을 때 무리하게 진행해서도 안 된다.

사회복지실천 평가

이 장에서는 주로 단일사례설계에 대해 출제되고 있는데, 특히 사례제시형 문제가 지속적으로 출제되고 있으므로 이러한 경향에 맞춰 AB, ABA, ABAB, BAB, 다중기초선, 다중요소(ABC, ABAC) 등의 설계방식을 사례와 연결할 수 있도록 해야 한다.

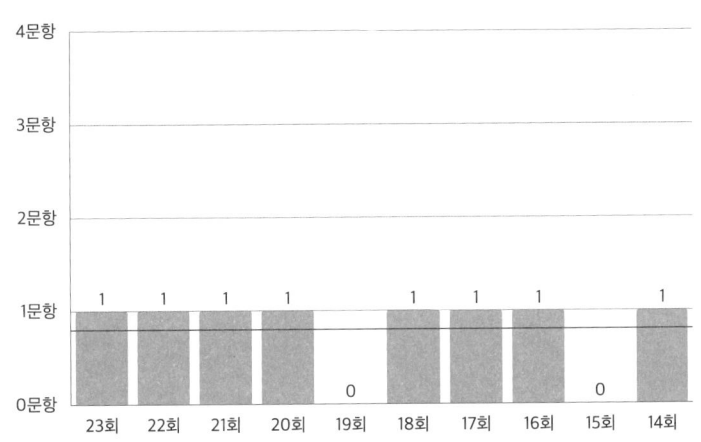

0.8
문항

평균 출제문항수

KEYWORD

128

단일사례설계

강의 QR코드

1회독
월 일

2회독
월 일

3회독
월 일

최근 10년간 **8문항** 출제

복습
1

이론요약

23회 기출 22회 기출 21회 기출 20회 기출

단일사례설계의 유형

기본개념

사회복지실천기술론
pp.300~

▶ **AB설계: 기본단일설계(기초선 → 개입단계)**
• 기초선(A) 설정 후 개입(B)이 뒤따르는 설계
• 개입으로 인해 표적행동이 변화된 것인지에 대한 신뢰도가 낮음

▶ **ABA설계(기초선 → 개입단계 → 제2기초선)**
• AB설계에 개입 이후 또 하나의 기초선(A)을 추가한 설계
• AB설계에 일정 기간 개입하고 나서 개입 중단 후 표적행동을 관찰
• <u>개입의 효과를 평가하기 위한 목적으로 인해 개입을 중단함에 따라 윤리적 문제가
야기됨</u>

▶ **ABAB설계(기초선 → 개입단계 → 제2기초선 → 개입국면)**
• ABAB설계는 외생변수를 좀 더 효과적으로 통제하기 위해 제2기초선(A)과 제2개입단계(B)를 추가
• 두 번째(A)에서는 개입을 철회
• <u>개입과 철회를 반복함으로써 같은 결과가 나오면 인과관계를 명확히 할 수 있음</u>

▶ **BAB설계(개입단계 → 기초선 단계 → 개입단계)**
• <u>기초선 측정 없이 바로 개입할</u> 때 사용하는 설계
• 클라이언트가 위기에 처해 있거나 기초선을 측정할 수 없는 상황에서 바로 개입
• 클라이언트 상황이 어느 정도 안정되면 개입을 중지하고 기초선 단계 자료를 수집
• 개입이 이루어지기 전에 기초선을 측정하지 못했기 때문에 개입의 효과성을 알기 어렵고 개입 이후에 기초선을 측정하
더라도 이미 개입이 이루어졌기 때문에, 기초선에는 개입의 효과가 어느 정도 반영되어 있음

▶ **다중요소설계(기초선 단계 → 서로 다른 개입방법 사용)**
• ABCD, ABAC, ABACA 설계 등
• 하나의 기초선 자료에 대해 여러 개의 각기 다른 개입방법(B, C, D)을 연속적으로 도입

▶ **복수기초선(다중기초선, multiple baseline) 설계**
• <u>둘 이상의 클라이언트, 둘 이상의 문제에 대해 적용</u>하는 설계로서 동시에 기초선을 측정하면서 각각 다른 시점에 개입
• 개입을 중단하는 대신에 동시에 개입을 시작하므로 윤리적·실천적 문제를 피할 수 있음

01 (23-04-24) 단일사례설계는 개입의 효과성을 파악하기 위해 반복측정을 한다.

02 (23-04-24) 단일사례설계의 기초선 자료수집은 개입 이전이나 이후에도 가능하다.

03 (23-04-24) 단일사례설계는 개입과정에서 개입의 강도나 방식을 바꿀 수 있다.

04 (23-04-24) 단일사례설계의 조사대상은 개인뿐 아니라 가족, 집단, 기관도 가능하다.

05 (22-04-25) ABA설계의 예: 김모씨는 대인관계에 어려움이 있어서 지역사회복지관에서 실시하는 사회기술훈련프로그램에 참여하였다. 개입 전 4주간(주2회) 조사를 실시하고 4주간(주2회) 개입의 변화를 기록한 후 개입을 멈추고 다시 4주간(주2회)의 변화를 기록하였다.

06 (20-04-25) ABC설계의 예: 독거노인의 우울감 해소를 위해 5주간의 전화상담(주1회)에 이어 5주간의 집단활동(주1회)을 진행했다. 참가자 5명을 대상으로 프로그램 시작 3주 전부터 매주 1회 우울증검사를 실시했고, 프로그램 시작 전, 5주 후, 10주 후에 삶의 만족도를 조사했다.

07 (18-04-07) ABAC실계(다중요소설계)의 예: 노인복지관 사회복지사가 어르신들의 우울감 개선 프로그램을 계획하였다. 프로그램 시작 전에 참여하는 어르신들의 심리검사를 행하였고, 2주간의 정서시원프로그램 실시 후 변화를 측정하였다. 1주일 후에는 같은 어르신들을 대상으로 2주간의 명상프로그램을 진행하여 우울감을 개선하고자 한다.

08 (17-04-17) 다중(복수)기초선 설계의 예: 대인관계 문제로 어려움을 겪던 재훈이와 수지는 사회성 측정 후 사회기술훈련에 의뢰되었다. 재훈이는 곧바로 사회기술훈련을 시작하여 사회성의 변화추이를 측정해 오고 있으며, 수지는 3주간 시간차를 두고 사회기술훈련을 시작하면서 변화추이를 관찰하였다.

09 (14-04-17) 단일사례설계는 개입의 효과성을 알기 위해 반복측정을 해야 한다.

10 (14-04-17) 단일사례설계를 통해 다수의 클라이언트의 변화를 점검할 수 있다.

11 (13-04-06) 단일사례설계는 둘 이상의 클라이언트, 둘 이상의 상황이나 문제에 적용 가능하다.

12 (13-04-06) 단일사례설계는 어떤 개입이 대상문제의 변화를 설명하는지 알 수 있으며, 반복적 시행으로 개입의 효과성을 일반화할 수 있다.

13 (12-04-21) 단일사례설계에서는 개입과 개입철회를 반복할 수 있다.

14 (12-04-21) 단일사례설계에서는 사전자료가 없는 경우 개입 이후에 기초선 자료를 수집할 수 있다.

15 (12-04-21) 단일사례설계에서는 여러 개의 표적행동에 대해 기초선을 설정할 수 있다.

16 (12-04-21) 단일사례설계에서는 한 명 이상의 클라이언트를 대상으로 비교할 수 있다.

17 (10-04-20) BAB설계의 예: 도벽습관이 있는 아동에 대한 행동치료 평가를 위해 다음과 같이 단일사례설계를 실시하였다. 아동의 도벽행동에 대한 치료를 먼저 시행한 후, 문제행동 변화를 측정한다. 개입효과를 확인하기 위해 치료를 잠시 중단한다. 다시 치료를 시행하면서 아동의 행동 변화를 관찰한다.

18 (09-04-19) 단일사례설계에서 기초선은 안정화될 때까지 반복적으로 측정해야 한다.

19 (09-04-19) 단일사례설계를 활용함에 있어 둘 이상의 문제에 대해 개입할 때 다중기초선설계를 활용한다.

20 (09-04-28) 단일사례설계의 결과를 분석할 때 유의성 검증은 클라이언트의 문제에 얼마나 의미 있는 변화가 일어났는지(=실질적 유의성)와 클라이언트의 변화가 우연히 일어난 것이 아닌 확률적 판단에서 나오는 절차인지(=통계적 유의성)를 살펴보아야 한다.

21 (08-04-30) 다중기초선 설계는 두 가지 이상의 문제, 두 개 이상의 세팅, 두 명 이상의 클라이언트에게 적용할 수 있는 단일사례연구방법으로서 동시에 기초선을 측정하면서 각각 다른 시점에서 개입을 시도한다.

대표기출 확인하기

22-04-25 | 난이도 ★★☆

다음에 해당하는 단일사례설계유형에 관한 설명으로 옳지 않은 것은?

> 김모씨는 대인관계에 어려움이 있어서 지역사회복지관에서 실시하는 사회기술훈련프로그램에 참여하였다. 개입 전 4주간(주2회) 조사를 실시하고 4주간(주2회) 개입의 변화를 기록한 후 개입을 멈추고 다시 4주간(주2회)의 변화를 기록하였다.

① 기초선을 두 번 설정한다.
② 통제집단을 활용한다.
③ 개입 효과성에 대한 파악이 가능하다.
④ 표본이 하나다.
⑤ 조사기간이 길어진다.

알짜확인

- 조사론에서는 단일사례설계의 특징이 주로 출제되고 있고, 기술론에서는 단일사례설계의 유형을 사례에 적용하는 문제가 주로 출제되고 있다.
- 보통 AB나 BAB 설계 방식은 쉽게 답을 찾는데, 최근에는 다중요소설계나 다중기초선설계가 출제되면서 정답률을 놓친 응시생들이 많았으므로 다양한 유형을 기억해두면서 사례에서 기초선(A)과 개입(B)을 파악하는 훈련을 해두어야 한다.

답 ②

✅ 응시생들의 선택

① 10%	② 73%	③ 3%	④ 9%	⑤ 5%

② 사례는 '개입 전 조사(A) → 4주간 개입(B) → 변화 기록(A)'으로 진행된 ABA설계에 해당한다. 그러나 단일사례설계는 참여자가 스스로 통제집단이 되기 때문에 별도의 통제집단이 없다는 점에서 사례의 설계 유형과 상관없이 이 문제의 답은 ②번이다.

관련기출 더 보기

23-04-24 | 난이도 ★★☆

단일사례설계에 관한 설명으로 옳지 않은 것은?

① 동시에 여러 문제의 변화를 측정하는 것이 불가능하다.
② 개입의 효과성을 파악하기 위해 반복측정을 한다.
③ 기초선 자료수집은 개입 이전이나 이후에도 가능하다.
④ 개입과정에서 개입의 강도나 방식을 바꿀 수 있다.
⑤ 조사대상은 개인뿐 아니라 가족, 집단, 기관도 가능하다.

답 ①

✅ 응시생들의 선택

① 54%	② 12%	③ 19%	④ 11%	⑤ 4%

① 단일사례설계의 여러 유형 중 복수기초선 설계는 다양한 문제나 환경에 대해 각각 기초선을 설정한 후 중재를 적용하여 각각의 변화를 분석하는 것이 가능하다. 예를 들어 복수기초선 설계에서는 한 아동의 행동문제를 평가할 때 공격적 행동, 사회적 상호작용, 수업 참여율 등 여러 문제를 측정하고 각 문제에 대해 개별적인 중재를 도입한 뒤 그 변화를 평가할 수 있다.

20-04-24 | 난이도 ★★★

다음 사례에 해당되는 단일사례설계의 유형은?

> 독거노인의 우울감 해소를 위해 5주간의 전화상담(주1회)에 이어 5주간의 집단활동(주1회)을 진행했다. 참가자 5명을 대상으로 프로그램 시작 3주 전부터 매주 1회 우울증검사를 실시했고, 프로그램 시작 전, 5주 후, 10주 후에 삶의 만족도를 조사했다.

① AB설계
② ABC설계
③ ABAB설계
④ ABAC설계
⑤ 다중(복수)기초선설계

답 ②

✅ 응시생들의 선택

① 3%	② 23%	③ 8%	④ 27%	⑤ 39%

② 사례는 'A(기초선): 우울증검사 → B(개입): 전화상담 → C(개입): 집단활동'으로 전개된 ABC설계에 해당한다. ABC설계는 하나의 기초선 자료에 각기 다른 개입방법을 진행하는 것이다.

난이도 ★★★

다음 사례에 해당하는 단일사례설계의 유형은?

노인복지관 사회복지사가 어르신들의 우울감 개선 프로그램을 계획하였다. 프로그램 시작 전에 참여하는 어르신들의 심리검사를 행하였고, 2주간의 정서지원프로그램 실시 후 변화를 측정하였다. 1주일 후에는 같은 어르신들을 대상으로 2주간의 명상프로그램을 진행하여 우울감을 개선하고자 한다.

① AB
② BAB
③ ABA
④ ABAB
⑤ ABAC

답 ⑤

✅ 응시생들의 선택

① 2%	② 5%	③ 15%	④ 28%	⑤ 50%

⑤ 프로그램 시작 전 심리검사 시행(기초선 A) → 2주간의 정서지원프로그램 실시(개입 B) → 개입이 진행되지 않은 1주일(기초선 A) → 2주간의 명상프로그램(개입 C)

➕ 덧붙임

꽤 많은 응시생들이 ④ ABAB설계를 선택했는데, 이는 AB설계에 철회(A)와 동일한 개입B를 추가한 방식이다. 문제의 사례에서는 다른 개입 방식을 진행했기 때문에 ABAC설계가 된다.

난이도 ★★★

단일사례설계의 활용에 관한 설명으로 옳은 것을 모두 고른 것은?

ㄱ. 어떤 개입이 대상문제의 변화를 설명하는지 알 수 있다.
ㄴ. 둘 이상의 클라이언트, 둘 이상의 상황이나 문제에 적용 가능하다.
ㄷ. 행동빈도의 직·간접 관찰, 기존 척도, 클라이언트 자신의 주관적 사고나 감정 등의 측정 지수를 사용한다.
ㄹ. 반복적 시행으로 개입효과성의 일반화가 가능하다.

① ㄱ, ㄴ, ㄷ
② ㄱ, ㄷ
③ ㄴ, ㄹ
④ ㄹ
⑤ ㄱ, ㄴ, ㄷ, ㄹ

답 ⑤

✅ 응시생들의 선택

① 34%	② 31%	③ 3%	④ 4%	⑤ 29%

단일사례설계의 활용에 관한 설명으로 모두 옳은 내용이다.

난이도 ★★☆

알고올 중독 노숙인의 자활을 위해 다차원적으로 개입한 후, 단일사례설계를 활용하여 사업의 성과를 평가하려고 한다. 이때 성과지표로 사용 가능한 자료가 아닌 것은?

① 밤사이 숙소 밖에 버려진 술병의 수
② 직업훈련 참여 시간
③ 직업훈련의 성격
④ 스스로 측정한 자활의지
⑤ 단주 모임에 나간 횟수

답 ③

✅ 응시생들의 선택

① 12%	② 1%	③ 73%	④ 13%	⑤ 1%

③ 직업훈련의 성격은 개입에 따른 결과물이 아니기 때문에 성과평가를 위한 자료가 되지 않는다.

난이도 ★★★

단일사례연구의 기초선 자료수집방법으로 적절하지 않은 것은?

① 형성평가척도
② 목표달성척도
③ 개별화된 척도
④ 표준화된 척도
⑤ 클라이언트의 주관적 감정 강도

답 ①

✅ 응시생들의 선택

① 16%	② 22%	③ 3%	④ 7%	⑤ 53%

① 기초선 자료수집은 개입이 시작되기 전 문제의 수준을 평가하는 것이다. 그런데 형성평가척도는 계획된 목표대로 서비스가 이루어지고 있는지, 목표는 달성되어 가고 있는지 등을 점검하는 척도이므로 기초선 자료수집방법으로 적절하지 않다.

다음 내용이 **왜 틀렸는지**를 확인해보자

01 ABA 설계 방식은 일단 개입이 진행되면 <u>중단하지 않는 것을 원칙</u>으로 한다.

> ABA, ABAB, ABAC 등의 설계에서 개입의 중단이 발생한다. 이렇듯 일정기간 개입을 진행하고 중단하는 설계를 철회설계라고 한다.

02 사전자료가 없는 경우에는 <u>단일사례설계를 적용할 수 없다.</u>

> BAB 설계의 경우 개입 이후에 기초선 자료를 수집할 수 있기 때문에 사전자료가 없어도 단일사례설계를 적용할 수 있다.

03 단일사례설계는 개인에게는 적용할 수 있지만 <u>가족에게는 적용할 수 없다.</u>

> 단일사례설계는 클라이언트가 한 명이 아니어도 적용할 수 있기 때문에 가족뿐만 아니라 소집단인 경우에도 적용할 수 있다.

`14-04-17`

04 단일사례설계는 <u>개입과정에서 개입의 강도나 방식을 바꿀 수 없다.</u>

> 개입과정에서 개입의 강도나 방식을 바꿀 수 있다.

05 단일사례설계는 <u>하나의 기초선 자료에 대해서는 하나의 개입방법만을 시도해야 한다는 한계</u>가 있다.

> 하나의 기초선 자료에 대해 서로 여러 개의 각기 다른 개입방법을 시도해볼 수 있다. 이를 다중요소설계라 하며, ABCD설계나 ABAC설계 등으로 이루어질 수 있다.

`08-04-30`

06 둘 이상의 클라이언트, 둘 이상의 문제에 대해 적용하는 단일사례연구방법으로서 동시에 기초선을 측정하면서 각각 다른 시점에서 개입을 시도하는 연구설계는 <u>ABAB설계</u>이다.

> 복수기초선(다중기초선) 설계에 대한 설명이다.
> ABAB설계는 하나의 기초선에 대해 기초선(A)과 개입(B)을 반복하는 설계방식이다.

빈칸에 들어갈 **알맞은 말을** 채워보자

01 (   ) 설계의 예: A군(12세)에게 상담 전 일주일 동안 스마트폰 사용 시간을 기록해오도록 했다. A군은 일주일 동안 저녁 식사 이후에만 평균 8시간 정도를 스마트폰을 사용했으며, 이로 인해 밤을 새우고 등교하기도 한 것으로 나타났다. A군과의 상담을 통해 저녁 식사 이후에는 최대 2시간까지만 스마트폰을 하고 자정 전에 잠자리에 들기로 과제를 주고 2주간 개입을 진행하였다. 이후 과제를 중단하고 일주일 동안 스마트폰 사용 시간을 기록해오도록 했다.

02 (   ) 설계의 예: 실직 이후 재취업에 연이어 실패하게 되어 우울감을 호소하는 클라이언트 A씨에 대해 2주간의 우울감 정도를 확인한 후 4회의 심리상담을 진행하였다. 이후 다시 2주간 우울감 정도를 확인하고 4회의 심리상담을 추가적으로 실시하였다.

03 (   ) 설계의 예: 한 청소년 모임에서 심리검사를 실시한 결과 긴장감과 불안감이 다소 높은 A, B, C에 대해 별도의 심리상담 프로그램을 시작하기로 하였다. 4월 첫째 주부터 A를 시작으로 순서대로 주 2회씩 4회의 심리상담을 제공하기로 하였다.

04 (   ) 설계의 예: 31세 여성 A씨는 약 3년 전 심한 데이트 폭력을 당한 뒤 사람이 무서워지고 점차 밖에 나가기가 두려워졌다고 한다. 결국 다니던 직장을 그만두게 되었고 최근 3,4개월 동안은 그 정도가 더 심해져 아예 집밖에 외출한 적이 없다고 한다. 이에 사회복지사는 개입을 우선적으로 실시한 후 기초선을 측정하고 그 결과에 맞춰 다시 개입을 실시하기로 했다.

05 (   ) 설계의 예: 아이를 혼자 키우게 된 후로 아이가 학교에 가있는 동안 불안한 마음이 너무 커졌다고 호소하는 A씨에 대해 2주 동안 불안의 빈도 및 정도를 측정한 후 여섯 차례 심리상담을 진행하였다. 이후 유사한 고민을 호소하는 한부모 집단상담을 4주 동안 진행하면서 불안감을 낮추고자 하였다.

답 **01** ABA **02** ABAB **03** 복수(다중)기초선 **04** BAB **05** ABC(혹은 다중요소)

다음 내용이 옳은지 그른지 판단해보자

01 단일사례설계는 통제집단을 어떻게 설정하느냐에 따라 결과가 달라질 수 있다. ◎ ✕

12-04-21
02 단일사례설계에서는 개입과 개입철회를 반복할 수 있다. ◎ ✕

03 단일사례설계의 일차적인 목적은 가설의 검증에 있다. ◎ ✕

09-04-19
04 단일사례설계는 주로 하나의 클라이언트체계 변화를 측정하기 위한 방식으로 사용된다. ◎ ✕

05 ABAB설계는 개입에 따른 결과에 대한 인과관계가 명확해진다는 장점이 있다. ◎ ✕

06 단일사례설계의 유형 중 다중요소설계는 둘 이상의 기초선을 사용한다. ◎ ✕

09-04-28
07 단일사례설계의 결과를 분석할 때 클라이언트의 문제에 얼마나 의미 있는 변화가 일어났는지를 살펴보는 것은 이론적 유의성을 검증하기 위한 것이다. ◎ ✕

08 ABA 설계에서는 개입의 중단에 따른 윤리적 문제가 제기된다. ◎ ✕

09 클라이언트가 둘 이상일 때에는 복수기초선 설계를 적용할 수 있다. ◎ ✕

10 ABA설계는 개입을 먼저 진행한 후 기초선 자료를 수집하는 방식으로 진행된다. ◎ ✕

답 01 ✕ 02 ○ 03 ✕ 04 ○ 05 ○ 06 ✕ 07 ✕ 08 ○ 09 ○ 10 ✕

해설 **01** 단일사례설계는 통제집단이 없기 때문에 통제집단의 영향을 받지 않는다.
03 단일사례연구의 일차적인 목적은 가설의 검증에 있는 것이 아니라 표적행동에 대한 개입의 효과성을 분석하는 데 있다.
06 둘 이상의 기초선을 사용하는 방법은 복수기초선설계이다. 다중요소설계는 하나의 기초선에 다른 방식의 개입을 진행하는 것이다.
07 클라이언트의 문제에 얼마나 의미 있는 변화가 일어났는지를 살펴보는 것은 실질적 유의성 분석이다. 이론적 유의성 분석은 클라이언트의 변화를 개입의 근거가 되는 이론과 비교하여 살펴보는 것을 말한다.
10 개입을 먼저 진행한 후 기초선 자료를 수집하게 되는 설계 방식은 BAB 설계이다.